国家社科基金
后期资助项目
GUOJIA SHEKE JIJIN HOUQI ZIZHU XIANGMU

章太炎庄学思想研究

A Study of Zhang Taiyan's Interpretation of Zhuang Zi

李智福 著

中国社会科学出版社

图书在版编目(CIP)数据

章太炎庄学思想研究/李智福著. —北京：中国社会科学出版社，2022.9
ISBN 978 - 7 - 5227 - 0801 - 0

Ⅰ.①章… Ⅱ.①李… Ⅲ.①章太炎(1869 - 1936)—哲学思想—研究
②庄周(约前369 - 前286)—哲学思想—研究 Ⅳ.①B259.25②B223.5

中国版本图书馆 CIP 数据核字(2022)第 153148 号

出 版 人	赵剑英	
责任编辑	郝玉明	
责任校对	谢 静	
责任印制	王 超	

出 版	中国社会科学出版社	
社 址	北京鼓楼西大街甲 158 号	
邮 编	100720	
网 址	http://www.csspw.cn	
发 行 部	010 - 84083685	
门 市 部	010 - 84029450	
经 销	新华书店及其他书店	

印 刷	北京君升印刷有限公司	
装 订	廊坊市广阳区广增装订厂	
版 次	2022 年 9 月第 1 版	
印 次	2022 年 9 月第 1 次印刷	

开 本	710 × 1000 1/16	
印 张	16	
字 数	286 千字	
定 价	86.00 元	

国家社科基金后期资助项目

出 版 说 明

后期资助项目是国家社科基金设立的一类重要项目，旨在鼓励广大社科研究者潜心治学，支持基础研究多出优秀成果。它是经过严格评审，从接近完成的科研成果中遴选立项的。为扩大后期资助项目的影响，更好地推动学术发展，促进成果转化，全国哲学社会科学工作办公室按照"统一设计、统一标识、统一版式、形成系列"的总体要求，组织出版国家社科基金后期资助项目成果。

全国哲学社会科学工作办公室

目　　录

引　论

　　如果在古代思想家中找一位对章太炎影响最大之哲人，那一定是庄子，他在《菿汉微言》中列出一连串"终身以为师资"①之古代思想家，庄子位列第一（亦见于《菿汉昌言》）；同样，如果在庄学史上找一位对庄子品题最高之学者，那一定是章太炎。郭象曾云庄子"不经而为百家之冠"②，即庄子尚在六经之下，且其地位也不如孔子；船山曾云"庄生之所以凌轹百家而冒其外者"③，但船山著作中对庄子之不满和揶揄也很多。只有章太炎提出"命世哲人，莫若庄氏"（《庄子解故序》）这一震古烁今之语，他在他所知之一切古今中西哲人中将庄子许为第一。章太炎立说向来言不虚发，其如此推重庄子定原来有之，本书将全面检讨章太炎的庄学阐释学，以考察章太炎在何等意义上将庄子许为古今第一哲人。

　　事实上，无论是学术研究、情感投入还是思想服膺，章太炎一生都对庄子施以最大之精力、投以最密之情感、致以最大之思力，两千年庄学史，先生其为殿军乎！章太炎庄学思想集中表达于《齐物论释》一书中，另散见于《訄书》（包括初刻本、重订本）、《国故论衡》、《菿汉微言》、《检论》及其系列文录、演讲、信函中。庄子齐物哲学所抒发的自由平等、宽容异端、尊重异己、不伤害原则等哲学理念具有元伦理学、元政治学、元正义学的特色，故庄学成为章太炎思想的最终会归，齐物哲学成为章太炎会通古今中西、观照世道人心的不二法门，所谓"操齐物以解纷，明天倪以为量，割制大理，莫不孙顺"（《菿汉微言》），此论诚不我欺也。

　　梁启超在《清代学术概论》论及《齐物论释》云："炳麟用佛学解老庄，极有理致，所著《齐物论释》，虽间有牵合处，然确能为研究庄子哲学者开一新国土。"④ 欧阳竟无评骘《齐物论释》云："此其是稷下谈士放

①　章太炎：《菿汉微言》，《章太炎全集》（一二），上海人民出版社 2018 年版，第 48 页。
②　转引自（清）郭庆藩《庄子集释》，中华书局 1961 年版，第 3 页。
③　岳麓书社编：《船山全书》第 13 册，岳麓书社 1988 年版，第 93 页。
④　梁启超：《清代学术概论》，上海世纪出版集团 2005 年版，第 80 页。

言高论、搜陈迹，尽拔赵帜立汉帜，谈者故技臧三耳。"① 梁启超与欧阳渐这种颇有微词的评骘应该说没有看到章太炎著述的苦心孤诣，《齐物论释》以佛解庄存在间有牵合、拔旗易帜之情况可能是事实，但认为章太炎是稷下先生一样的放言高论或公孙龙子一样的口舌之利（"技臧三耳"）则不能进入太炎之学的深沟高垒。对于章太炎来说，无论是尚佛还是注庄，都不是泥执经义章句而做清儒考据式的学问，而是通过诠释经典对他的时代和世道进行观照。也就是说，《齐物论释》表面上是注经，实则是建构哲学体系；注经的家法是注不破经，疏不破注；哲学建设的要求则是截断众流，涵盖乾坤，直面宇宙人生的存在而造道立说。《礼记·学记》云："善待问者如撞钟，叩之以小者则小鸣，叩之以大者则大鸣。" 如果说庄子之《齐物论》是一口钟，那么先生可谓善撞钟者，正是通过对庄子齐物哲学的重新诠释，章太炎构建了一个真俗互摄、世出世法两不相坏、求真与致用并举、内圣与外王并建的哲学体系。职是之故，进入章太炎的思想世界则不得不从其庄学阐释学入手，虽然本书的研究对象是章太炎的庄学阐释学，但实则乃是着眼于作为一个哲学家的章太炎的哲学体系以及随之而蕴含的济世情怀。本书是学术史研究与哲学论证之结合，既在"辨章学术，考镜源流"的意义上梳理其思想文脉，又在"截断众流，涵盖乾坤"的意义上重视其思想学说的哲学性和体系性。

　　按照解释学循环的原则，一个周延的学术研究一定是最大限度地着眼于研究对象之全部文献的文本互证与义理互证，如此才能避免断章取义，才能给予研究对象一种更公允的思想评骘和更缜密的学术推阐。本书以章太炎之体系性哲学著作《齐物论释》为切入点来走进章太炎的哲学世界，但在对其庄学诠释学的检讨中则不限于此书；本书的研究重点是章太炎的庄学诠释学，但研究视野则不止于章太炎的庄子学，而是以其庄子学为核心，涉及其学说的方方面面，包括其佛学、经学、诸子学、伦理学、政治哲学等。同时，为全面彰显章太炎庄学诠释学的系统性和复调性，本书极少部分内容在对章太炎相关思想之检讨与文献之征引方面有复现，这权当是《史记》书法的互见法。比如：第二章考察章太炎对庄子之四种定位，其四种定位之一即"以一阐提证法身之大悲阐提"，第四章检讨章太炎的"逍遥"与"涅槃"之辨，此两章皆会涉及章太炎以菩萨一阐提诠释庄子或庄学所造之境。当然，笔者在行文过程中对同样的文献和思想之处理方

①　欧阳渐（字竟无）于章门弟子缪篆（字子才）所撰之《齐物论释注》之"题词"（转引自姚彬彬《"章门弟子"缪篆哲学思想研究》，高等教育出版社 2021 年版，第 9 页）。

式很不一样，诠释视角不同、观照重点不同，这种不得已的思想互见是为整个章太炎庄学诠释学的思想体系服务，而非故作无谓的意义重复，如此方能更全面地展现章太炎哲学或者说章太炎庄学诠释学的系统性、周延性、融贯性。

除引论外，本书共十二章，另有附录一篇。现在我们将本书之主要内容介绍如下，以对全书内容有一更直观之了解。

第一章：学随政变：章太炎接受庄子之思想历程。本章的问题意识是，章太炎在何等时代背景、何等人生境域之中接受庄子以及他接受庄子的学术与心志历程。章太炎特立独行的性格气质和敢于质疑一切的批判精神使他和庄学有一种天然的契合，他臧否古今而对庄子则极少有贬语。章太炎本人著述甚宏，且学术关怀与时代脉搏紧合，其自道"始则转俗成真，终乃回真向俗"，其本人学术流变亦颇为复杂，其对庄子之接受是一个逐步接受、进以登峰造极、卒于扬弃之过程。约略而言，章太炎的学术生涯先后经过尊刘、尊荀、尊佛、尊庄、尊儒等历史阶段，这是一个"学随政变，道与世降"之不断自我否定、自我超越、见谛转胜的学术过程。

第二章：章太炎关于庄子之四种定位及其思想意蕴。如章太炎在其《庄子解故·序》中所言："命世哲人，莫若庄氏。"于古今中西一切哲人中，章太炎最服膺庄子。在章太炎笔下，庄子至少有四种不同形象得以呈现，这是一个复调而具有多重身份的庄子。在战国之乱世中，庄子不隐不仕，是抱关击柝之处士；就其思想特质来说，庄子内证佛果却不言涅槃，是白衣示相之菩萨；就庄子师承来说，庄子远祧孔子、师承颜子，是孔颜一脉之儒者；就其哲学之含摄性和周延性来说，庄子是古今中西第一之哲人。章太炎关于庄子其人其学的不同定位，既有传统学术儒释道三教的际会离合，也有直面当下人间世而以东方古典哲学对近代西学进行回应的学术襟抱。章太炎对庄子的不同定位蕴含着深刻的思想意蕴，这里既包含他对庄子之了解同情与思想默会，也包含着他通过诠释庄子来回应时代难题的苦心孤诣。

第三章：世情不齐，文野异尚。章太炎《齐物论释》在以佛解庄背后渗透着浓厚的济世之心。他深知佛法虽高，却不能应用于人生社会，释迦毕竟是寂灭涅槃之学，庄学则是内圣外王之道。正是带着这种利用厚生之心来解释庄子，章太炎认为齐物的题中之义是齐文野，即他所谓"世情不齐，文野异尚"，这里强调"民族—种族"的平等性和"文化—文明"的多元性。章太炎这种解释是基于多元文化论而对 19 世纪一直到 20 世纪初期盛行一时的大国沙文主义、社会达尔文主义、黑格尔主义、蒲鲁东主义进行釜底抽薪之批判，其最终诉求指向对神州文明之维护与对中华文化之信念。值得注意的是，章太炎"文野异尚"并不是无条件地承认任何文化体、文明体、政治体、民族体皆具存在的合法性。按照其相关理论，文化体、文明体、政治体、民族体等任何抽象的团体毕竟不是一个具体而真实的存在，其在《国家论》里提出"团体为幻，个体为真"，每一个公民的个体权利（包括生命权、自由选择权、财产权等）"不被伤害"是任何抽象政治体、文明体、文化体存在的底线，其在《四惑论》提出庄子的齐物哲学最终保护的是"人所得自主"之权利，任何"有害于人"的行为都应该被苛问，国家权利、团体权利也不应该例外。

第四章：本来涅槃，毕竟不入。章太炎虽然推重庄子之齐物义，但丝毫不意味着他忽略庄子之逍遥义，齐物之最终目的必然会诉诸每个存在个体之逍遥。章太炎对庄子之逍遥与释迦之涅槃之同异关系进行思辨，一方面指出，庄子之逍遥即佛学之涅槃；另一方面指出，庄子虽然已达涅槃之佛乘，但他毕竟不入涅槃，而是企慕在世间之逍遥。就庄佛理论会通而言，他通过缜密之"名相分析"和"庄佛互证"将"吾丧我"解释为"阿赖耶识转染成净"；从而证明庄子"逍遥"之境即佛学"常乐我净"之境；佛学出世，庄学入世，章太炎在人类学的意义上给出中印两种文化的地缘原因。具体而言，庄子入于佛而又出于佛，庄子能证佛果却不入寂灭，是因为他不能忘怀众生之苦难，他为世间众生之逍遥而放弃涅槃，这是白衣示相，现身说法。面对佛学轮回为苦之责难，章太炎认为庄子实知轮回存在却不以轮回为苦，随顺生死而自甘于世间之乐。因为，与通向彼岸之涅槃相比，立足当下之此岸逍遥更具现实意义。本来涅槃而毕竟不入，世间出世间法两不相坏，乃庄子逍遥义之真谛。

第五章：以朴学立根基，以玄学致广大。《齐物论释》是一部以解经为形式而进行哲学创构的经典解释典范，他通过佛学与庄学的合参互济而构建起一套"内圣外王"的哲学体系。如何在经典解释与哲学创构之间维持一种自洽和融贯，必然会有一套与之相辅相成的经典"解释学—释义学"（方法论解释学、解释技艺）。章太炎《齐物论释》之"解释学—释义学"主要有：其一，庄学与佛学的深度格义，以法相学之概念与《齐物论》之概念一一相印证，字字皆有来历；其二，名相分析，章太炎深谙"以分析名相始，以排遣名相终"这种唯识学方法论，而庄子的"道—言悖论""齐—言悖论"正与之类似，故他以此方法来解释《齐物论》，其中包括以语义学分析重要名相和以近代自然科学分析庄学相关概念，分析是为排遣，以排遣而遮拨实相，显发本体；其三，以意逆志，与古人神交，对经典进行素心体贴，从而理解古人著述的微言深旨。正是他自觉或不自觉地运用这些解释方式使得这部"注"能将"经"的本意纵深推进，以达到钩深致远、返本开新的诠释效果。《齐物论释》是一种深度诠释，将经典之隐题转化为显题，以古代经典来观照现代社会。精湛的释义学使得解释者在进行哲学"创构"的同时，既能保证"解释"与"经典"之间的融贯，也能保证"解释"与"解释"的自洽。

第六章：齐物与忠恕。章太炎曾自称其学为"以庄证孔"（《菿汉微言》），即以庄子的"齐物"哲学解释孔子的"忠恕之道"，他因此提出"尽忠恕者是惟庄生能之""齐物即忠恕两举者"（《菿汉微言》）等理论。章太炎将"齐物"与"忠恕"相贯通的内在理路是：他先以佛学之"真如"——"平等"证庄子之"无我"——"齐物"，再以庄子之"无我"——"齐物"证孔子之"忠恕之道"。如果说传统学界对忠恕的解释是"有己之忠恕"，那么，章太炎基于庄学和佛学的忠恕则是"无己之忠道"与"有己之恕道"两相并举，传统解释重恕道，章太炎更重忠道；传统之忠道是反己尽己，章太炎之忠道是虚己尽彼。他强调以"恕道"推度他者之时，同时需要以"忠道"整全地观照他者，此庶几有补儒学絜矩之道之所可能产生的为孔子所始料未及的种种负面影响。章太炎先"以佛证庄"再以"以庄证孔"之思想关怀，是以东方古典思想对所谓公理、自由、平等等近代西方启蒙理念进行批判和重建。

第七章："分异政俗，无令干位"：齐物秩序与理性的僭妄。章太炎的齐物哲学实则即对自发秩序的尊重，其中潜含着对"理性的僭妄"与"知识的自负"之警惕，章太炎与哈耶克可谓不谋而合。齐物哲学意味着对每个个体的自然权利、自由选择的无条件尊重，具有元政治哲学的特色，这一哲学放置在政治哲学领域，正是拒绝理性的僭妄以及警惕僭妄所造成的伤害。章太炎对庄子齐物哲学的接受与他早期对斯宾塞的接受有关，斯宾塞基于进化论而形成的自发秩序、有机社会等学说成为章太炎最终接受庄子齐物哲学的解释学前见。

第八章："始则转俗成真，终乃回真向俗"。章太炎在《菿汉微言》中称"自揣平生学术，始则转俗成真，终乃回真向俗"。其中，"始则转俗成真"是由传统经史之俗谛转为法相学之真谛，他以法相宗阿赖耶识缘起变现天地万物构建起哲学存有论，并形成一套以无生论为核心的大同社会哲学体系。"终乃回真向俗"是由佛学之真转向庄学之俗，以庄学之俗谛补救佛学之真谛，将佛学之出世间法变为庄学之世间法，不过，庄学之"俗"是接受并含摄法相之"真"以后的"俗"，《齐物论释》称庄子"上悟唯识，广利有情"，此书是章太炎"回真向俗"的转捩点，也是最高点。最后，他以庄学"齐物""天倪"为原则评骘天下古今中西学术之"俗谛"，此即所谓"操齐物以解纷，明天倪以为量"，扬弃求真阶段以佛法为一真之态度，开始接受一切世间法（"俗谛"），故可以说，章太炎"回真向俗"是以"回佛学之真而向庄学之俗"，是以作为世间法的庄子齐物哲学取代作为出世间法的佛教真如哲学。当然，这种"回向"不是后者对前者之否定与扬弃，而是后者对前者之摄纳与推阐。

第九章："以百姓心为心"与章太炎之平民主义。章太炎"回真向俗"是以佛学之真转胜为庄学之俗，从佛学的出世间法转胜为庄学的世间法，从佛学的"证生空"转胜为庄学的"适民意"，其实质就是从"以佛陀心为心"转胜为"以百姓心为心"。与佛学驰骛于涅槃寂静不同，庄学随顺自然、任运轮回更"适民意"，《齐物论释》两次以"以百姓心为心"揭示庄学与佛学之不同，殆非偶然，"百姓心"成为其庄学诠释学之核心。同时，根据《菿汉微言》相关语境，章太炎"回真向俗"是以庄学的"齐物""天倪"哲学公允评骘古今学术，臧否历史人物，其评骘衡准也是是否"以百姓心为心"，一切学术皆随根普益，了无定法，学术之要义在"内以遣忧，外以利物"，利益百姓则肯定之，戕害百姓则否定之。最后需要指出，章太炎在《自述学术次第》中认为学术研究曲通于"百姓当家之事，小者乃生民常道"，他以晋人的"林下之风"自操，警惕学人不要以学术剥削百姓而成为民脂民膏的搜刮者，此其所恪守的学术伦理。要而言之，"以百姓心为心"实则即章先生读书治学之胸怀本趣，其一生之学术生涯始终难掩其平民底色，其"回真向俗"之义谛转胜实则即由见佛陀而回转为见众生。

第十章：章太炎与康有为："不齐而齐"抑或"齐其不齐"。章太炎《齐物论释》本身是一部相对纯粹的哲学著作，不过即使如此，《齐物论释》在一些关键论点上既不能脱离其古文经学的基本立场，也不能脱离他对康有为的思想回应，康有为依旧是他的隐秘对话者，所谓隐秘对话，是说此书不是如其早期著作那样对康有为（康长素）进行直接批驳，而是在字里行间隐隐指向康有为。《齐物论释》对康有为的学术反驳主要有：针对公羊学"《春秋》为汉制法"的今文经学观点，章太炎对《庄子·齐物论》"春秋经世"做出古文经学式之解释，以《春秋》为史志，非为后世制法；针对康有为齐其不齐、野进于文、崇尚普遍性的大同理想，章太炎提倡不齐而齐、文野异尚、尊重殊异的多元主义文明观；针对康有为以科技进步、物质文明为基础的大同学说，《齐物论释》指出"野进于文"的文明进化并不能给人类带来福祉，而甚至说是另一场苦难；针对康有为鼓吹孔教并以孔教为国教，《齐物论释》则借助佛与庄"离言说相，离名字相，离心缘相，毕竟平等"的无神论思想对之回应，消解一切圣人、圣王、神明的神圣价值。总之，康有为的大同理想是一个"齐其不齐"的具有尚同性质的圣人建构秩序，崇尚普遍性和一元性；章太炎的社会理想是一个"不齐而齐"的具有尊重差异性质的"依自不依他"的自发秩序，提倡差异性和多元性。

第十一章：返本开新：章太炎之作为哲学家。此部分反思在何等意义上我们说章太炎先生是一位哲学家。第一，作为哲学家的章太炎。章太炎为何不只是思想家、革命者、学者、清学殿军、史学家，而且是一个哲学家，我们甚至能在严格的而非宽泛的意义上将章太炎定位为哲学家。第二，在古今中西交汇的近代思想格局中考察章太炎的典范意义，贞下起元，返本开新，章太炎可谓近代新道家、新子学的集大成者；就其构建两个新经学系统而言，章太炎甚至是一个新经学家。

第十二章：章太炎之思想使命与哲学遗产。作为一位中国近代从前现代到现代过渡中的哲学家章太炎，其对于今日中国哲学研究的意义是不言而喻的，无论是作为哲学普遍性的汉语哲学研究还是作为哲学特殊性的中国哲学研究，章太炎都在他的时代做到了极致。此章对章太炎的思想使命与哲学遗产进行总结。

附录：《齐物论释》初本定本刊刻源流与内容勘异。此部分对章太炎《齐物论释》之"初刻本"与"重刻本"的创作时间、刊刻源流、内容差异进行考察。

钱宾四先生论太炎庄学云："孙仲容、梁卓如皆盛尊墨子，谓可拟之耶氏。独章枚叔怒焉异趣，谓急切觊晋宋，已属逾望，遑论汉唐！故枚叔颇能窥寻《庄》旨。"[①] 钱先生同样是衰世治庄，故他对太炎之衰世庄学有惺惺相惜之意。章先生之学中西映照，古今交发，融会三教，弥贯四部，本书若能在漏万中挂一已是万幸，以蠡测海，诚惶诚恐。章太炎在《菿汉微言》中评骘庄子云："所谓摩尼现光，随见异色，因陀帝网，摄入无碍，独有庄生明之。"[②] 我们以为，此等对庄子之评骘也正可以用来评骘章太炎先生的哲学，庄周在两千年前观照着天下，在两千年后则观照着世界，庄周的起死回生端赖章太炎四万余言的《齐物论释》这部思想巨制。

① 钱穆：《庄子纂笺序目》，《庄子纂笺》，生活·读书·新知三联书店2004年版，第7页。
② 章太炎：《菿汉微言》，《章太炎全集》（一二），第69页。

音实难知，知实难遇；逢其知音，千载其一乎！《学记》云："虽有嘉肴，弗食不知其旨也；虽有至道，弗学不知其善也。"善读章先生之书者，莫不为其渊雅博识所折服，为其郁怒深情、胸中块垒而扼腕叹息，为其论证绵密、言中肯綮而心悦诚服。章太炎嫡孙章念驰先生称章学是一座富矿，此洵非过誉之论，此精神富矿在召唤着后世学界去探赜索隐、钩深致远。正如知交乌目山僧释宗仰对《齐物论释》所期许："近人或言自《世说》出，人心为一变，自《华严》出，人心又为一变。今太炎之书见世，将为二千年来儒墨九流破封执之局，引未来之的，新震旦众生知见，必有一变以至道者。"（《齐物论释后序》）章太炎已经叩响庄周，而章太炎先生依旧需要后学叩响，叩大叩小，宏之在人，我们期待着中国思想界能真正地重建一种章太炎主义。

第一章　学随政变：章太炎接受
庄子之思想历程

本章的问题意识是，章太炎在何等时代背景、何等人生境域之中接受庄子以及他接受庄子的学术与心志历程。章太炎特立独行的性格气质和敢于质疑一切的批判精神使他和庄学有一种天然的契合，他臧否古今而对庄子则极少有贬语。① 章太炎本人著述甚宏，且学术关怀与时代脉搏紧合，其自道"始则转俗成真，终乃回真向俗"②，其本人学术流变亦颇为复杂，其对庄子之接受是一个逐步接受、进以登峰造极、卒于扬弃之过程。约略而言，章太炎的学术生涯先后经过尊刘、尊荀、尊佛、尊庄、尊儒等历史阶段，这是一个学随政变、道与世降之不断自我否定、自我超越的学术过程。

第一节　尊刘歆："专慕刘子骏，刻印自言私淑"

章太炎与旧时读书人一样，幼承庭训，课以举业，熟读经史。其九岁时，其外祖父朱左卿先生为之讲学课经，并言及船山、亭林著述大旨及明清易代之事，章太炎遂暗生民族大义之心。其十三岁时，偷阅蒋良骐（1723—1789）《东华录》，知戴名世（1653—1713）、吕留良（1629—1683）等汉族士人被清政府迫害案，民族之恨遂深埋于内。因此，章太炎

---

① 章太炎在《明见》中曾批评过庄子："庄周方内之圣哲也，因任自然，惟恒民是适，不务超越，不求离系。故曰'若人之形，万化而未始有尽，乐不胜计'（《知北游》）。虽足以斥神仙，轻生死，若流转无极何？此亦庄周之所短也。"［章太炎：《国故论衡校定本》，《章太炎全集》（一四），上海人民出版社 2018 年版，第 312 页］但后来，章太炎在《齐物论释》中承认，他这种对庄子之批评是不对的，"余曩日作《明见篇》，犹以任运流转，不求无上正觉为庄生所短，由今观之，是诚斥鸴之笑大鹏矣"。［章太炎：《齐物论释定本》，《章太炎全集》（六），上海人民出版社 2018 年版，第 142 页］
② 章太炎：《菿汉微言》，《章太炎全集》（一二），上海人民出版社 2018 年版，第 70—71 页。

渐渐对制义文章、经济事业失去兴趣，其十六岁时迫父命而应童子试，但因病未能举，随后便彻底放弃举业，"先君亦命辍制义，颇涉猎史传，浏览《老》、《庄》矣"①，这是他读书生涯中第一次读及庄子。之后，章太炎博涉经史，最终负笈于俞曲园门下，主治小学。光绪十五年（1889）年，俞曲园（1821—1907）与廖季平（1852—1932）在苏州会晤，俞对廖放弃之前"平章古今"而变为"抑古尊今"极为不满。曲园尊古文，不能对章太炎无影响，章太炎自况，"余始治经，独求通训诂、知典礼而已；及从俞先生游，转益精审，然终未窥大体。二十四岁，始分别古今文师说"②。当时其已经接受古文，并贯穿其一生而尊之。章太炎在南京俞曲园之诂经精舍受业近八年，此期间除受专业之朴学训练外，章太炎亦多涉猎明季稗史，反清之意虽未成为其显在思想，但已经潜含于其思想深处。

章太炎不甘心于埋首书斋，二十九岁（光绪二十二年，1896）时离开诂经精舍，赴上海参加梁启超（1873—1929）、夏曾佑（1863—1924）等人《时务报》编辑工作，并出资赞襄维新派的强学会。但后来相处中，他发现《时务报》为康南海弟子今文派之阵地，此派持托古改制、虚君共和之说，与自己政见完全相左，"康氏之门，又多持《明夷待访录》，余常持船山《黄书》相角，以为不去满洲，则改政变法为虚语，宗旨渐分。然康门亦或儳言革命，逾四年始判殊云"③。彼时，南海以圣人自居，诸弟子奉之为教皇，"康党诸大贤，以长素为教皇，又目为南海圣人，谓不及十年，当有符命。其人目光炯炯如岩下电"④，章太炎对近乎妖魔化之今文派十分不满，便愤然离开《时务报》，以避蛊毒也。

面对康派今文学对刘歆之贬抑，章太炎则针锋相对以尊刘子骏（刘歆）。他在《自定年谱》"二十九岁"条中云："专慕刘子骏，刻印自言私淑。"⑤ 当时康南海与俞曲园有交往，俞对康十分不满，他曾对弟子章太炎云："尔自言私淑刘子骏，是子专与刘氏为敌，正如冰炭矣。"⑥ 按，南海著《新学伪经考》，认为汉学家所研究之古文经传皆为刘歆伪造。章太炎深嗜古文，自不以为然，南海要辟刘，章太炎则尊刘，以学术立场之对立影射其政治立场之分野。

---

① 章太炎：《自定年谱》，《章太炎全集》（一九），上海人民出版社 2018 年版，第 752 页。
② 章太炎：《自定年谱》，《章太炎全集》（一九），上海人民出版社 2018 年版，第 753 页。
③ 章太炎：《自定年谱》，《章太炎全集》（一九），上海人民出版社 2018 年版，第 755 页。
④ 章太炎：《与谭献三》，《章太炎全集》（一五），上海人民出版社 2018 年版，第 14 页。
⑤ 章太炎：《自定年谱》，《章太炎全集》（一九），上海人民出版社 2018 年版，第 753 页。
⑥ 章太炎：《自定年谱》，《章太炎全集》（一九），上海人民出版社 2018 年版，第 754 页。

值得强调的是，从离开诂经精舍（1896）一直到戊戌变法（1898）期间，章太炎在经学上崇尚古文，与康有为、梁启超所代表的今文经学派形同冰炭，但在政见上，又对康梁一派的虚君共和思想抱有幻想，换言之，章太炎不同意康梁之学却赞同康梁之政。当然，其赞同康梁之政却也并不意味着他是一个忠实的保皇派，其思想中暗涌着革命的怒潮，戊戌当年，他对梁鼎芬指出："内中国，外夷狄，《春秋》三家所同。弑君称君为君无道，三家亦不有异。"① 民族性的"内中国，外夷狄"与弑君性的"杀无道"都隐含着反清的革命思想。此期间其撰写的《客帝》（收入《訄书初刻本》）一文正是这种思想矛盾的体现，他一方面指出，孔子作为素王为"震旦之共主"，正如诸侯会接纳客卿，中华接纳一个客帝又有何不可；另一方面则呼吁："客帝诚圣明，则必取谋于陆贽，引咎降名，以方伯自处。"② 此处委婉地劝诫清主放弃天子之号，以方伯自处，还天下于汉人。这是章太炎当时所理想的和平革命，不是后来的暴力革命，也不是康有为式的虚君共和，但时局最后将章太炎逼向暴力革命。

第二节　尊荀韩："时余所操儒术，以孙卿为宗"

章太炎以刘子骏之古文经学抗衡康南海之今文经学，同时，以荀子之法后王抗衡今文经学家之法先王，以《左传》《周官》等古文经传抗衡今文经学家之《公羊》和董氏。特别是，荀学、韩学被章太炎推举至无以复加之地步，在其《自定年谱》"三十岁"（1897）条中，他强调："余所持论不出《通典》《通考》《资治通鉴》诸书，归宿则在孙卿、韩非。"③ 其在 1899 年付梓出版之《訄书》（初刻本）中，将《尊荀》篇列为第一，他在《尊荀》中强调"荀子之道古"④，真正的古不是远古而是近古，一味追求远古恰恰意味着立新，时代精神应该是法先王与法后王的结合。朝代因革兴废，如一幅水墨山水，中有大山亦有深谷，所谓"高岸为谷，深谷为陵"，骤变并非不可能，但骤变并不意味着对古代之法的全部拒斥，而是有所继承、有所扬弃。一方面，后王之法终究是从先王之法传承而来的，故不能全部否定先王之法；另一方面，先王之法在后世中总是表现为

①　章太炎：《自定年谱》，《章太炎全集》（一九），上海人民出版社 2018 年版，第 755 页。
②　章太炎：《訄书初刻本》，《章太炎全集》（三），上海人民出版社 2018 年版，第 68 页。
③　章太炎：《自定年谱》，《章太炎全集》（一九），上海人民出版社 2018 年版，第 754—755 页。
④　章太炎：《訄书初刻本》，《章太炎全集》（三），上海人民出版社 2018 年版，第 6 页。

后王之法，每一代皆有每一代之后王之法，故不能舍弃后王而远法先王，真正之因革损益既要法先王又要法后王，荀学"不过三代，不二后王"正是对先王之法（礼乐）与后王之法（霸道）的并举。孔子心目中之周法并非先王之法而是后王之法，孔子好古，并非托古改制。法先王与法后王并不矛盾，而当先后兼采，只法一法都会祸国殃民，如墨子不明此理而法先王，背周道而用夏政（《庄子·天下》），民不能得到福祉；李斯不明此理而法先王（即法泰皇，见《史记·秦始皇本纪》），以泰皇（即太昊）为名而厉行专治，最终遗患无穷。按，当时康南海托古改制，认为"无征不信，不信民不从，故一切制度托之三代先王以行之。……布衣改制，事大骇人，故不如与之先王，既不惊人，自可避祸"①。章太炎却因荀子法后王说而论及孔子，孔子法的是后王而不是先王，更岂有托古改制之说？如此则将公羊派之托古改制之孔子形象彻底否定，章太炎赞同维新改制，但不赞同以公羊学为改制理论。当然，章太炎尊荀，除与经古今之争有关外，亦与当时汉宋之争、礼理之争有关，宋学尊孟子，章太炎反对宋学故宗荀卿；清代汉学尚礼而黜理，章太炎推重隆礼重法之荀学，自不待言。章太炎后来回忆云："时余所操儒术，以孙卿为宗。"（《自定年谱》三十岁条，1897 年）②《訄书初刻本·尊荀》将荀卿与仲尼并提，认为唯荀子传儒术之真；此期间其撰写《后圣》，认为不是孟子而是荀子才是继承先圣孔子之后圣，"同乎荀卿者与孔子同，异乎荀卿者与孔子异"③。

我们需要强调的是，戊戌变法前后，章太炎对维新派持观望态度，虽然赞同维新但却不是维新派的主力；章太炎此时暗生革命理想，但毕竟尚没有公然与清廷决裂而昌言革命。在学理上，章太炎尊荀可能既非为维新张本，亦非为革命正名，而是别有观照。与维新派或者传统儒家仅仅强调法先王相比，荀子将先王后王并法，而且突出的是法后王，荀子法后王在晚清时代的意义是，时代的后王之法是以西方文明为代表的制度文明和器物文明，而这是当时积贫积弱的中国最需要的，无论是维新还是革命，只有法后王才能实现中国的强大。故《菿汉昌言》指出："《荀子·不苟》云：'天地始者，今日是也。（此本仲尼告冉求说，所谓当下即是也。）④

① 康有为：《孔子改制考》卷十一，载姜义华等编校《康有为全集》（三），中国人民大学出版社 1991 年版，第 141 页。
② 章太炎：《自定年谱》，《章太炎全集》（一九），上海人民出版社 2018 年版，第 754、755 页。
③ 章太炎：《后圣》，《章太炎全集》（一九），上海人民出版社 2018 年版，第 36 页。
④ 本书征引《章太炎全集》文献，括号中内容皆为章太炎原文夹注或自注，特此说明。

百王之道，后王是也。'内圣外王之学，不出此十六字矣！七国大儒所以可贵。"① 战国七国的胜出实则是法后王的胜出，也就是荀学的胜出，后王之法实则即时代精神，对于晚清时代而言，法后王即立足时代、放眼全球而谋求中国的自力更生、富国强民。

此期间，章太炎虽然推重荀学，但庄子哲学是他一系列批判文章之重要理论来源。他甚至多处为庄子进行辩护，严判庄子与老子、庄子与申韩之异。此举数端，以见青年时代章太炎对庄子之看法和援用。

其一，《訄书·儒道》篇阐明老庄之异，为庄子进行辩护。章太炎云："学者谓黄老足以治天下，庄氏足以乱天下。夫庄周愤世湛浊，已不甚其怨，而托卮言以自解，因以弥论万物之聚散。其于治乱也何庸？"② 庄子是托卮言自解，他本身对乱世已经苦不堪言，天下之治乱何足以让其动心？因此，"庄氏足以乱天下"之说为无稽之谈。相反，真正乱天下者或是老学，章太炎云："故吾谓儒与道辨，当先其阴鸷，而后其清净。""老聃为柱下史，多识掌故，约《金版》、《六弢》之旨，著五千言，以为后世阴谋者法。""且夫儒家之术，盗之不过为新莽，而盗道家之术者，则不失为田常、汉高祖。""然则愤鸣之夫，有讼言伪儒，无讼言伪道，固其所也。虽然，是亦可谓防窃钩而逸大盗者也。"③ 此所谓田常、汉高云云，是指田常治齐以大斗出而以小斗收、刘邦入咸阳而财物妇女无所取等典故，此皆"欲取先予"之术。章太炎在《訄书重订本·订孔》中亦指出："庄周则于《马蹄》、《胠箧》诸论，特发老氏之覆。老、庄之为一家，亦犹输、墨皆为艺士，其攻守则正相反，二子亦不可并论也。"④ 章太炎后来更在《论诸子学》一文中强调："庄生晚出，其气独高，不惮抨弹前哲。愤奔走游说之风，故作《让王》以正之。恶智力取攻之事，故作《胠箧》以绝之。其术似与老子相同，其说乃与老子绝异。故《天下》篇历叙诸家，已与关尹、老聃裂分为二。……其裂分为二者，不欲以老子之权术自污也。"⑤

在后来的《齐物论释》中，章太炎再次申言庄子所言"圣人和之以是非，而休乎天钧"与"机权"绝无关系，其云：

圣人内了无言，而外还顺世。顺世故和之以是非，无言故休乎天

① 章太炎：《莉汉昌言》，《章太炎全集》（一二），上海人民出版社 2018 年版，第 79 页。
② 章太炎：《訄书初刻本》，《章太炎全集》（三），上海人民出版社 2018 年版，第 8 页。
③ 章太炎：《訄书初刻本》，《章太炎全集》（三），上海人民出版社 2018 年版，第 8、9 页。
④ 章太炎：《訄书重订本》，《章太炎全集》（三），上海人民出版社 2018 年版，第 134 页。
⑤ 章太炎：《论诸子学》，《章太炎全集》（一〇），上海人民出版社 2018 年版，第 55 页。

钧。……和以是非者，则假天钧为用，所谓随顺言说。休乎天钧者，则观天钧自相，所谓性离言说。一语一默，无非至教，此之谓两行也。详此一解，金声玉振，高蹈太虚，本非苞政之谈，从事之训，而世人以为任用机权，寻其文义，既自不尔，又复两行之道，圣哲皆然，自非深明玄旨，何由寻其义趣。[1]

章太炎相信庄子"其术与老子相同，其说乃与老子绝异"，且庄子《齐物论》所言"和以是非"并非"苞政之谈，从事之训"，因此其与政治机权绝无关系。章太炎与船山一样，严判老、庄之异，这实为他日后检讨庄学大旨"内圣外王"之道奠定基础。

其二，章太炎申明庄孔之异。章太炎云："昔唐人言庄周之学本田子方，推其根于子夏。近世章学诚作《经解篇》取之，以庄子称田子方，则谓子方是庄子师，然其《让王》亦举曾参、原宪，其他若《则阳》、《徐无鬼》、《庚桑楚》，名在篇目，将一一是庄子师耶？"[2] 庄子本为寓言，韩昌黎、章学诚则将其当作信史来看，不过是"率尔之辞"[3]。如此，其结论并不能服人，此似也在影射今文经学家把庄子看成"托古改制"者。按，"《春秋》经世""六经"这些名相首先出自《庄子》，"素王"一词也首先出自《庄子》，因此，今文经学家廖季平、康南海都将庄子奉之甚高，章太炎在《訄书重订本·清儒》篇云："闿运弟子，有井研廖平传其学，时有新义，以庄周为儒术。"[4] 按，廖平《知圣篇》认为："素王之说，义本《商颂》……明文见于《庄子》。""《庄子》所谓玄圣、素王之说，从《商颂》而寓之。《文王》篇'本支百世'，即王鲁；'商之孙子'，即素王。故屡言受命、天命，此素王根本也。"[5] 廖季平看来，庄子言素王是孔子受命改制。南海亦曾昌言："庄子之心，必孔子别有所传。"[6] "庄子赞孔子极精，自赞孔子以来，以庄子为第一。"[7] "自孔子外，《庄子》为第

---

① 章太炎：《齐物论释定本》，《章太炎全集》（六），上海人民出版社 2018 年版，第 93 页。

② 章太炎：《征信上》，《章太炎全集》（四），上海人民出版社 2018 年版，第 47 页。

③ 章太炎随后在《与人论国学书》《诸子略说》《菿汉微言》中都以类似的理由反对将庄子定位为子夏后学。

④ 章太炎：《訄书重订本》，《章太炎全集》（三），上海人民出版社 2018 年版，第 157 页。

⑤ 蒙默等编：《中国近代思想家文库·廖平卷》，中国人民大学出版社 2015 年版，第 84、86 页。

⑥ 康有为：《万木草堂口说》，载姜义华等编校《康有为全集》（二），中国人民大学出版社 1991 年版，第 180 页。

⑦ 康有为：《万木草堂讲义》，载姜义华等编校《康有为全集》（二），中国人民大学出版社 1991 年版，第 281 页。

一书。"① 如此等等，可见康有为亦极为推重庄子，章太炎显然不同意今文经学家这些"托庄改制"② 之说，他声明庄子并非出自子夏，自亦非出自孔子。

当然，章太炎中晚年之后，有很多地方提到庄与孔之相同处，甚至一改前说转而认为庄子出于颜子之儒③，然则这并不能构成其学术之主脉。如果说《齐物论释》代表着章太炎哲学之最高成就，那么至少在这部名著中章太炎还是严判庄孔之异，认为庄高于孔甚多。《齐物论释序》中认为庄子哲学出发点之一即"览圣智之祸"，其对孔子不满之意溢于言表；且他承认庄学能"括囊夷、惠，炊垒周、召"，换言之，庄子之学乃在儒家圣贤之上。意识到庄孔之异，正是他开显庄学"内圣外王"之独特性之处，庄子对世道之关怀另具只眼。

其三，章太炎借庄子立说。重订本《訄书》第一篇为《原学》，这篇相当于全书之凡例，论诸学派与地缘、风俗、才性之关系，此篇立论近乎淮南子之《齐俗训》，但其根源则可回溯至庄子之《齐物论》。章太炎云："视天之郁苍苍，立学术者无所因。各因地齐、政俗、材性发舒，而名一家。"并引《逍遥游》："庄周曰，封侯与治狱者，其方同也，惟其材性也。"因此得出结论："今之为术者，多观省社会，因其政俗而明一指。"④章太炎这种平章天下学术之眼光与勇气，拒绝理性的僭妄或知识的自负（哈耶克）而对天下整齐划一或安排造作，此实与庄学齐物精神有关，后来他自况"操齐物以解纷，明天倪以为量"（《菿汉微言》）⑤，其实此时即已然如此。一部庄学之于章太炎辨章古今天下学术实具有方法论意义。

其四，章太炎借庄子以批判清廷。章太炎云："朱棱曰：以清室丑声彰闻，犹能羁执谊士，荚夷杰侠，而四邻不以为咎者，诚新法翼之，为其刻饰也。……庄周云：田氏盗齐，与其圣智之法盗之。故有盗贼之名，而

---

① 康有为：《万木草堂口说》，《康有为全集》（二），中国人民大学出版社 1991 年版，第 145 页。
② 关于庄子与近代今文经学之关系，可参见邢益海《从康有为看今文经学与庄学》，《经典与解释》2010 年第 33 辑；魏义霞《康有为对庄子的定位与近代哲学视界中的庄子》，《中国哲学史》2009 年第 3 期。
③ 参见杨海文《"庄生传颜氏之儒"：章太炎与"庄子即儒家"议题》，《文史哲》2017 年第 2 期。
④ 章太炎：《訄书重订本》，《章太炎全集》（三），上海人民出版社 2018 年版，第 131—132 页。
⑤ 章太炎：《菿汉微言》，《章太炎全集》（一二），上海人民出版社 2018 年版，第 70 页。

处尧舜之安。及夫龙逢斩，比干剖，苌弘胣，子胥靡，皆圣法假人之效也。"① 此揭穿清廷当年迫害汉族士人，却令名远播、四夷来仪。如此说来，清廷不仅盗取汉人之国，亦将圣人之法一并盗取，此对于清廷来说，可谓直击痛处；对于保皇立宪之南海派来说，亦中其要害。青年时代之章太炎，即已锋芒毕露，其以尊荀为旗帜，却暗以庄子为辅翼，无论是为其革命理想张本，还是与今文经学派进行理论辩难，都与庄学不无关系。

第三节　尊法相学："余治法相，以为理极不可改更"

章太炎尊经古文而辟经今文，倡法后王而辟法先王，在某种意义上，这都是对南海托古改制说之学术反动。然而，当戊戌维新（1898）失败，清廷祸心昭彰却又以"预备立宪"蛊惑人心，在这种形势下革命派则渐渐压倒改良派，反清革命逐步成为思想界之主流。我们前文已言，章太炎少年时代即已埋下仇清之种子，当真正的革命时代来临之时，正是其思想大有用武之时，章太炎指出"内中国，外夷狄，《春秋》三家所同"②。此时，其革命理论始倚重于佛学。

据章太炎《自定年谱》，他二十九岁（光绪二十二年，1896）时，与夏曾佑（字穗卿，1863—1924）订交，当时夏曾佑劝他学佛，但此时章太炎深嗜古文，在他看来佛学与惠卿之《公羊》《齐诗》一样，多为诡诞，因此并未在意（"不能深也"）。第二年（1897），遇宋恕（字平子，1862—1910），宋平子劝他读《三论》，他亦不甚好，因为"不喜持空论言捷径者"。然而，也是于此年（1897），章太炎偶读《大乘起信论》，一见心悟，常讽诵之。从此后，章太炎之学始与佛学不绝因缘。（参见章太炎《自定年谱》之"二十九岁""三十岁"两条）

光绪年二十九年癸卯（1903），蔡元培（字子民，1869—1940）请章太炎到上海南洋公学讲学，"多述明清兴废之事，意不在学也"③。同年，邹威丹（名容，1885—1905）著《革命军》，章太炎为之作序并刊于《苏报》，此文倚重章太炎之名气不胫而走，风靡全国。且章太炎于是年发表《驳康有为论革命书》，宣传讨伐逆虏，光复中华，招致清廷缉捕，即"苏

① 章太炎：《訄书重订本》，《章太炎全集》（三），上海人民出版社 2018 年版，第 316 页。
② 章太炎：《自定年谱》，《章太炎全集》（一九），上海人民出版社 2018 年版，第 755 页。
③ 章太炎：《自定年谱》，《章太炎全集》（一九），上海人民出版社 2018 年版，第 758 页。

报案"，章太炎与邹威丹一起被羁押于上海租界。第二年（1904）四月，租界公审，章太炎被判刑三年，威丹被判刑两年。由于当时羁押于租界监狱，环境相对宽松，囚犯允许读宗教类图书，在狱中两年（公审前羁押期折算 10 个月，故在狱中 26 个月），章太炎一边做裁缝（劳役），一边读佛经。章太炎后来回忆云："友人或求纳致书籍，狱吏许之。始余尝观《因明入正理论》，在日本购得《瑜伽师地论》，烦扰未卒读，羁时友人来致；及是，并致金陵所刻《成唯识论》。役毕，晨夜研诵，乃悟大乘法义。"① 是年，章太炎三十七岁。章太炎后来自况其学"始则转俗成真"，这种"真"实则就是佛学，其学术第一次大转向即在此时开始。佛学成为此时章太炎思想之主流且许为最高，"知《瑜伽》为不可加""（法相）理极不可改更"。② 章太炎之接受佛学，固然与种种机缘有关，但深层之原因当有两种。

其一，佛学与朴学近似，是一种科学。他面对佛教诸派，有一种近乎是判教的自觉意识对诸派进行甄别，他认为净土宗、密宗等派"近于祈祷，猥自卑屈"，禅宗则"末流沿袭，徒事机锋"（《答铁铮》），是一种玄幻迷信之学，只有法相宗有精深的理论论证，近乎科学，故为其所接受。章太炎曾自道其接受法相学之心路历程云：

> 少时治经，谨守朴学，所疏通证明者，在文字器数之间。……自余闳妙之旨，未暇深察。继阅佛藏，涉猎《华严》《法华》《涅槃》诸经，义解渐深，卒未窥其究竟。及囚系上海，三岁不觌，专修慈氏世亲之书。此一术也，以分析名相始，以排遣名相终，从入之途，与平生朴学相似，易于契机，解此以还，乃达大乘深趣。私谓释迦玄言，出过晚周诸子不可计数；程、朱以下，尤不足论。③

章太炎在给后进青年信函《答铁铮》文中亦云："盖近代学术，渐趋实事求是之途，自汉学诸公分条析理，远非明儒所能企及。逮科学萌芽，而用心益复缜密矣。是故法相之学，于明代则不宜，于近代则甚适，由学术所趋然也。"④ 由此可见，章太炎接受法相学与其接受朴学之学术立场是一致

---

① 章太炎：《自定年谱》，《章太炎全集》（一九），上海人民出版社 2018 年版，第 759 页。
② 章太炎：《自述学术次第》，《章太炎全集》（一九），上海人民出版社 2018 年版，第 495 页。
③ 章太炎：《菿汉微言》，《章太炎全集》（一二），上海人民出版社 2018 年版，第 69 页。
④ 章太炎：《答铁铮》，《章太炎全集》（四），上海人民出版社 2018 年版，第 387 页。

的，在近代科学昌明之世，唯有法相学才能与之相合，那些只在乎"现在的康乐，子孙的福泽"的佛教是"愚夫愚妇"所尊信的，和《太上感应篇》《文昌帝君阴骘文》差不多，此非真正之佛教。王中江教授以韦伯之"世界的祛魅"理论来解释章太炎之理性主义态度①，可谓公允。章太炎以科学的态度对大乘诸派进行判教并最终认定法相唯识学是释迦真传，实为其日后以法相唯识学解庄做好理论准备。章太炎后来回忆唯识学对其庄学之影响时云：

> 既东游日本，提倡改革，人事繁多，而暇辄读藏经。又取魏译《楞伽》及《密严》诵之，参以近代康德、萧宾诃尔之书，益信玄理无过《楞伽》、《瑜伽》者。少虽好周秦诸子，于老庄未得统要，最后终日读《齐物论》，知多与法相相涉。而郭象、成玄英诸家，悉含胡虚冗之言也。既为《齐物论释》，使庄生五千言，字字可解，日本诸沙门亦多慕之。②

如果说佛学需要祛魅，庄子亦需要祛魅，"汉学考证，则科学之先驱，科学又法相之先驱也"③，章太炎以法相解庄，正是要扫除在他看来郭象、成玄英的"含胡虚冗"之言，让庄学走向科学昌明之康庄大道。

其二，反清革命需要以佛学为精神原动力。佛教诸派，其最终会归都在"自贵其心"，而这个心是无我之心，唯其能无我，才能成就真正的道德人格。若以此心来发心救世，世界才能救，中华反清革命才能有望。章太炎于光绪三十二年丙午（1906）五月出狱，狱中两年已经饱读佛书。出狱后，他即被孙中山（1866—1925）请至东京，主编《民报》，共谋光复大业，在东京，他为留日学生演讲，昌言佛教与革命之关系，认为华严宗所言的"头目脑髓，都可施舍于人"实则是一种革命精神。他将"自贵其心"的王学与禅宗、法相一起提倡，认为"依自不依他""自尊无畏"是其共同品质④，佛与儒可相得益彰。章太炎早年辟今文经学之同时亦不遗余力辟姚江，此处是章太炎对王学之肯定之为数不多者，其肯定者就在于其"自贵其心"之学与佛学最终走向一致。不唯如此，章太炎还指出，

① 参见王中江《章太炎的近代祛魅与价值理性——从"自然""人性"到人的道德"自立"》，《中山大学学报》（社会科学版）2013 年第 4 期。
② 章太炎：《自述学术次第》，《章太炎全集》（一九），上海人民出版社 2018 年版，第 495 页。
③ 章太炎：《自述学术次第》，《章太炎全集》（一九），上海人民出版社 2018 年版，第 495 页。
④ 参见章太炎《答铁铮》，《章太炎全集》（四），上海人民出版社 2018 年版。

"汉族心理，不好依他，由此特长，故佛教得迎机而入，而推表元功，不得不归之孔子"①。可见，如果说南海是"托孔改良"，章太炎则是"托孔革命"。章太炎以佛学自贵其心，依自不依他等信念鼓吹青年发心革命，可谓不无苦心。他以直指人心之力量对佛学精神进行把捉，也最终为他日后以佛解庄、冥会华梵伏下枢机，《齐物论释》声称"齐物本以观察名相，会之一心"，这使得其庄学思想打上浓厚之心学特色。

从光绪二十九年（1903）入狱一直到宣统二年（1910），此七八年是章太炎思想最激进之阶段，他虽兼治经史、音韵、训诂等，但佛学一直是此阶段其思想之核心。在他看来佛教是最优秀之宗教，可以成就最完美之人格，"以勇猛无畏治怯懦心，以头陀净行治浮华心，以唯我独尊治猥贱心，以力戒诳语治诈伪心"②。章太炎对佛学之推重达到无以复加之高度，并在佛学观照之下，写下思辨色彩极强，又能夺魂摄魄之一系列哲学论文，如《俱分进化论》《建立宗教论》《无神论》《人无我论》《五无论》《四惑论》《国家论》，这些文章固然主要以佛学为立论根基，但其中很多与庄子有直接联系，比如，《俱分进化论》中之"善恶并进"与《齐物论》之"是非两行"不无关系，《无神论》中借庄子之自然学说反对耶和华创世论，《五无论》借庄子言无政府主义，《四惑论》借庄子"齐物"之学对"公理""进化"等学说进行批判，如此等等。其随后完成的《齐物论释》应该是对这些思想的最后缩结。

当然，处于尊佛阶段的章太炎，其对庄子之评价尚在佛学之下，如前文所指出，其在《明见》一文中认为庄子任运流转，不证涅槃，为其所短。但这种对庄子之评骘在《齐物论释》中得到根本改观。

第四节　尊庄："域中故籍，莫善于《齐物论》"

光绪三十四年（1908）戊申初，由于《民报》鼓吹革命甚烈，清廷派唐绍仪（1862—1938）照会日本政府将之查禁。《民报》解散后，章太炎开始为留日学生讲学，据当时及门弟子朱希祖（1879—1944）、刘文典（1889—1958）等人的"日记"或"回忆"，此次讲课之内容不仅有小学，还有《楚辞》《庄子》等，其中讲《庄子》最多。是年七月，章太炎《庄

① 章太炎：《答铁铮》，《章太炎全集》（四），上海人民出版社2018年版，第390页。
② 章太炎：《答梦庵》，《章太炎全集》（一五），上海人民出版社2018年版，第321页。

子解故》完成①，此书是在其早年《膏兰室札记》（完成于光绪十八年，1892）中之《庄子札记》基础上删润而成的，旧说有一半被删去，可见其对《庄子》用力极深。②

　　章太炎在《庄子解故·序》中云："若夫九流繁会，各于其党，命世哲人，莫若庄氏，消摇任万物之各适，齐物得彼是之环枢，以视孔墨，犹尘垢也；又况九渊、守仁之流，牵一理以宰万类者哉。微言幽渺，别为述义，非《解故》所具也。章炳麟记。"③作为一篇小学类著作之序，章太炎言在此而意在彼，并没有守汉学家法。经过多年之佛学熏染，当他再次与诸生细绎《庄子》时，所获俨然与当年单纯从训诂之角度著《膏兰室札记·庄子札记》（二十五岁时完成）大为不同。这篇序中，作者明言"命世哲人，莫若庄氏"，庄子被提高到无以复加之高度，不仅儒、墨、陆、王不能与之相颉颃，其所谓"命世""莫若"云云，似已暗指佛学以及西学亦已在其下。另外值得注意的是，章太炎这篇为《解故》作序之短文，除略论及庄学史上几位训诂名家（名著）外，并没有就"解故"论"解故"，而是越过汉学师法而大讲玄学（这在汉学家看来很不可思议），其提出庄子思想之核心为："消摇任万物之各适，齐物得彼是之环枢。"可见章太炎在撰写这部以训诂名世之著作时，心境已然不在小学，而是驰骛于对庄生玄言哲理之追寻，然受体例影响，此书未能发明其玄理，但似已经成竹在胸，所谓"微言幽渺，别为述义，非《解故》所具也"，由之，章太炎为未来之研究计划伏下一笔。

　　问题是，当章太炎将佛学奉为圭臬，认为法相学精微"理极不可更改"之时，为何又突然将庄子抬出并认为"命世哲人，莫若庄氏"，章太炎当年由尊荀而转为尊佛，今又由尊佛而转为尊庄，其道费而隐，其学实而严，"始则转俗成真，终乃回真向俗"，言为心声，心随境转，章太炎最后尊庄，必有以也；个中究竟，不可不察也。如前文所言，《民报》解散后，章太炎为留日学生讲学，此期间是他对庄子进行深入检讨并重新抉发其思想价值之时，反思之结果是，庄学是世间法，佛学是出世间法；由于"纯佛法不足以维风教"（《菿汉昌言》）④，故他希望借庄学以补救佛学之偏失。

　　事实上，早在其学佛之初，就存在佛学是世间法还是出世间法之困

————————————

①　参见胡道静《庄子解故附记》，载《章太炎全集》（六），上海人民出版社2018年版。
②　参见朱季海《庄子解故点后记》，载《章太炎全集》（六），上海人民出版社2018年版。
③　章太炎：《庄子解故序》，《章太炎全集》（六），上海人民出版社2018年版，第149页。
④　章太炎：《菿汉昌言》，《章太炎全集》（一二），上海人民出版社2018年版，第102页。

惑，他对佛学这种出世间法非常不满，或许此正是他当年婉拒夏曾佑、宋平子劝他学佛之原因。后来他以佛学倡言革命，实则乃是通过否定之否定律而注重其世间法性："佛法本来称出世法，但到底不能离世间法。……所以'不住生死，不住涅槃'两句话，是佛法中究竟的义谛。"[1] 章太炎承认佛学是兼世间法与出世间法之二者。然毋庸讳言者，佛学之于世间法终究有所不足，随着他对《庄子》特别是对《齐物论》之重新研究，佛学之不足亦日益彰显，章太炎后来回忆他在日本研佛读庄并平章二者之得失云："佛法虽高，不应用于政治社会，此则惟待老庄也；儒家比之，邈焉不相逮矣。"[2] 佛法固然高深，但若应用于政治社会，毕竟隔着一层，此一扫当年"以勇猛无畏治怯懦心，以头陀净行治浮华"之佛法万能论，而是开始反思仅仅将佛学用于政治社会之不足。章太炎在另一次演讲中，亦比较庄佛长短云："若专用佛法去应世务，规画总有不周。若借用无政府党的话，理论既是偏于唯物，方法实在没有完成。唯有把佛与老庄和合，这才是'善权大士'，救时应务的第一良法。"[3]《庄子·齐物论》"尧伐三子"章，章太炎认为此章是庄子最关注之问题，庄子要消解文明与野蛮之成见，尊重"世情不齐"，提倡"文野异尚"，这是老庄"第一高见"，然佛法之于这种对政治社会之关怀隐而未发，仅仅"说几句慈善事业的话"并不能在根本上对政治社会产生深刻之影响，此所谓"专用佛法去应世务，规画总有不周"。虽然佛学在理论上是唯物论，但其于方法论终究有所欠缺，即如何将佛学之心法推明于政治社会之中，佛学并没有给出答案。因此，唯有把佛与老庄和合才是救时应务的第一良法。

如前文所言，章太炎在革命形势高涨之情况下，提倡佛学，乃为革命提供一种精神信念，让青年人发心革命，推翻清朝异族政权。但革命并非社会、人生之常态，靠宗教信念来挽救世道人心亦非长久之计，佛教建基于信仰，但信仰并非人人易致之无条件许诺，若信仰在，求仁而得仁，则自然能成就人生、国家、天下；然若无信仰，纵然有十万恒河沙数又于家国天下也何庸！章太炎所谓佛法"不应用于政治社会""规画总有不周""方法实在没有完成"等云云，可以一言以蔽之，佛学之内圣学虽深，外王之道却流于阙如。

如何补救佛学所不足的外王之道，唯庄生能之，庄子既有佛学之精深

---

[1]　章太炎：《佛学演讲》，《章太炎全集》（一○），上海人民出版社 2018 年版，第 156 页。

[2]　章太炎：《自述学术次第》，《章太炎全集》（一九），上海人民出版社 2018 年版，第 495 页。

[3]　章太炎：《佛学演讲》，《章太炎全集》（一○），上海人民出版社 2018 年版，第 159 页。

义理，又有对于世道人生之切身关怀，能兼世间出世间二法，"上悟唯识，广利有情，域中故籍，莫善于《齐物论》"①，"上悟唯识"即内圣，"广利有情"即外王，庄学是"内圣"与"外王"两全之学。《菿汉微言》判摄佛学、孔学与老学、庄学之各自特色云：

> 印度素未一统，小国林立，地狭民寡，才比此土县邑聚落，其君长则宗子祭酒之伦也。其务减省，其国易为，则政治非所亟，加以气候温燠，谷实易熟，裘絮可捐，则生业亦非所亟。释迦应之，故出世之法多，而详于内圣。（佛典有《出爱王经》，为世尊论政之言，绝无深语，足知非所措意也。）支那广土众民，竟于衣食，情实相反，故学者以君相之业自效，以经国治民利用厚生为职志。孔老应之，则世间之法多，而详于外王。兼是二者，厥为庄生。②

章太炎此论深意大焉。梵土释迦之学为出世之法，详于内圣，外王不足；东土孔老之学务于"经国治民利用厚生"，固然强调外王，但内圣有所欠缺。平心而论，章太炎此处对华梵两种文明之比较，虽言说似激，但亦并非没有击中其要害。晋唐之后，三教逐步合流，按照陈寅恪之说法，佛学作为一大因缘而最终成就的是宋明理学（心学），不管宋明儒者承认不承认，他们的确是以佛学之内圣学来对先秦儒学进行理论补充或修正，儒家实用主义（李泽厚）之学转而为宋明儒精微之心性学——形而上学，宋明新儒家（冯友兰）之新或正在于斯。当然，佛学作为出世间法最终经过唐代高僧和宋明诸儒一起努力转变为世间法，在某种意义上也可以说是以中华外王学而补救佛学仅言内圣学之不足。然而，章太炎此处则独尊庄生，认为唯有庄学能兼内圣与外王二者，则颇具章太炎之自我特色。庄子何以能双兼内与外、梵与华之二者之道，章太炎给出理由是：

> 即《齐物》一篇，内以疏观万物，持阅众甫，破名相之封执，等酸咸于一味；外以治国保民，不立中德，论有正负，无异门之衅，人无愚智，尽一曲之用，所谓衣养万物而不为主者也。远西工宰，亦粗明其一指。彼是之论，异同之党，正乏为用，撄宁而相成，云行雨施

---

① 章太炎：《齐物论释定本》，《章太炎全集》（六），上海人民出版社2018年版，第98页。
② 章太炎：《菿汉微言》，《章太炎全集》（一二），上海人民出版社2018年版，第25—26页。

而天下平。故《齐物论》者，内外之鸿宝也。①

章太炎此段文字对庄学内圣外王之解读以及其对《齐物论》"内外之鸿宝"之定性，在其整个庄学中处于枢机之位。以内圣而言，庄子疏观万物、持阅众甫、名相兼破、酸咸同味，此与佛学之内圣无异；以外王言之，庄学之过佛学者在于更能经济天下、治国保民，将凌轹个人之上之权威进行消解（"不立中德"），让民众自由言说而不会党同伐异（"无异门之衅"），同时强调物尽其用、人尽其性，最终实现"云行雨施而天下平"。章太炎深信，庄学为经世致用之利器，他甚至直接以《齐物论》与《孙子兵法》并提，指出"言兵莫如《孙子》，经国莫如《齐物论》"②。

这里依旧需要提及者，章太炎作《齐物论释》期间将庄学推崇至无以复加之高度，但并非其一生之学术定论。章太炎中晚年之后开始将学术重心放在儒学之上，"癸甲之际，厄于龙泉，始玩爻象，重籀《论语》，明作《易》之忧患，在于生生，生道济生，而生终不可济，饮食兴讼，旋复无穷。故唯文王为知忧患，唯孔子为知文王。《论语》所说，理关盛衰，赵普称半部治天下，非尽唐大无验之谈"③。"癸甲之际"是指中华民国三年（农历癸卯年，1914）至中华民国四年（农历甲寅年，1915），当时章太炎因愤慨袁世凯（1859—1916）称帝而被袁氏软禁于北京龙泉寺，此期间章太炎开始重读儒家经典《易》《论》并开始重估其价值，虽然还没有将儒家提到最高位置，但这是其对儒家态度的一大转捩。

直至中华民国九年（1920），章太炎在长沙第一师范学校演讲中承认："我从前倾倒佛法，鄙薄孔子、老、庄，后来觉得这个见解错误。佛、孔、老、庄所讲的，虽都是心，但是孔子、老、庄所讲的，究竟不如佛底不切人事。孔子、老、庄自己相较，也有这样情形。老、庄虽高妙，究竟不如孔子底有法度可依，有一定底做法。"④ 是年章太炎五十一岁，在他看来，佛不如老庄，老庄不如孔子，以章太炎世寿六十七岁而言，斯可谓其"晚年定论"。20 世纪 30 年代以后，他开始提倡读经尊孔，并开始以《孝经》

---

① 章太炎：《菿汉微言》，《章太炎全集》（一二），上海人民出版社 2018 年版，第 26 页。
② 章太炎：《国故论衡校定本》，《章太炎全集》（一四），上海人民出版社 2018 年版，第 282 页。
③ 章太炎：《菿汉微言》，《章太炎全集》（一二），上海人民出版社 2018 年版，第 70 页。
④ 章太炎：《研究中国文学的途径》，《章太炎全集》（一〇），上海人民出版社 2018 年版，第 288 页。

《丧服》《大学》《儒行》等构建"新四书"，庄佛在"四经"面前也已等而下之。惜甚，盖章太炎由于早年用功过勤，晚年虽"回真向俗"，但其对儒学精义之抉发并未有创造性之建树，故其思想之黄金时代则非庄学莫属。

第二章　章太炎关于庄子之四种定位及其思想意蕴

在章太炎笔下，随着其哲学思考之变迁和思想境域之变化，庄子也呈现出不同的形象面貌，这些不同之庄子形象背后实则是章太炎对庄子思想不同侧面之接受和诠释，故也关涉着章太炎本人思想之最几微之处。在战国乱世中，庄子不隐不仕，是抱关击柝之处士；就其思想特质来说，庄子内证佛果却不言涅槃，是白衣示相之菩萨；就庄子师承来说，庄子远祧孔子，师承颜子，是孔颜一脉之儒者；就其哲学之含摄性和周延性来说，庄子是古今中西第一之哲人。章太炎关于庄子其人其学的不同定位，既有传统学术儒释道三教的际会离合，也有直面当下"人间世"而以东方古典哲学对近代西学进行回应的学术襟抱。章太炎对庄子的不同定位蕴含着深刻的思想意蕴，这里包含着他对庄子之了解同情与思想默会，履行着他通过诠释庄子来回应时代难题的思想使命。

第一节　不隐不仕、抱关击柝之处士

一　面对战国"世道交丧"之世

章太炎所处晚清民国之时代，时人以三千年未有之大变局称之。对于章太炎来说，如其所言"遭世衰微，不忘经国，寻求政术"（《菿汉微言》）[1]，其学术和思想始终与时代之忧患相激荡，他绝非清儒那样"专志精微，反致陆沉，穷研训诂，遂成无用"[2]的皓首穷经之经师。正是带着这种经国救世、赈民水火的学术热肠来谛视传统，章太炎发现中国晚周诸子百家无非都是救世者。但庄子是比较特殊之一位，他见识之高、忧思之

---

① 章太炎：《菿汉微言》，《章太炎全集》（一二），上海人民出版社 2018 年版，第 69 页。
② 章太炎：《菿汉微言》，《章太炎全集》（一二），上海人民出版社 2018 年版，第 71 页。

深、用心之苦，远非其他诸子所可比。章太炎在《齐物论释序》中写道：

> 昔者，苍姬讫录，世道交丧，奸雄结轨于千里，烝民涂炭于九
> 隅。其唯庄生，览圣知之祸，抗浮云之情，盖齐稷下先生三千余人，
> 孟子、孙卿、慎到、尹文皆在，而庄生不过焉。以为隐居不可以利
> 物，故托抱关之贱；南面不可以止盗，故辞楚相之禄；止足不可以无
> 待，故泯死生之分；兼爱不可以宜众，故建自取之辩；常道不可以致
> 远，故存造微之谈。维纲所寄，其唯《消摇》《齐物》二篇，则非世
> 俗所云自在平等也。体非形器，故自在而无对；理绝名言，故平等而
> 咸适。……作论者其有忧患乎！远睹万世之后，必有人与人相食者，
> 而今适其会也。文王明夷，则主可知矣。仲尼旅人，则国可知矣。①

章太炎这段序文以近乎光影蒙太奇之叙事笔法描绘出一幅战国衰世之景
象，这是一种近乎绝望的黑灰色意境。所谓"苍姬讫录，世道交丧"，"苍
姬讫录"用赵岐《孟子题辞》之语："孟子亦自知遭苍姬之讫录。"②"苍
姬"代指周代，《周礼正义·祭礼》与《晋书·天文志》并引汉人纬书称周
文王姬昌为"苍帝子"，苍帝为东方之帝，"苍姬讫录"即指晚周战国末世。
"世道交丧"用《庄子·缮性》"由是观之，世丧道矣，道丧世矣，世与道
交相丧也"，章太炎用此语表达庄子所处之战国世道之黑暗与浇漓。具体说
来，那个时代，"奸雄结轨于千里，烝民涂炭于九隅"，诸侯征伐之铁蹄踏
过，民人死伤无数。在这个乱世之中，学者如飞鸟投林，各寻诸侯，齐国稷
下就有"不治而议论"之三千先生，其中固然有不少"吃饭秀才"如淳于
髡者，但亦不乏以救世为襟抱的哲人，比如孟子、尹文、慎到等（章太炎认
为孟子是稷下先生），庄子却不入稷下，因为他对一切救世之术都已经彻底
失望。包括孟子在内的哲人无非都幻想以圣知、兼爱、偃兵去说服诸侯，然
则，圣知、兼爱、偃兵本身何尝又不是祸呢？故庄子从来就没想过要去稷下
议论，仁政、兼爱、偃兵这些说教在庄子看来根本没用。庄子深知"南面不
可以止盗"，他既不是孟子一样之义仕派，也不是张仪、苏秦那样之禄仕派，
在那个"盗亦有道"之时代，禄仕派固然是大盗之帮凶，而义仕派也不过是
给大盗增加一些骗取民心之筹码，因此他却聘楚相，高尚其事，不事王侯。
（钱穆先生将战国士人分为劳作派、不仕派、禄仕派、义仕派、退隐派，道

---

① 章太炎：《齐物论释序》，《章太炎全集》（六），上海人民出版社 2018 年版，第 3 页。
② （清）焦循撰，沈文倬点校：《孟子正义》，中华书局 1987 年版，第 10 页。

家庄周属于退隐派。详钱穆《国史大纲》第六章）

既然不能仕，那么能不能隐呢？庄子也不会隐，"高尚其事，不事王侯"固然可以洁身自好，但无奈庄子还有一腔救世之热肠。清人说庄子"虽知无用而未能忘情，到底热肠挂住"[1]，可谓入木三分地描摹了庄子在乱世之下的复杂心境。救世之热肠使得他不能做与鸟兽同群（《论语·微子》）之隐者，章太炎称之为"隐居不可以利物"。既不能仕又不能隐，庄子究竟该何去何从？庄子只能托抱关之贱而陆沉于他难以割舍的世间。

二　抱关做漆园吏：仕隐之间的思想史事件

"隐居不可以利物，故托抱关之贱"，此处"抱关"当取孟子所言"抱关击柝"之意，具体来说当指庄子任漆园吏之事，事见《史记·庄子列传》，司马迁称"周尝为蒙漆园吏"只是一般性叙事描写，今人考证漆园吏相当于漆园啬夫[2]，即今所谓守门人或护林人。章太炎则认为庄子任职漆园吏不仅仅是一种职业行为，更是一种思想行为，当然这不是孟子式地"立乎人之本朝而道不行，耻也"（《孟子·万章下》）之思想，庄子以这种方式一方面与"不治而议论"的稷下先生们划清界限；另一方面与"传食于诸侯"的孟子派划清界限。庄子甘愿"抱关击柝"本身就是对稷下学派（不仕派）、孟子学派（义仕派）甚至禄仕派的一种无声的否定。[3]同时，作为一介守园微吏而不是泉林隐者，庄子正可以借机观察君子小人、人情冷暖、民风世相，特别是看统治者如何杀人，民人如何被荼毒。章太炎后来说庄子"眼光注射，直看见万世的人情"（《佛学演讲》），可能正与庄子这种仕隐之间的处士身份有关。

既然庄子不做稷下先生，也不谈仁义道德；不做隐士，也不出任卿相，那么他凭什么救世？他凭什么本事能"抗浮云之情"？章太炎看来，庄子救世之术一破一立主要有二。其一，从否定之维上讲他是对儒墨文明

---

[1]　胡文英：《庄子略论》，载谢祥皓、李思乐《庄子序跋评论辑要》，湖北教育出版社 2001 年版，第 337 页。

[2]　崔大华：《庄学研究》，人民出版社 1992 年版，第 10—13 页。

[3]　如章太炎指出："孔子之徒，颜子最高，一生从未服官，无七国游说之风。自子贡开游说之端，子路、冉有皆以从政终其身。于是七国时仕宦游说之士，多以孔子为依归，却不能依傍颜子，故庄子独称之也。"章太炎后来认为庄子师出颜回，实则也是意识到颜子一生不仕，无游说之风。［章太炎：《诸子略说下》，《章太炎全集》（一一），上海人民出版社 2018 年版，第 1013 页］章太炎还指出："（庄子）愤奔走游说之风，故作《让王》以正之；恶智力取攻之事，故作《胠箧》以绝之。"［章太炎：《论诸子学》，《章太炎全集》（一○），上海人民出版社 2018 年版，第 55 页］

甚至一切文明进行颠覆，这种颠覆不是道德虚无主义，而是对仁义道德进行反思并警惕，这种否定性的反思和警惕与孔墨正面性的立说施教一样重要。其二，从肯定之维上讲是让每个个体进行自我心灵之救赎，"体非形器，故自在而无对；理绝名言，故平等而咸适"①，庄子以"自证而证他"的方式创造一套哲学，没有一个抽象之天下，只有一个个血肉饱满之生命体，当一切皆无可奈何之时，毕竟还有心体可以自我把控。儒墨的仁义与兼爱都要靠"格君心"来实现，但君心的承诺向来都不会兑现，而且往往还会变本加厉地走向仁义或兼爱之反面。因此，庄子将人民的自我拯救最终诉诸心灵的"自取""无待""自在""咸适"，摆脱现实的苦难终究要靠每个个体"心"之转化、纯化、净化、辩证，可见心终是救赎之源。当然，心亦是万恶之源，"苟人各有心，拂其条教，虽践尸蹀血，犹曰秉之天讨也"②，人类之一切祸患莫不归本于私心，正是私心作祟再文以条教，纵然是践尸喋血，犹以天讨为号，杀人有理，师出有名，此正天下祸乱之所由生也。庄子挺立起每个个体的自在而无对之心的同时瓦解统治者的私我之心，"《齐物》本以观察名相，会之一心"（《齐物论释定本》），庄学救世之法不过是心法以及心所有法，这也是他最终以法相解庄的原因。

三　古今两个"人吃人"世道之视域融合

章太炎之所以将庄子描摹为"抱关救世之处士"，应该说这正是自己当下世道和处境与庄子所在世道和处境之一次视域融合。如前文所引《齐物论释序》之言："作论者其有忧患乎？远睹万世之后，必有人与人相食者，而今适其会也。"这里联合引用《易传》之"作论者其有忧患乎"与《庄子·庚桑楚》之"千世之后，其必有人与人相食者也"（又见《徐无鬼》）两句名言，并郑重地指出"而今适其会也"。可见，章太炎是将19世纪以至于20世纪初期之"人与人相食之世"投注到庄子所处之战国时代。当时黑格尔主义、斯宾塞主义、蒲鲁东主义等盛行一时，这些潜含着种族优劣、优胜劣汰、灭国有理之"公理""进化""唯物"等理论恰恰为"人吃人"提供了合法性和合理性根据（应该说，章太炎对黑格尔、斯宾塞、蒲鲁东等存在误解），而庄子所推崇的"文野异尚"和所否定的"文明灭国"（详见第三章）正可以对这些理论进行釜底抽薪式的批判。可见，章太炎以救世定义庄子哲学，乃为其良苦用心之所在。

---

①　章太炎：《齐物论释序》，《章太炎全集》（六），上海人民出版社2018年版，第3页。
②　章太炎：《齐物论释定本》，《章太炎全集》（六），上海人民出版社2018年版，第73页。

如前文所言，章太炎最终将庄子哲学定义为心学，要破除"践尸蹀血"之人类罪恶，就要做足"吾丧我"之工夫，不要以己夺人，将文明与落后平等视之；要做到在无常之苦难中自我赈济，也要做足"吾丧我"之工夫，即在遭逢际遇中"自主"，不要受外在生死得失所左右。总之，章太炎笔下之庄子是一位位卑而志卓的乱世哲人，笔者称之为处士。所谓处士，是说其有思想、有知识，学而优却不仕，天子不得臣，诸侯不得友，晴耕雨读而不与朝廷打交道，其托"抱关之贱"充满思想意义，属于思想史事件。① 同时，晚近乱世与战国乱世是章太炎与庄子共同的生存体验，故章太炎在《庄子》中发现救世之道，并非偶然。

第二节　以一阐提而证法身之大悲阐提

一般而言，小乘佛教证罗汉果，只求自证正觉而成佛；大乘佛教则求自悟而悟他，普度有情。故大乘佛教重修菩萨行，以菩提智上求无上正觉，以大悲大愿下化苦厄中之众生，众生不度脱而誓不成佛，是为大悲阐提。"苏报案"后，章太炎在狱中两年精研佛学，对佛学极度服膺，一见如故，"私谓释迦玄言，出过晚周诸子不可计数；程、朱以下，尤不足论"②。当他带着饱读佛书的目光审视晚周诸子之时，他发现中国古人中有很多菩萨，指出："文、孔、老、庄，是为域中四圣，冥会华梵，皆大乘菩萨也。"③ 这四位菩萨中他最推许庄子，"文王、老、孔，其言隐约，略见端绪，而不究竟，可以意得，不可质言。至若庄生，则曲明性相之故，驰骋空有之域，委悉详尽，无隐乎尔"④。文王、老子、孔子虽然也是大乘菩萨，但他们言辞隐约，只是略见端绪，可以通过他们之言说而推知一些佛法，但毕竟没有明言佛法，也没有明言究竟实相。只有庄子能在理论上明"性""相"之原委，在造境上兼"空""有"之两域，故庄子与佛最近而列东土四圣之第一，而且为集大成者。具体而言，章太炎将庄学许为东土最上乘法，主要有三种原因。其一，庄学在理论上与佛法高度契合；其二，庄学能上悟唯识而下利有情，具有十足之大乘佛学精神；其三，庄子不仅以一阐提证法身，更能应化显身，白衣示相。

---

① 参见陈少明《什么是思想史事件》，《江苏社会科学》2007 年第 1 期。
② 章太炎：《菿汉微言》，《章太炎全集》（一二），上海人民出版社 2018 年版，第 70 页。
③ 章太炎：《菿汉微言》，《章太炎全集》（一二），上海人民出版社 2018 年版，第 37 页。
④ 章太炎：《菿汉微言》，《章太炎全集》（一二），上海人民出版社 2018 年版，第 37 页。

一　庄学在理论上与佛法高度契合

章太炎将庄子视为大乘菩萨首先在于他认定"《齐物》大旨，多契佛经"①，庄学与佛学不仅义理相合，甚至在名相上也可以一一相印证。章太炎在《菿汉微言》里回忆他在日本以佛解庄时之情景云："却后为诸生说《庄子》，间以郭义敷释，多不惬心，旦夕比度，遂有所得。端居深观，而释齐物，乃与《瑜伽》《华严》相会，所谓摩尼现光，随见异色，因陀帝网，摄入无碍，独有庄生明之，而今始探其妙，千载之秘，睹于一曙。"②章太炎承认先以郭注敷衍，但终不能惬心，后来以《瑜伽》《华严》与《庄子》相格义，发现二者合若符节。章太炎以"摩尼现光，随见异色，因陀帝网，摄入无碍"来比喻佛学与庄学共臻之玄远难遮之境，摩尼即摩尼宝珠，为释迦所有，能依众人所愿而呈现异色，隐喻佛法普度有情之愿；因陀帝网，佛经记载以忉利天王的宫殿里，有珠宝结网，重重无尽，隐喻佛法庄严广大之境；而对于此等造境独有庄生能明之。职是之故，章太炎在《齐物论释序》中指出庄佛二者之相通性云："一致百虑，则胡越同情；得意忘言，则符契自合。"③ 意识到庄与佛这种内在相通性是章太炎以佛解庄之最根本原因。章太炎《齐物论释》以佛解庄，一方面是义理之会通，比如他以"体非形器，故自在而无对"解"逍遥"，以"理绝名言，故平等而咸适"解"齐物"等；另一方面是名相之格义，他认为《齐物论》一些名相之本意可以与佛经相关名相之本意一一直接相格义。比如他训"台"为"持"，梵文意为"阿陀那"，"灵台"即为"阿陀那识"，意为"任持根觉"，即对八识之总体持执；训"府"为"藏"，梵文为"阿罗耶"，"灵府"即为"藏识（阿罗耶识）"，能"含藏种子"；其将"以其心得其常心"之"常心"解释为"庵摩罗识"，庵摩罗识为清净识、无垢识、真如识，是对阿赖耶识之识。总之，章太炎认为庄学与佛法存在着高度契合，以佛解庄能"使庄生五千言，字字可解"（《自述学术次第》）④。正是基于庄佛两种理论的高度一致性，章太炎才将庄子许为真正的"应真上士"。

---

① 章太炎：《齐物论释定本》，《章太炎全集》（六），上海人民出版社 2018 年版，第 98 页。
② 章太炎：《菿汉微言》，《章太炎全集》（一二），上海人民出版社 2018 年版，第 70 页。
③ 章太炎：《齐物论释序》，《章太炎全集》（六），上海人民出版社 2018 年版，第 4 页。
④ 章太炎：《自述学术次第》，《章太炎全集》（一九），上海人民出版社 2018 年版，第 495 页。

二　庄学具有普度有情、抱悲救难之大愿

庄子虽然了悟佛法，但不是自证独觉之阿罗汉，而具有自悟悟他、抱悲救世之菩萨精神。如我们前文所强调，章太炎虽然认为"（法相）理极不可更改"，但也逐渐意识到"纯佛法不足以应世"，"若专用佛法去应世务，规画总有不周。……方法实在没有完成"，总体来说，佛学详于内圣而为出世间法，其对世间法并没有很好的观照，亦即外王方面有所不足。唯庄学可兼世间、出世间法，《齐物论》能周尽"内圣外王"之道，是"内外之鸿宝"。正是意识到此，章太炎指出："上悟唯识，广利有情，域中故籍，莫善于《齐物论》。"① 作为"广利有情"之大乘菩萨，章太炎笔下之庄子究竟如何救世，兹仅举起一例：

> 原夫《齐物》之用，将以内存寂照，外利有情，世情不齐，文野异尚，亦各安其贯利，无所慕往，饫海鸟以太牢，乐斥鷃以钟鼓，适令颠连取毙，斯亦众情之所恒知。然志存兼并者，外辞蚕食之名，而方寄言高义，若云使彼野人，获与文化，斯则文野不齐之见，为桀、跖之嚆矢明矣。②

庄学是"内存寂照，外利有情"之学，其利益有情的方式之一即对差异的尊重，对弱势群体、少数群体甚至"野蛮民族"都要等而视之，这就是所谓"齐物者，一往平等之谈也"，也就是以"世情不齐，文野异尚"作为处理民族、文明关系的最高原则。他征引《庄子·至乐》篇"鲁侯养鸟"的典故，养鸟就应该放之山林江湖，若供养于庙坛，就会适得其反。若以本则寓言言之，宗、脍、胥敖虽处于蒙昧状态，但舜看来，即使如此，也不应该以文明、开化、仁义等高义去征伐它们。一些国家以"使彼野人获与文化"为名，蚕食弱国，不仅得兼并之实，且得高义之名，一方面，使得一切侵略、屠杀、劫掠皆名正言顺；另一方面，在事实上却是大道凌迟，正义阙如。因此，章太炎指出："下观晚世，如应斯言，使夫饕餮得以逞志者，非智尚文野之辨，孰为之哉。"③ 这大概即在影射社会达尔文主义和黑格尔主义的理论，（"文野不齐之见"）在他们看来文明民族高于野

---

① 章太炎：《齐物论释定本》，《章太炎全集》（六），上海人民出版社2018年版，第98页。
② 章太炎：《齐物论释定本》，《章太炎全集》（六），上海人民出版社2018年版，第118页。
③ 章太炎：《齐物论释定本》，《章太炎全集》（六），上海人民出版社2018年版，第118页。

蛮民族，因此文明之国有理由去征服野蛮之邦，为"使彼野人获与文化"，征服者师出有名，因此认为"文野不齐之见"是"桀跖之嚆矢"（先声）。

　　章太炎强调庄子具有救世精神，这是他将庄子定位为大乘菩萨之最关键因素之一，他始终强调庄子之学具有"精入单微，还以致用"的"大人利见之致"（《齐物论释定本》），庄子不仅能悟唯识之"真"更能以这种"真"来应世救世、利益众生。他坚信在庄学之观照下，"云行雨施，则大秦之豪丧其夸，拂菻之士忘其舁，衣养万物，何远之有"①，这种衣养万物、沾溉中西之襟抱正是大乘菩萨所造之境。就中国传统来说，救世之菩萨甚至比证佛果之佛更具亲和力和现实性，章太炎正是在救世这一世间法之意义上将庄子许为大乘菩萨，这就不难理解《齐物论释序》为何突出"救世"这一"致用"主题作为庄学之使命。不过，庄学作为救世之学以"上悟唯识""内存寂照"为前提，此迥异于儒墨法诸家，这需要特别强调（当然，章太炎"回真向俗"以后认为以文王和孔子为代表的儒家也是这种菩萨行）。

三　庄子以一阐提证法身

　　《齐物论释》反复强调庄学不是出世之学②，"'菩萨一阐提，知一切法，本来涅槃，毕竟不入。'此盖庄生所诣之地"③，《德充符》篇所言"以其知得其心，以其心得其常心""彼且择日而登假"等语都是庄子自证佛果而不离世间之证明，章太炎解释云：

　　　　谓依六识现量，证得八识自体，次依八识现量，证得菴摩罗识自体，以一念相应慧，无明顿尽，于色究竟处④，示一切世间最高大身也。此乃但说佛果，而亦不说涅槃。《田子方篇》说："老聃云：'吾游心于物之初。'孔子曰：'何谓邪？'老聃曰：'心困焉而不能知，口辟焉而不能言。'"此谓十地向尽，一念相应，觉心初起，心无初相，是为究竟觉地，而亦无涅槃事。且云："贵在于我而不失于变，且万化而未始有极。"直谓不思议业，随处普现色身耳。……则佛法所谓远行地后

---

①　章太炎：《齐物论释定本》，《章太炎全集》（六），上海人民出版社 2018 年版，第 76 页。

②　相关陈述参见章太炎《齐物论释定本》，《章太炎全集》（六），上海人民出版社 2018 年版。

③　章太炎：《齐物论释定本》，《章太炎全集》（六），上海人民出版社 2018 年版，第 140 页。

④　此处，"以一念相应慧，无明顿尽，于色究竟处"一语，王仲荦先生标点本原作"以一念相应，慧无明顿尽于色究竟处"，似为破句。按此语见《大乘起信论》，据高振农点校本（高振农校释：《大乘起信论校释》，中华书局 1992 年版，第 152 页）改。

之大士，不死不生，义与涅槃无异。然能不见生死者，虽复出入生死，而亲证其本不生。《起信论》说初发心者，尚云"离于妄见，不住生死"，"摄化众生，不住涅槃"，转至穷尽。《大乘入楞伽经》指目菩萨一阐提云，"诸菩萨以本愿方便，愿一切众生，悉入涅槃。若一众生未涅槃者，我终不入。此亦住一阐提趣，此是无涅槃种性相"。①

章太炎用《庄子》与相关佛经互相格义、互相诠释而证明庄子以一阐提而证法身，"证法身"是说庄子有究竟觉，一阐提是说庄子本人并没有证入佛乘，其有究竟觉而无涅槃事，其达无生灭之佛境而示有生灭之色身，其上已亲证佛果而下则永住一阐提。大乘菩萨本不仅仅要有"离于妄见，不住生死"之自证，更要有"摄化众生，不住涅槃"之弘悲大愿，这实则就是自悟而悟他之大乘境界，"大乘菩萨以悲悯利生之故，虽三恶道亦见身而为说法"②，菩萨自悟而悟他之方式就是随处普现色身、示一切世间最高大身、以一阐提而现有情众生等，比如观世音菩萨就有三十三应化之身，庄子也是为普度世间众生而现色身之一阐提，《齐物论》中"庄周梦蝶"之典故就是庄子白衣示相、现身说法。

　　根据《大毗婆沙论》所言："异生圣者皆得有梦；圣者中从豫流果乃至阿罗汉独觉，亦皆有梦；唯除师尊。所以者何？梦似颠倒，佛于一切颠倒习气皆已断尽，故无有梦。"③ 圣人和异生终究还有世间烦恼故还有梦，只有成佛才能断尽颠倒习气而无有梦。既然庄子已经亲证佛果，故庄生本来无梦，但《齐物论》不是明言庄周曾梦为蝴蝶么？如何解释这种扞格？章太炎指出："寻庄生多说轮回之义，此章本以梦为同喻，非正说梦。"④ 意思是，"庄周梦蝶"并非就梦说梦，而是以梦隐喻轮回。问题是，既然庄子已经内证佛果，梦自然不会有，那么是不是也应该超越轮回而不能贪恋轮回之乐？这正是庄子的大乘菩萨行所在，庄子虽然内证佛果，但还要现色身说法而不得不有梦有烦恼在。"大士说法，唯在应机"（《菿汉微言》）⑤，庄子盛言轮回是为众生遣忧解难而应机说法，其云："轮回之义，庄生、释迦、柏剌图所同。佛法以轮回为烦恼，庄生乃以轮回遣忧。"⑥ 何

---

① 章太炎：《齐物论释定本》，《章太炎全集》（六），上海人民出版社 2018 年版，第 140 页。
② 章太炎：《菿汉微言》，《章太炎全集》（一二），上海人民出版社 2018 年版，第 37 页。
③ 章太炎：《齐物论释定本》，《章太炎全集》（六），上海人民出版社 2018 年版，第 138 页。
④ 章太炎：《齐物论释定本》，《章太炎全集》（六），上海人民出版社 2018 年版，第 138 页。
⑤ 章太炎：《菿汉微言》，《章太炎全集》（一二），上海人民出版社 2018 年版，第 26 页。
⑥ 章太炎：《齐物论释定本》，《章太炎全集》（六），上海人民出版社 2018 年版，第 139 页。

谓以轮回遣忧？众生无不活在当下之中，与抽象而玄虚的彼岸世界相比，也许此岸、此生、当下更具体从而更有现实意义。现实中，人人都面临死亡之困顿，跳出轮回涅槃寂静固然好，但却不现实，倒不如告诉世人生死不过是轮回，轮回中无论成为何物都有其快乐，万化无极，乐不胜计，此即所谓"以轮回遣忧"。不过庄子已经超越轮回，故其本人不必以轮回遣忧，但作为大乘菩萨，他不得不立足众生而方便施设。庄子为点化众生以稍缓民瘼，不得不以一种轮回中的色身示相。

庄子怀抱一种大悲心，哀生民之无拯，念刑政之苛残，在现实人生中，人们不能自主生死，一方面生死本身就是一种无常，倏忽而生，刹那而死，非我能左右；另一方面，残虐苛政无处不在，人生如网鱼幕燕，生死掌控在别人手里。可见，无论是无常的生死还是被人掌控的生死都意味着我们在生死面前是无可奈何的。释迦牟尼佛希望世人超越轮回，寂静涅槃。但庄子看来，佛法专以灭度众生为念，不考虑具体而现实的苦难，将一切寄希望于人人成佛，就如黄河变清、高陵为谷一样遥遥不可企及。正是意识到此，庄子才以百姓心为心，以"庄周梦蝶"而示现白衣，开示众生以轮回为乐，毋以死亡为苦。章太炎指出，自己早年曾苛责庄子沉溺轮回而不求正觉，为其所短。现在看来，不求涅槃不仅不是庄子之短，恰恰是庄子之长，毕竟，随顺生死比寂静涅槃更容易为世俗众人所接受。

章太炎进而指出庄子以随顺生死为说而少言涅槃寂静，是考虑到中华地缘文化与印度本质不同。由于东土与梵土文化传统和人生态度不同，所以庄子与释迦各下的药方亦大不同，中国人安于此世优渥的生活，不企慕彼岸的解脱，而印度则多灾多难，因此转求彼岸的超度。在优渥中生活的中国人唯惧速死，所以庄子以"万化无极，乐不胜计"[1] 开示众生，将众生从生死之忧患中拯救出来。这也是"大士说法，唯在应机"之"机"所在，职是之故，庄子不仅是"应真上士"更是"地上菩萨"。

第三节　传颜氏儒之儒者

一　庄子儒门说：从否定到肯定

自韩愈首倡庄子出于子夏之儒（韩愈《送王埙秀才序》）、苏轼认为庄子对孔子"阳挤而阴助之"（苏轼《庄子祠堂记》）以来，代有学者将

---

[1]　章太炎：《齐物论释定本》，《章太炎全集》（六），上海人民出版社2018年版，第142页。

庄子视为儒门三传弟子，章太炎也不例外，不过章太炎并不是一开始即持此说。① 章太炎对儒家之态度，辛亥以前基本是批评和引抑；辛亥之后，特别是章太炎因詈骂袁世凯而被幽禁北京钱粮胡同期间（1914—1916），他重估儒家经典，开始给予儒学很高之评骘，甚至认为宋人所言"半部《论语》治天下"并非唐人无验之言。1915 年出版之《检论》已经将孔子视为中夏"创业垂统"之"圣人"。相应的，章太炎对思想史上之庄子出于儒门说先是持"消极评论"（详见杨海文，前揭）之立场，对韩愈、苏轼、章学诚等"庄子出于儒门"说持否定态度，认为仅凭《田子方》篇就认定庄子出于子夏是"唐人率尔之辞，未尝订实"，"以庄生称田子方，遂谓子方是庄子师，斯则《让王》亦举曾原，而则阳、无鬼、庚桑诸子，名在篇目，将一一皆是庄师矣"②。应该说，章太炎之辩驳还是有说服力的。辛亥之前，章太炎深嗜庄佛，对儒家圣人多有不满，自然也不赞成学术史上所推重的庄子出于儒门。

不过，如其所自况"始则转俗成真，终乃回真向俗"，章太炎在辛亥以后慢慢成为庄子出于儒门说的肯定者。据杨海文教授考证，1922 年 4—6 月，章太炎在上海讲学时才第一次承认庄子出于儒门，不过不是出于子夏之儒而是出于颜氏之儒：

> 儒家之学，在韩非子《显学》篇说是"儒分为八"，有所谓颜氏之儒。颜回是孔子极得意门生，曾承孔子许多赞美，当然有特别造就。但《孟子》和《荀子》是儒家，记载颜子的话很少，并且很浅薄。《庄子》载孔子和颜回的谈论却很多，可见颜氏的学问，儒家没曾传，反传于道家了。《庄子》有极赞孔子处，也有极诽谤孔子处，对于颜回，只有赞无议，可见《庄子》对于颜回是极佩服的。《庄子》所以连孔子也要加抨击，也因战国时学者托于孔子的很多，不如把孔子也驳斥，免得他们借孔子作护符。照这样看来，道家传于孔子为儒家，孔子传颜回，再传至庄子，又入道家了。③

章太炎根据《韩非子·显学》篇认定孔子之后当有颜氏之儒之传承，但孟

---

① 根据杨海文教授之考察，"章太炎至少有五种文献涉及'庄子即儒家'议题：早年两种尚属消极评论，晚年三种已是积极参与"参见杨海文《"庄生传颜氏之儒"：章太炎与"庄子即儒家"议题》，《文史哲》2017 年第 2 期）。

② 章太炎：《与人论国学书》，《章太炎全集》（四），上海上人民出版社 2018 年版，第 371 页。

③ 章太炎：《国学十讲》：《章太炎全集》（一〇），上海人民出版社 2018 年版，第 333 页。

荀显然不是颜氏之儒的传承者。也许并非偶然的是，《庄子》中恰恰有很多孔颜之对话，且《庄子》书对孔子有褒有贬，而对颜子只褒不贬，这是呵佛骂祖而不骂本师，毕竟那个时代假孔子太多，只有骂倒假孔子才能让真孔子现身，这一正一反正可证庄子当是颜回之后学。章太炎反对韩愈等将庄子视为子夏之儒，那么他将庄子视为颜氏之儒就没有问题吗？其以颜回为庄子师之用意何在？细读此则文献，章太炎实则揭示出一个晚周诸子传承的暗线："老子—孔子—颜子—庄子"；以学派论之则是："道家—儒家—儒家—道家"。章太炎重序圣贤传承谱系之用意何在呢？

二　佛学观照下的"老—孔—颜—庄"新道统

孔承老学，即所谓孔子曾问礼老子事，不见春秋末期经典，而秦汉间及汉初典籍如《礼记》《吕览》《说苑》《淮南子》《史记》等都有其说，但其可靠性一直存疑，也不被以儒家为主导的思想史重视。故这里需要追问，章太炎反对庄子出于子夏说，却重拾旧案并拟定这个"老子—孔子—颜子—庄子"之"新道统"的背后思想史线索究竟是什么？事实上，章太炎对这条晚周思想史暗线极为重视，除前文所引外，其至少还有四次提到这条"老—孔—颜—庄"相传授之暗线：

（一）孔子问礼于老聃，《戴记》所述，则其仪文节奏，斯非孔老之本。《老子列传》记其言曰："去子之骄气与多欲，态色与淫志"，是乃老子所称上礼。（上礼解见《韩子》）及仲尼所以告颜回者，亦曰"克己复礼"而已，正本老子义耳。[1]

（二）内圣外王之道，不能宴处山林明矣。老聃语孔子曰"为人臣者毋以有己，为人子者毋以有己"，即为臣子而令趣入无我。颜渊欲说卫君，孔子示以心斋，即其近暴人而令瞻彼阒者，此所谓事理无碍也。[2]

（三）老聃所以授仲尼者，《世家》称："为人臣者毋以有己，为人子者毋以有己"，《列传》称："去子之骄气与多欲，态色与淫志。"毋以有己者，无我也。骄气，我慢也；多欲，我爱也；态色，我慢所呈露也；淫志，我爱所流行也：是皆去之，与毋以有己相成。……老以诏孔，其所就为无我；孔以诏颜，其所就为克己。授受不爽如此，而儒者多忽之。①

（四）最观儒释之论，其利物则有高下远迩，而老聃挟兼之。仲尼所谓忠恕，亦从是出也。夫不持灵台而爱其身，涤除玄览而贵其患，义不相害，道在并行矣。故庄周援引其文且颂之曰："尸居而龙见，渊默而雷声，神动而天随，从容无为而万物炊累焉。"②

按，关于孔子向老子问礼事，《礼记·曾子问》涉及一条具体之"仪文节奏"，与老学全无关系；《史记·孔子世家》和《史记·老子列传》则记载老子向孔子传授道家相关之内容，文献三所引即本之《史记·孔子世家》。《大戴礼记》所载之"仪文节奏"与老子无关，而《史记》之《孔子世家》与《老子列传》所载老子向孔子授学则其来有自。仔细勘对《孔子世家》所引老子授孔子"为人臣者毋以有己，为人子者毋以有己"③和《老子列传》所引老子授孔子"去子之骄气与多欲，态色与淫志，是皆无益于子之身"④两则文献，结合《老子》"吾所以有大患者，为吾有身，及吾无身，吾有何患"（《老子》第十三章），可以将老子向孔子授学之内容概括为"无我"二字。事实上，在章太炎看来，孔子所谓"绝四"亦可会归于"无我"，此正来源于老子，孔子再将老子的"无我"传授颜回，此谓"克己"；颜回之学再传庄子就是"心斋"，此即所谓"老以诏孔，其所就为无我；孔以诏颜，其所就为克己"。文献四则认为老子曾向孔子传授忠恕之道，这种忠恕之道再辗转传授至庄子，是以《菿汉微言》有"尽忠恕者，是惟庄生能之"与《检论·订孔》有"体忠恕者，独有庄周《齐物》之篇"等语，不过，老孔相传之忠恕绝非后世思孟学派之忠恕。儒家"推己及人"不究竟，因为其以有己为前提，难免会强人合己，苟为其难；而老庄之学以无己为前提，"从容无为而万物炊累"（《庄子·在宥》），后者才是真正的忠恕之道，这种忠恕可称为无己之忠恕。

可见，此四则文献实则都是以"无己"为核心将"老—孔—颜—庄"排列成一个师承传授系统，这意味着，老、孔、颜、庄的核心思想都是"无己"。不难发现，这种"无己"与佛学之"空"大有因缘，章太炎这里终究没有抹去其根深蒂固的佛学思想。事实上，章太炎认定庄子出于颜回之儒的奥秘也在这里：

---

① 章太炎：《菿汉昌言》，《章太炎全集》（一二），上海人民出版社 2018 年版，第 78 页。

② 章太炎：《检论》，《章太炎全集》（三），上海人民出版社 2018 年版，第 437 页。

③ （汉）司马迁：《史记》，中华书局 1959 年版，第 6 册，第 1909 页。

④ （汉）司马迁：《史记》，中华书局 1959 年版，第 6 册，第 2140 页。

（一）绝四之说，人我、法我俱尽。"如有所立卓尔，虽欲从之，末由也已"者，亦除法我执矣。此等自得之语，孔、颜之后，无第三人能道。（佛、庄不论。）①

（二）子思作《中庸》，孟子著七篇，皆论学而及政治者也。子思、孟子既入天趣，若不转身，必不能到孔、颜之地，惟庄子为得颜子之意耳。②

这两则文献中，文献一认为孔子之"绝四"即人我、法我之兼空，孔颜之后除佛、庄之外不能论之，也就是说，孔颜与庄的最高修持造境皆达佛乘；文献二则认为思孟虽已达天乘，但还没入佛乘，即思孟尚不明孔颜"无己""屡空"之佛旨，如此说来颜庄要比思孟更近孔子。《论语》中孔子以"克己复礼"传授颜子，在章太炎看来这是《庄子》书中"坐忘""丧我""心斋"之渊源，如此就能看出一条隐而不彰的圣人传授线索。章太炎《菿汉昌言·经言一》论这种学术渊源云：

庄生传颜氏之儒，（颜氏之儒，见《韩非·显学》篇。）述其进学次第。……《人间世》篇：仲尼告以心斋，颜回曰："回之未始得使，实自回也；得使之也，未始有回也。"此与克己相应者也。《大宗师篇》：颜回曰："回忘仁义矣。"仲尼曰："可矣，犹未也。"他日复见，曰："回忘礼乐矣！"仲尼曰："可矣，犹未也。"他日复见，曰："回坐忘矣。"仲尼蹴然曰："何谓坐忘？"颜回曰："堕枝体，黜聪明，离形去知，同于大通，此谓坐忘。"仲尼曰："同则无好也，化则无常也。而果其贤乎丘也，请从而后也。"夫告以为仁之道而能忘仁，告以复礼而能忘礼，离形去知，人我与法我同尽，斯谓"克己"。同于大通，斯谓"天下归仁"。此其造诣之极也。③

在章太炎看来，佛学之"人我与法我同尽"—孔子之"克己复礼，天下归仁"—庄子之"同于大通"等三语构成一组可以一一互相印证之思想体系。如果将思想之横向相似性诉诸一条线性的传授关系，并佐以相关文献，"老—孔—颜—庄"就形成一个授受不爽之师承谱系。当然，章太炎

---

① 章太炎：《诸子略说上》，《章太炎全集》（一），上海人民出版社2018年版，第981页。
② 章太炎：《诸子略说上》，《章太炎全集》（一），上海人民出版社2018年版，第982页。
③ 章太炎：《菿汉昌言》，《章太炎全集》（一二），上海人民出版社2018年版，第80页。

对"老—孔—颜—庄"等传授关系之证成背后是佛学思想。辛亥前后，章
太炎先后经历"以佛证庄"再到"以庄证孔"的思想转换①，从"以佛证
庄"到"以庄证孔"，不是后者将前者之扬弃，而是形成一个蝉联摄纳的
思想递进过程，"以庄证孔"是以佛学化的庄子来解释孔子，此时之孔子
既有庄学色彩，又有佛学色彩，其实是将佛、庄、儒进行一种内在的会
通，比如他认为孔子之"绝四"分别是破末那识、破恒审思量、破法执我
执、破人我法我，所谓"因果依持，皆已排遣"②。章太炎还指出："依何
修习而能无意无我？颜回自说坐忘之境……自胜之谓克己，慢与慢消，故
云复礼。我与我尽，性智平等见前，此所以为仁也。颜回庶几之才，闻一
知十，乍聆胜义，便收坐忘之效。"③ 不唯如此，章太炎还将"老—孔—
颜—庄"相传授之"无我"比喻为"禅宗心法"：

> 无我之言，《老子》书中所无，而《庄子》详言之。太史公《孔
> 子世家》："老子送孔子曰：'为人臣者毋以有己，为人子者毋以有
> 己。'"二语看似浅露，实则含义宏深。盖空谈无我，不如指切事状以
> 为言，其意若曰一切无我，固不仅言为人臣为人子而已。所以举臣与
> 子者，就事说理，《华严》所谓事理无碍矣。于是孔子退而有犹龙之
> 叹。夫唯圣人为能知圣，孔子耳顺心通，故闻一即能知十。其后发为
> "毋意、毋必、毋固、毋我"之论，颜回得之而克己。此如禅宗之传
> 授心法，不待繁词，但用片言只语，而明者自喻。然非孔子之聪明睿
> 智，老子亦何从语之哉！（老子语孔子之言，《礼记·曾子问》篇载三
> 条，皆礼之粗迹，其最要者在此。至无我、克己之语，则《庄子》多
> 有之。）④

老子教孔子语之所以未明言"无我"，而以人子、人臣为孔子说法，乃
"指切事状以为言"，与华严学"理事无碍"近似。以"无我"为心法，
"老—孔—颜—庄"授传不爽。

　　为证成佛庄孔颜之内在相通性，章太炎不仅从孔颜这种克己之工夫论

---

① 章太炎《菿汉微言》最后一节论述其治学次第，大致来说，辛亥之前基本是"以佛证
庄"，形成《齐物论释》；辛亥之后特别是被袁世凯囚禁龙泉寺期间开始"以庄证孔"。
《菿汉微言》有大量"以庄证孔"之言论，详见本书第六章。

② 章太炎：《菿汉微言》，《章太炎全集》（一二），上海人民出版社2018年版，第31页。

③ 章太炎：《菿汉微言》，《章太炎全集》（一二），上海人民出版社2018年版，第33页。

④ 章太炎：《诸子略说下》，《章太炎全集》（一一），上海人民出版社2018年版，第1005页。

着手，并给予一种存在论之解释，这表现在他对《论语》"屡空"之解释：

> 颜渊坐忘，所至卓绝。《论语》独称其"不贰过"，以为好学。《易传》独称"有不善未尝不知；知之未尝复行"，以为庶几。后生见其平易，遂作异说，专务求深。案：《成唯识论》说修习位菩萨云："邪行障者，谓所知障，俱生一分。及彼所起，误犯三业。彼障二地极净尸罗，入二地时便能永断。由斯二地说断二愚：一微细误犯愚，即是此中俱生一分；二种种业趣愚，即彼所起误犯三业。"然则永断微细误犯者，二地位也。有不善未尝不知，知之未尝复行者，初地位也。此则颜渊初入极喜地时境界，其后日进，以至屡空。言屡空，则有时不空矣。《成唯识论》云："微细烦恼见行障入四地时，便能永断。彼昔多与第六识中任运而生，执我见等同体起故说烦恼名。今四地中既得无漏菩提分法，彼便永灭，此我见等亦永不行。"然则微细我见烦恼永灭者，四地位也。微细我见烦恼虽任运生而能屡空者，三地位也。由是言之，颜渊始证初地者，后证三地。①

"屡空"见《论语·先进》："回也其庶乎！屡空"，这本是经验意义上"箪瓢屡空"之"空"。章太炎则将这个"空"解释为佛学之"空"，《齐物论释》称之为"颜回屡空而寂照"。不过，"屡空"云者，意味着有时还"不空"，所以颜回虽证三地，但尚未证四地，即没到究竟觉地。如前文所言，章太炎笔下之庄子是一位大乘菩萨，而作为庄子之祖师之颜回自然也是一位菩萨。颜回这位菩萨也是"空"与"有"之融合体，其在佛学之"空"中摄入儒学之"仁义"：

> 世儒徒见其云瞠乎后者，以为贤圣相去，才隔一臂，望其卓尔力不能从，于是颜苦孔之卓之论起，遂成大谬，不悟仲尼方请从颜渊后也。盖非与仁冥，不能忘仁；非与礼冥，不能忘礼。所见一毫不尽，不能坐忘。忘有次第，故曰屡空。非谓一有一无，如顾欢之说也。由是言之，云其心三月不违仁者，尔时犹有仁之见也，逾三月则冥焉忘之矣。由仁义行，非行仁义，斯时违与不违皆不可说。（"得一善则卷卷服膺而弗失"，此子思述先君子语，盖难尽信。）②

① 章太炎：《菿汉微言》，《章太炎全集》（一二），上海人民出版社 2018 年版，第 37—38 页。
② 章太炎：《菿汉昌言》，《章太炎全集》（一二），上海人民出版社 2018 年版，第 80 页。

这段文字是将佛、孔、颜、庄、孟进行内在会通。章太炎通过对《庄子·人间世》"心斋"与"坐忘"之重新解释，在存在论上摄入佛学之"空"，在价值论上摄入孔子之"仁""礼"，二者绾结点是庄子之"忘"，以佛学之"空"解释孔颜之"屡空"，以庄学之"忘"开出"与仁冥""与礼冥"之"真仁"与"真礼"，并最终以孟子之"由仁义行，非行仁义"作为佛、孔、庄、颜之共同会归。在章太炎看来，这才是庄学的真精神，至此，庄子已经向儒学彻底地回归，不过这也是以庄佛改造后的儒学。杨海文教授根据《黄侃日记》推断章太炎撰写《菿汉昌言》"始于1925年之后，终于1931—1933年之间"①，此段文字见于《菿汉昌言·经言一》，可见此文完成于1925年之后，即章太炎五十六岁之后，以章太炎世寿六十七岁而论，这应该是其思想成熟之后之"圆善"。章太炎最后以孟子之"由仁义行而非行仁义"绾结庄佛，可不可以说与后来的牟宗三经过康德而发皇的孟子"自由无限心"是殊途同归呢？事实上，章太炎曾以"智无留碍然后圣，人各自主之谓王"（《齐物论释定本》）来重新解释庄学的"内圣外王"之道，此中"智无留碍""人各自主"与康德所言"自由意志"是不是有些内在的相通性呢？②

如前文引章太炎自况其学为"始则转俗成真，终乃回真向俗"，这一方面固然是他治学阶段性的心路历程，也是其日益圆融的治学造境，是其思想之"圆教"。所谓教分三教而道无二道，章太炎之学在"俗—真—俗"之回还摄纳中最终走向儒、释、道之三教合一。具体来说，他将佛、老、孔、颜、庄、孟融贯为一体，得出"由仁义行，非行仁义"之结论，崇尚自在的佛老庄与崇尚仁义的孔颜孟在这里圆融无碍，这是章太炎晚年持"庄子出于颜回之儒"的最后归宿。

第四节　命世哲人，莫若庄氏

如前文所指出，章太炎在光绪三十四年（1908）戊申完成《庄子解故》，《庄子解故·序》中提出"命世哲人，莫若庄氏，消摇任万物之各适，齐物得彼是之环枢。"（前揭）作为一位饱读古今、学贯中印并已广泛涉猎欧洲哲学之思想巨擘，章太炎提出"命世哲人，莫若庄氏"，想必并

---

① 杨海文：《"庄生传颜氏之儒"：章太炎与"庄子即儒家"议题》，《文史哲》2017年第2期。
② 参见张春香《章太炎伦理思想研究》，博士学位论文，武汉大学，2005年。

非信口开河之唐大之言，其之所以如此给庄子定位必有其独特之眼光和格外之关怀。接下来我们通过章太炎笔下之庄学与其他哲人或学派之对比以及其对庄学思想特质之厘定来考察章太炎提出这一口号之缘由。

一　庄子超越佛学与儒学而穷尽内圣外王之道

在因"苏报案"系狱三年期间，章太炎饱读佛经，"乃悟大乘法义"①。此时他对佛学极为服膺，"知《瑜伽》为不可加"，"（法相）理极不可更改"，特别是，"此一术也，以分析名相始，以排遣名相终，从入之途，与平生朴学相似，易于契机，解此以还，乃达大乘深趣。私谓释迦玄言，出过晚周诸子不可计数；程、朱以下，尤不足论"。② 章太炎之学本以朴学为根柢，朴学与近代科学类似，而重视名相分析的唯识学也是科学理论。故章太炎将所有溢美之词给予佛学特别是法相唯识学，但随着他对时局之关注和重读庄学，他对佛学之弱点与缺点也渐有清醒的认识，我们前文已经指出，佛学之不足在于没有给出具体的世间法，不能应用于政治社会，而庄子有深刻的入世情结并有对世道的直接观照，正可以补足佛学之不足。亦即是说，佛学所有者，庄学有之；佛学所无者，庄学亦有之，此庄高于佛者。

之于庄子比孔子要高者在于孔子之学多经验之谈，"仲尼之功，贤于尧舜，其玄远终不敢望老庄矣"③。且传统儒学有很浓的干禄意味，这种功利色彩使得儒学之纯粹性大打折扣，庄学则将这种世俗功利主义冷汰至尽。另外，庄子比老子要高者在于，老学没有涤荡干净权术，"老聃为柱下史，多识掌故，约《金版》、《六弢》之旨，著五千言，以为后世阴谋者法④"，并进而指出："老、庄之为一家，亦犹输、墨皆为艺士，其攻守则正相反，二子亦不可并论也。"⑤ 斯可见，章太炎对老学有一种成见（直到《菿汉微言》《检论》中才得以改观），《齐物论释》也有对老子"宰世"之批评，老子反对"民多利器"而提倡"国之利器不可示人"，乃以抽象的国家主义压制百姓的自由。

章太炎辩证地分析佛与老、孔各自之优缺点并最终认为庄学可以两全中印，是佛、孔、老之"合题"，我们不妨再征引一次《菿汉微言》对

---

① 章太炎：《自定年谱》，《章太炎全集》（一九），上海人民出版社 2018 年版，第 759 页。
② 章太炎：《菿汉微言》，《章太炎全集》（一二），上海人民出版社 2018 年版，第 70 页。
③ 章太炎：《菿汉微言》，《章太炎全集》（一二），上海人民出版社 2018 年版，第 70 页。
④ 章太炎：《訄书》，《章太炎全集》（三），上海人民出版社 2018 年版，第 8 页。
⑤ 章太炎：《訄书》，《章太炎全集》（三），上海人民出版社 2018 年版，第 134 页。

佛、老、孔、庄等思想家之判摄：

> 印度素未一统，小国林立，地狭民寡，才比此土县邑聚落，其君
> 长则宗子祭酒之伦也。其务减省，其国易为，则政治非所亟，加以气
> 候温燠，谷实易熟，裘絮可捐，则生业亦非所亟。释迦应之，故出世
> 之法多，而详于内圣。（佛典有《出爱王经》，为世尊论政之言，绝无
> 深语，足知非所措意也。）支那广土众民，竞于衣食，情实相反，故
> 学者以君相之业自效，以经国治民利用厚生为职志。孔老应之，则世
> 间之法多，而详于外王。兼是二者，厥为庄生。即《齐物》一篇，内
> 以疏观万物，持阅众甫，破名相之封执，等酸咸于一味；外以治国保
> 民，不立中德，论有正负，无异门之衅，人无愚智，尽一曲之用，所
> 谓衣被万物而不为主者也。远西工宰，亦粗明其一指，彼是之论，异
> 同之党，正乏为用，撄宁而相成，云行雨施而天下平。故《齐物论》
> 者，内外之鸿宝也。（前揭）

印度佛学务于出世，对世间观照不够，详于内圣而拙于外王；孔老之学以
"经国治民利用厚生"为直接目的，详于外王而拙于内圣。只有庄子才既
详内圣又详外王，因此得出"《齐物论》者，内外之鸿宝也"之结论。在
中国传统学术中，"内圣外王"是最高之学术造境，章太炎将之许以庄子，
并给出自圆其说之理由。

二　庄学含摄唯识学、西方哲学等认识论并含摄自然科学

章太炎曾建议将"哲学"翻译为"见学"（《国故论衡·明见》），他
认为哲学本质上应该是认识论。章太炎将庄学视为最高之"哲学"，他意
识到庄学认识论是当时最高之认识论，能含摄理论性极强的唯识学、以认
识论为基础的西方哲学甚至自然科学。

其一，关于庄学可以含摄唯识学。净土宗、密宗等派"近于祈祷，猥
自卑屈"，禅宗则"末流沿袭，徒事机锋"[1]，是一种近乎外道的玄幻迷
信，只有法相宗有精深的理论论证，近乎科学。"汉学考证，则科学之先
驱，科学，又法相之先驱也"，近代学术"渐趋实事求是之途"（前揭），
因此，章太炎以法相学解庄则含有将庄学变成科学来观照世间的祛魅意
识。当然，若庄学没有与唯识学之内在会通，这种努力将是空中楼阁。所

---

① 章太炎：《答铁铮》，《章太炎全集》（四），上海人民出版社 2018 年版，第 387 页。

幸的是，庄学正是"上悟唯识""多契佛经""内存寂照"① 之学。在《菿汉微言》中，章太炎将文王、孔子、老子、庄子许为东土四大菩萨，其中以庄子之造诣为最高，"至若庄生，则曲明性相之故，驰骋空有之域，委悉详尽，无乎隐尔"②，这是以法相学为参照对庄子哲学之评骘，在哲学之意义上意识到庄子比文王、孔子、老子为高。

其二，关于庄学可以含摄西方哲学。侯外庐《中国近代启蒙思想史》特别注意到章太炎治学注重中西之间的互相发明，他在章太炎论著中钩稽出一个长长的从古希腊到近代西方哲学家名单。③ 章太炎真正接触西学是在他"苏报案"出狱、东走日本之后。其在《菿汉微言》中回忆他在日本读书情况时云："既出狱，东走日本，尽瘁光复之业。鞅掌余闲，旁览彼土所译希腊、德意志哲人之书。"④ 由于兼有西学、佛学之背景，章太炎《齐物论释》就不仅仅是庄佛格义而是中西印之间的会通，比如他将佛学之"种子识"—康德之"原型观念"—庄子之"成心"进行相互格义。不过，章太炎之目的并非要会通中西印，而恰恰是要揭示西学之缺陷或不足，以为他所钟爱的佛学和庄学张本，同时展开对西学之批判。在《齐物论释》中，在他看来，西学多是"不了义"，虽论证缜密但都不究竟；而庄学和佛学都是"了义"，为知识学术之"增上缘"。此仅举两例。章太炎在解"庄周梦蝶"时指出："康德谓以有觉时故知梦妄，此非了义之言。"⑤ 康德之说建立在"时序分处"之时空感觉之上，而事实上时空感觉本身亦不可靠。又比如章太炎认为庄子深知涅槃而不入涅槃，这就是"无生灭"与"有生灭"之两行，章太炎以黑格尔哲学比之，认为"海羯尔有无成之说，执著空言，不可附和庄氏"⑥，黑格尔认为存在的本质是永恒的自我否定，因此存在本身也意味着虚无（"无成"），黑格尔这种观点犹是"未了义"，而庄子乃统合"成"与"无成"的"两行"之道名，无

---

① 章太炎：《齐物论释定本》，《章太炎全集》（六），上海人民出版社 2018 年版，第 76、98、118 页。

② 章太炎：《菿汉微言》，《章太炎全集》（一二），上海人民出版社 2018 年版，第 38 页。

③ 侯外庐云："（章太炎）关于西洋哲学，在古代则谈及希腊的埃里（利）亚学派，斯多噶学派，以及苏格拉底，柏拉图，亚里士多德，伊壁鸠鲁等；在近代则举凡康德，费希特，黑格尔，叔本华，尼采，培根，休谟，巴（贝）克莱，莱布尼兹，穆勒，达尔文，黑（赫）胥黎，斯宾塞尔，笛加（卡）尔，以及斯宾诺沙等人的著作，几于无不称引。"（侯外庐：《中国近代启蒙思想史》，人民出版社 1993 年版，第 215 页）

④ 章太炎：《菿汉微言》，《章太炎全集》（一二），上海人民出版社 2018 年版，第 71 页。

⑤ 章太炎：《齐物论释定本》，《章太炎全集》（六），上海人民出版社 2018 年版，第 137 页。

⑥ 章太炎：《齐物论释定本》，《章太炎全集》（六），上海人民出版社 2018 年版，第 99 页。

成之真不害有成之俗，是为"了义"。整部《齐物论释》都是这样，通过西学之"不了义"反衬庄学之"了义"，使得庄学不仅超越本土之老孔，超越印度之佛陀，还超越西方哲学。

其三，章太炎认为庄学可以含摄自然科学，庄学可以通过近代自然科学来证明。比如章太炎以物理学知识解释"天地与我并生"："今因问彼，即我形内为复有水火金铁不？若云无者，我身则无；若云有者，此非与天地并起邪？"①诸法皆由水火金铁构成，而这些物质从本以来就存在，这是在人与天地万物的物质统一性上论证"天地与我并生"。同时，章太炎解此语亦引入《寓言》篇"万物皆种也，以不同形相禅"之说，认为这个"种"即指分子、微分子、原子、细胞等化学、物理学、生物学概念；其论证黄金颜色与黄金物质相分离时（相当于"白马非马"），引入光照原理；其解《齐物论》寓言"罔两问影"引入光的传播原理，罔两问影，影待物和光，光之传播靠游气，游气传播靠的是"伊能尔（energy）"，而"伊能尔"究竟是什么，无从知晓，缘缘相推，未有了境。可见，"罔两问影"实则是在隐喻佛教的"缘起性空"之说。章太炎将自然科学、庄学、佛学熔铸于一炉，能经得起自然科学检验的哲学当然是能穷尽宇宙实相的哲学（当然，章太炎一些自然科学知识，在今天看来并非没有错误）。

三　庄学平等之眼光与包容之精神具有囊括诸家诸派之方法论意义

章太炎推重庄学并认为庄学造境最高之原因之一是意识到庄学极具平等之眼光和包容之精神。因为庄学"吾丧我"在某种意义上是对主体性（人）和实体性（存在）之消解，既消解主体的主体性，又颠覆实体的存在性，不立一我之量，以空而摄纳万境。如果将这种存在论落实为一种方法论，如此，古今中西各家各派学说都可以在庄学的"齐物"和"天倪"中受到平等的审视和如其所是的还原，章太炎看来这种兼容并蓄、平等观照的精神在认识论上具有终极意义。《菿汉微言》指出：

> 顷来重绎庄书，眇览《齐物》，芒刃不顿，而节族有间。凡古近政俗之消息，社会都野之情状，华梵圣哲之义谛，东西学人之所说，拘者执著而鲜通，短者执中而居间，卒之鲁莽灭裂，而调和之效，终未可睹。譬彼侏儒，解遘于两大之间，无术甚矣。余则操齐物以解纷，明天倪以为量，割制大理，莫不孙顺。……执著之见，不离天

---

① 章太炎：《齐物论释定本》，《章太炎全集》（六），上海人民出版社2018年版，第107页。

倪，和以天倪，则妄自破而纷亦解。所谓无物不然，无物不可，岂专为圆滑、无所裁量者乎？①

这段文字以"操齐物以解纷，明天倪以为量"为核心。章太炎将庄子之"齐物"与"天倪"作为评骘古今中西学术之最后原则，大凡古近政俗之消息、社会都野之情状、华梵圣哲之义谛、东西学人之所说都在"齐物"与"天倪"的观照下排闷而来，不将不迎，自在涌现，章太炎将庄子许为第一哲人，这也是很重要的原因。

四 庄学之自由平等具有究竟义

章太炎曾指出："大概世间法中，不过平等二字，庄子就唤作'齐物'，并不是说人类平等，众生平等，要把善恶是非的见解，一切打破，才是平等。原来有了善恶是非的见，断断没有真平等的事实出来。"② 一切观照世间的学问，其终极诉求一定是平等问题，庄子的齐物哲学正是以此问题为问题意识，不仅如此，庄子还最彻底地解决了此问题。换言之，庄子不仅思考人类的终极问题，还彻底地解决此问题。章太炎云：

> 庄子底根本主张，就是"自由""平等"，"自由平等"的愿望，是人类所公同的，无论哪一种宗教，也都标出这四个字。自由平等见于佛经，"自由"在佛经称为"自在"。庄子发明自由平等之义，在《逍遥游》《齐物论》二篇；"逍遥游"者自由也，"齐物论"者平等也。但庄子底自由平等，和近人所称的，又有些不同。近人所谓"自由"，是在人和人底当中发生的，我不应侵犯人底自由，人亦不应侵犯我底自由。《逍遥游》所谓"自由"，是归根结底到"无待"两字。他以为人与人之间底自由，不能算数；在饥来想吃，寒来想衣的时候，就不自由了。就是列子御风而行，大鹏自北冥徙南冥，皆有待于风，也不能算"自由"。真自由惟有"无待"才可以做到。近人所谓"平等"，是指人和人的平等，那人和禽兽草木之间，还是不平等的。佛法中所谓平等，已把人和禽兽平等。庄子却更进一步，与物都平等了。仅是平等，他还以为未足；他以为"是非之心存焉"尚是不平

---

① 章太炎：《菿汉微言》，《章太炎全集》（一二），上海人民出版社 2018 年版，第 70 页。
② 章太炎：《佛学演讲》，《章太炎全集》（一〇），上海人民出版社 2018 年版，第 157 页。

等，必要去是非之心才是平等。①

此段文献可见，正是在问题意识和对问题的解答的意义上，章太炎才将庄子许为古今第一哲人。庄子的自由平等思想超越了近代建立在个人权利意义上的自由平等，而是不粘滞他物、不起分别心的自由平等，近代的自由平等建基于主体性之上，主体性既是对自我自由的限制，也是对他人自由平等的潜在威胁，故无待的自由平等才是终极意义的自由平等，《庄子解故序》中提出庄学的核心思想是"消摇任万物之各适，齐物得彼是之环枢"，前一句言自由，后一句言平等。《齐物论释》中指出："有君为不得已，故其极至于无王，有圣或以利盗，故廓然未尝立圣。"② 庄子不是无政府主义者，而是承认政府存在之必要性的同时最大程度上消解政府之权利，对"王"或"圣"之消解使得庄子哲学的立足点始终是民而不是君，也就是对公民个体性的关注，故他反复强调"齐物者以百姓心为心"。在《四惑论》中，章太炎力黜"公理"之权威而推重"齐物"之平等，从而开显出一个丰富多样的意义世界，齐物哲学意味着尊重个性、不排异己，以平等之眼光谛视一切存在。章太炎在《国家论》中提出"个体为真，团体为幻"，以个体性和多样性等殊相为基础而建构"一往平等"之世界。"道若无岐，宇宙至今如抟炭，大地至今如熟乳"③，抟炭隐喻一片黑暗，熟乳隐喻一派洪荒，道本身意味着尊重差别，差别成就着世界的生机与活力，道若无歧，世界就是抟炭和熟乳。道正是通过差异性和多样性来涌现自身，差别性与多样性之并存是最原初的世界存在图景，故也应该是最理想的世界存在图景，齐物哲学之最后诉求即在于斯。

本章相对全面地检讨章太炎笔下之四种庄子定位，并通过考察这种定位来揭示其背后所蕴藏的哲学意蕴。不难发现，章太炎每次给庄子定位都非泛泛而谈，而是有其真诚而深刻的哲学信念在支撑着这种庄子定位。大体说来，在章太炎笔下，"抱关救世之处士""示现白衣之菩萨""师承颜回之儒者""命世第一之哲人"四种角色一起构成了庄子之形象世界。可以看出，这个庄子不是一个抽象的、单面的、无生命力的、灰色的故纸堆中的庄子，而是一个复调而多面的、生动而具体的、有生命力而精神饱满

---

① 章太炎：《国学十讲》，《章太炎全集》（一〇），上海人民出版社 2018 年版，第 335—336 页。
② 章太炎：《齐物论释定本》，《章太炎全集》（六），上海人民出版社 2018 年版，第 76 页。
③ 章太炎：《国故论衡先校本》，《章太炎全集》（一四），上海人民出版社 2018 年版，第 122 页。

的庄子。章太炎以起死回生之思力和笔力还原了一个元气淋漓、性情毕现的庄子，让两千多年的庄子来观照和拯救一百年前那个"人吃人"的时代。如今两哲俱逝而人间犹在，章太炎之才情与庄子之笔锋相磨相荡而形成的那个逡巡婉转的思想世界，依旧在召唤着我们和我们的时代，信乎古今之一揆，人我之同此乎！

第三章　世情不齐，文野异尚

章太炎《齐物论释》在以佛解庄背后渗透着浓厚的济世之心。我们一再强调，章太炎深知佛法虽高，却不能应用于人生社会，释迦毕竟是寂灭涅槃之学，庄学则是内圣外王之道。正是带着这种利用厚生之心来解释庄子，章太炎认为齐物的题中之意是"齐文野"，即他所谓"世情不齐，文野异尚"，这里强调"民族—种族"的平等性和"文化—文明"的多元性。这固然有对康南海的"张三世通三统""由小康趋入大同"的今文经学理论的学术回应，更是基于多元文化论而对19世纪一直到20世纪初期盛行一时的大国沙文主义、黑格尔主义、社会达尔文主义、蒲鲁东主义进行釜底抽薪之批判，其最终诉求指向对神州文明之维护与对中华文化之信念。

第一节　面对文明灭国之世

基于各种进化学说而形成的文明与野蛮之分判是19世纪东西学界之共识，西方的黑格尔（绝对精神进化）、斯宾塞（宇宙—社会进化）姑且不用说，东方的福泽谕吉著《文明论概略》，将世界文明分判为野蛮、半开化、文明三种，东洋文明为野蛮或半开化文明，西洋文明才为真正的开化文明；康有为著《大同书》宣扬以文明战胜野蛮，孔子被奉为文明进化之王（简称文王）。在这种"文明—野蛮"相分判的思潮中，章太炎却敏锐地洞察到："然后知文明愈进者，其蹂践人道亦愈甚。既取我子，又毁我室，而以慈善小补为仁，以宽待囚虏为德，文明之国以伪道德涂人耳目，大略如是。彼法人之待越南人也如牛马，而英人之待印度人也如乞丐。"[1] 当中西学人

---

①　章太炎：《记印度西婆耆王记念会事丁未》，《太炎文录初编》，《章太炎全集》（四），上海人民出版社2018年版，第374页。

为人类文明的进化而欢欣鼓舞时，章太炎却意识到进化的种种不堪及鼓吹文明论者所始料未及的恶劣影响。汪荣祖指出："太炎释齐物，景从庄周，以为深旨妙谛胜过康德；然太炎非仅为释庄而释庄，必有时代之反映与寄托之微义。太炎无可回避的思想挑战，一是近代西方文明的弥漫，二是康有为三世进化、大同公理的流行。"① 此中，所谓"西方文明的弥漫"，其主要内容当是指当时流行的社会达尔文主义和黑格尔的日耳曼民族至上论；而后者，则是康有为基于公羊学"张三世、通三统"而臻达的大同世界。

19世纪的东西方世界，黑格尔主义、蒲鲁东主义、斯宾塞主义盛极一时，宣扬种族优劣的大国沙文主义泛滥。斯宾塞将达尔文的自然进化论引入社会国家理论，其本意是为古典自由主义（政府不干涉主义）找一个自然法的支撑，但却不期然而然地成为帝国主义以优秀民族自居而蚕食侵略弱国（他们看来是劣等种族）的旗号，认为盎格鲁－撒克逊人或雅利安人是优秀种族，社会达尔文主义成为推行帝国主义和种族主义的理论先锋。黑格尔哲学也认为，优秀民族也就是说日耳曼民族是"绝对精神"的象征，"这个民族（指日耳曼民族，笔者注）在世界历史的这个时期就是统治的民族……它具有绝对权利成为世界历史目前发展阶段的担当者，对他的这种权利来说，其他各民族的精神都是无权的"②。"文明民族可以把那些在国家的实体性环节方面是落后的民族看做野蛮人……文明民族意识到野蛮人所具有的权利与自己的是不相等的，因而把他们的独立当作某种形式的东西来处理。"③ 无论是斯宾塞的社会达尔主义还是黑格尔的种族主义都潜在地承认"优秀民族"征服"野蛮民族"是合乎目的的、正当的，前者认为符合自然法则，后者则认为符合绝对精神，具有"世界历史的意义"。章太炎云："至于帝国主义，则寝食不忘者，常在劫杀。虽磨牙吮血，赤地千里，而以为义所当然。……综观今世所谓文明之国，其屠戮异洲异色种人，盖有甚于桀、纣。桀、纣唯一人，而今则合吏民以为之，桀、纣无美名，而今则借学术以文之。"④ 这个"借学术以文之"之学术大概就是指社会达尔文主义或黑格尔主义。章太炎指出：

　　近世言进化论者，盖昉于海格尔氏。虽无进化之明文，而所谓世

① 汪荣祖：《康章合论》，中华书局2008年版，第54页。
② 〔德〕黑格尔：《法哲学原理》，范扬、张企泰译，商务印书馆1982版，第354页。
③ 〔德〕黑格尔：《法哲学原理》，范扬、张企泰译，商务印书馆1982版，第355—356页。
④ 章太炎：《五无论》，《章太炎全集》（四），上海人民出版社2018年版，第463页。

界之发展，即理性之发展者，进化之说，已蘗芽其间矣。达尔文、斯宾塞尔辈应用其说，一举生物现象为证，一举社会现象为证。如彼所执，终局目的，必达于尽美醇善之区，而进化论始成。同时即有赫衰黎氏与之反对。赫氏持论，徒以世运日进，生齿日繁，一切有情，皆依食住，所以给其欲求者，既有不足，则相争相杀，必不可已，沾沾焉以贫乏失职为忧，而痛心于彗星之不能拂地，以埽万物而剿绝之。此其为说，亦未为定论也。当海格尔始倡"发展论"时，索宾霍尔已与相抗，以世界之成立，由于意欲盲动，而知识为之仆隶。①

黑格尔（海格尔）的理性进化论、达尔文的生物进化论和斯宾塞的社会进化论是互相表里、互相支撑的进化论。章太炎与曾广铨曾合作翻译《斯宾塞尔文集》，章太炎早期思想中有浓厚的斯宾塞色彩（主要是《訄书》时代），但后来逐步扬弃斯宾塞并对其进行批判和反思②，其批判斯宾塞哲学的思想武器则是庄子的齐物哲学。章太炎对当时流行的这种进化论学说进行了针锋相对的学术反驳，写成《俱分进化论》一文，提出"进化之实不可非，而进化之用无所取"的著名论断。

章太炎以庄子"不齐而齐"所构建起的齐物哲学与康有为"齐其不齐"的大同思想之间的悖逆分殊关系，主要是，"长素唯见全地球的共同'归宿'，而无视（或认为不必顾虑）各文化的个别'命运'。是故浑忘夷夏之界，以中华政教与近代西方文明相比附"③。章太炎则基于庄子之齐物思想而特别强调对文明多元性的尊重，"循齐物之妙意，任夔蚿之各适"④，让各种族、文明、文化自发发展，以自发秩序为最高秩序。康有为则神往于制作一个大一统的大同世界，"无国家，全世界置一总政府，分若干区域"⑤，这个大同世实则是为君主立宪制（小康世）张目⑥，而反对保皇的

①　章太炎：《俱分进化论》，《章太炎全集》（四），上海人民出版社 2018 年版，第 404—405 页。
②　关于章太炎与斯宾塞之间的复杂关系，参见彭春凌《何为进步：章太炎译介斯宾塞的主旨变焦及其投影》，《近代史研究》2019 年第 1 期。
③　汪荣祖：《康章合论》，中华书局 2008 年版，第 59—60 页。
④　章太炎：《无政府主义序》，《章太炎全集》（四），上海人民出版社 2018 年版，第 404 页。
⑤　梁启超：《清代学术概论》，天津古籍出版社 1998 年版，第 74 页。
⑥　梁启超回忆他在万木草堂受学时云，业师南海将此书"秘不示人"，因为当时是"据乱世"，因此只能言"小康世"，而不能言"大同世"。按，根据公羊学"三世三统"理论，"小康世"是"大同世"的前一阶段（参见梁启超《清代学术概论》，天津古籍出版社 1998 年版）。

章太炎显然不同意。康有为的"张三世通三统"实则也是一种社会进化论，"同好仁而恶暴，同好文明而悲野蛮，同好进化而恶退化。积之久，故可至太平之世，大同之道"①，这是一个线性的由野蛮趋入文明的单线进化论，章太炎则提出与之完全相反的俱分进化论。据《章太炎先生学术年谱》，《齐物论释》初稿完成于宣统二年（1910），即辛亥革命前夜，当时，"康梁诸人仍将学术活动与改良运动直接联系"②，可见，《齐物论释》中的"文野异尚"也可以说是对康有为三世进化说的继续回应。

第二节　应物之论，以齐文野为究极

章太炎这种反对把进化看成一种具有积极价值、反对康有为大同世界的思想表现在其庄学诠释中就是提出了"齐文野"的著名观点。章太炎在《国故论衡》中云："庄周明老聃意，而和之以齐物，推万类之异情，以为无正味正色，以其相伐，使并行而不害。其道在分异政俗，无令干位。故曰'得其环中，以应无穷'者，各适其欲以流解说，各修其行以为工宰，各致其心以效微妙而已矣。"③"和之以齐物，推万类之异情"，齐物意味着尊重差别，种族、民族、国家都是在自然中形成的，并无高下、优劣、文野之别，尊重自然秩序，尊重风俗习惯，分异政俗，无令干位，章太炎思想的矛头直接针对社会达尔文论者和黑格尔主义者。不过，这里的黑格尔哲学显然被章太炎误解，黑格尔法哲学所追求的普遍自由正是以个体之间的互相承认为前提的，个体自然法权需要互相尊重和承认才能实现绝对精神所代表的普遍自由，互相承认即互不侵犯，章太炎所呼吁"文野异尚"的诉求正在于此。

章太炎在《齐物论序》中不无感慨地写道："作论者其有忧患乎！远睹万世之后，必有人与人相食者，而今适其会也。"④ 这句话前半句出于《易传》，后半句则出于《庄子·庚桑楚》："大乱之本，必生于尧、舜之间，其末存乎千世之后。千世之后，其必有人与人相食者也！"（亦见《徐无鬼》）章太炎借《易传》和庄子之言，表达了自己关于世道之忧虑和对

①　康有为：《孟子微》，《康有为全集》（五），中国人民大学出版社 2007 年版，第 427 页。

②　姚奠中、董国炎：《章太炎学术年谱》，山西古籍出版社 1996 年版，第 177 页。

③　章太炎：《国故论衡先校本》，《章太炎全集》（一四），上海人民出版社 2018 年版，第 121 页。

④　章太炎：《齐物论释序》，《章太炎全集》（六），上海人民出版社 2018 年版，第 3 页。

文明的反思，当时，无论是西方列强之间，还是列强与弱国之间，甚至是弱国与弱国之间（比如甲午中日海战），战争频仍，死伤无数，正可谓"人人相食，适逢其会"。庄子对文明之批判，主要是基于仁义道德被大盗窃取而师出有名，所谓"窃钩者诛，窃国者侯，诸侯之门而仁义存焉"。庄子这种对文明批评的范式被章太炎用来批评当时基于社会达尔文主义和黑格尔主义的文明灭国论，"绳墨所出，斠然有量，工宰之用，依乎巫师。苟人各有心，拂其条教，虽践尸蹀血，犹秉之天讨也"①，即使是践尸蹀血、杀人越货的不义之举，犹有条教为其正名而说是秉之天讨。近代野心家以文明自居而对所谓的野蛮民族进行征服，有条教（黑格尔、斯宾塞哲学）作支撑，又何尝不是秉之天讨，即，以天理（必然法则）之名而行无道之实。《齐物论释》"释篇题"中，章太炎就指出庄子作《齐物论》的题中之意即"齐文野"，其云：

> （《齐物论》）终举世法差违，俗有都野，野者自安其陋，都者得意于娴，两不相伤，乃为平等。小智自私，横欲以己之娴，夺人之陋，杀人劫贿，行若封豨，而反崇饰徽音，辞有枝叶。斯所以设尧伐三子之问。下观晚世，如应斯言，使夫饕餮得以逞志者，非圣智尚文之辩，孰为之哉。②

此中"尧伐三子之问"是指《齐物论》"故昔者尧问于舜"一则寓言，此则寓言为章太炎所极度推重。庄学史上，郭象的解释为："物畅其性，各安其所安，无远迩幽深，付之自若，皆得其极，则彼无不当而我无不怡也。"③ 章太炎看来，"子玄斯解，独会庄生之旨"。郭象以"物畅其性，各安其所安"解之，与他一贯的解释立场即"适性逍遥"是一脉相承的。郭象认为逍遥是对自我性分之体认，本身即蕴含了一种"存在即是平等"的立场，这种基于自我体认的平等观若换一个视角即互相尊重，章太炎因此引申出"文野异尚"的理论：

> 原夫《齐物》之用，将以内存寂照，外利有情，世情不齐，文野异尚，亦各安其贯利，无所慕往，飨海鸟以太牢，乐斥鹦以钟鼓，适

---

① 章太炎：《齐物论释定本》，《章太炎全集》（六），上海人民出版社 2018 年版，第 73 页。
② 章太炎：《齐物论释定本》，《章太炎全集》（六），上海人民出版社 2018 年版，第 76 页。
③ （清）郭庆藩：《庄子集释》，中华书局 2013 年版，第 85—86 页。

令颠连取毙，斯亦众情之所恒知。然志存兼并者，外辞蚕食之名，而
方寄言高义，若云使彼野人，获与文化，斯则文野不齐之见，为桀、
跖之嚆矢明矣。①

庄子之学是"内存寂照，外利有情"之学，齐物哲学的题中之意即对差异
的尊重，对弱势群体、少数群体、独异个体甚至是"野蛮民族"等都要等
而视之，这就是所谓"齐物者，一往平等之谈也"。"世情不齐，文野异
尚"，他征引《庄子·至乐》篇"鲁侯养鸟"的典故，养鸟就应该放之山
林江湖，若供养于庙堂，就会适得其反。若以本则寓言言之，宗、脍、胥
敖虽处于蒙昧状态，但在舜看来，即使如此，也不应该以"文明""开
化""仁义"等高义去征伐它们。一些国家以"使彼野人获与文化"为
名，蚕食弱国，既得兼并之实，又得高义之名，使得一切侵略、屠杀、劫
掠皆名正言顺，文明成为无道与不义的护身符。因此，章太炎指出："文
野不齐之见，为桀跖之嚆矢。"这大概即在影射社会达尔文主义和黑格尔
主义的理论（文野不齐之见），既然文明民族高于野蛮民族，那么文明之
国就有理由去征服野蛮之邦，"使彼野人获与文化"，征服者师出有名，因
此说"文野不齐之见"是"桀跖之嚆矢"（先声）。

　　章太炎列举了中国历史上种种以文明为旗号而发动的不正义战争或思
想家以仁义为名对异己的铲除，如秦始皇焚书坑儒，大概与韩非子一句
"儒者以文乱法"不无关系；墨子虽然提倡禁攻，但夷灭异己，乃以天、
鬼为说法；孟子虽然反对杀人（"善战者服上刑"），但承认商汤以"放而
不祀"为理由夷灭葛国是正当行为，事见《孟子·滕文公下》，并见
《书·仲虺之诰》《史记·殷本纪》。《国语》所言"国之大事，在祀与戎"
或《礼记》所言"礼有五经，以祭为首"，祭祀是当时主流文化之传统，
但葛国并没有祭祀这种传统，章太炎指出，"放而不祀，非比邻所得问"，
祀与不祀是一国之内政，邻国无权过问。但商汤为铲除其征服天下之羁
绊，因此不惜用种种计谋。"葛伯仇饷"是商汤伊尹灭国的阴谋，但师出
有名（"仁义之师"），起到很好的宣传作用，以至于当时竟有"东征西夷
怨，南征北狄怨"（语见《书·仲虺之诰》，《孟子·滕文公下》引之作
"东面而征西夷怨；南面而征北狄怨"）的说法，诸侯四夷都盼着商汤前来
征服，"若大旱之望雨也"（《孟子·滕文公下》）。《史记·殷本纪》称

---

①　章太炎：《齐物论释定本》，《章太炎全集》（六），上海人民出版社2018年版，第118页。

"汤征诸侯，葛伯不祀，汤始伐之"①。汤灭葛国是其征服天下之第一战，自此以后，商汤所向披靡，天下望风而归，此即所谓"汤武革命，顺乎天而应乎人"（《易·革·彖辞》）。在章太炎看来，这是"籍宗教以夷人国"，是典型的"文明灭国"行为，"今之伐国取邑者，所在皆是，以彼大儒，尚复蒙其眩惑，反观庄生，则虽文明灭国之名，犹能破其隐慝也"②，灭国之师被称为仁义之师，大儒孟子亦被其迷惑，更何况其余。所以，"文野不齐"为文明灭国行为之罪魁祸首，庄子齐物哲学之可贵之处即在遮拨其中之"隐慝"，"向令《齐物》一篇，方行海表，纵无减于攻战，舆人之所不与，必不得籍为口实以收淫名，明矣"，思想的洞见纵使不能阻止剑的滥杀无辜，但却足以让不义之行大白于天下，这大概就是笔的无用之用罢。

　　同时，"文野不齐"之见还会导致竞争，而竞争则有百害而无一利。"野"者竞争以向"文"，"文"者竞争以向更"文"，文野竞尚，狡诈遂生。章太炎反驳了所谓"物相竞争，智力乃进"的进化论，"谋稽乎誸，知出乎争"（《庄子·外物》），正如草木中的优秀者会被砍伐用来做工具，竞争中的胜出者往往同时伴随着始料未及的苦难，这继承了其《俱分进化论》中所言"进化之实不可非，而进化之用无所取"的思想。章太炎指出："或言《齐物》之用，廓然多途，今独以蓬艾为言，何邪？答曰：文野之见，尤不易除。夫灭国者，假是为名，此是梼杌、穷奇之志尔。如观近世有言无政府者，自谓至平等也，国邑州闾，泯然无间，贞廉诈佞，一切都捐，而犹横著文野之见，必令械器日工，餐服愈美，劳形苦身，以就是业，而谓民职宜然，何其妄欤！故应物之论，以齐文野为究极。"③ 章太炎继承前文对文明灭国的批判和反思之后，又指出无政府主义思想不彻底的一面。无政府主义在当时流行一时，极具理想主义之色彩，但这种思潮的批判性大于构建性。章太炎认为无政府主义"国邑州闾，泯然无间，贞廉诈佞，一切都捐"，这是其好的一方面，但其不彻底性在于尚没有彻底消除文野之见，其虽然取消政府统治，但犹追求"械器日工，餐服愈美"，"（无政府党）看得物质文明，是一件重要的事"④（《佛学演讲》），他们不满于"野"而奔竞于"文"，这样必然会导致竞争，竞争则必然带来苦难，故无政府主义最后会适得其反，应该说，这是他的俱分进化论思想得

①　（汉）司马迁：《史记》，中华书局1975年版，第1册，第93页。
②　章太炎：《齐物论释定本》，《章太炎全集》（六），上海人民出版社2018年版，第118页。
③　章太炎：《齐物论释定本》，《章太炎全集》（六），上海人民出版社2018年版，第119页。
④　章太炎：《佛学演讲》，《章太炎全集》（一〇），上海人民出版社2018年版，第158页。

到庄子齐物哲学的进一步支持。

特别值得注意的是，据章太炎《自述学术次第》，其作《齐物论释》的同时，也在为中日僧俗诸生做讲演。宣统三年（1911），辛亥革命前夕，他在日本为中日同志（"兄弟"）作了一系列重要演讲，其中亦极为推重《齐物论》"尧伐三子"一章，此演讲稿具有战斗檄文之性质，说理更透彻，可与《齐物论释》相互发明，姑将此稿部分录之于下：

> 兄弟看近来世事纷纭，人民涂炭，不造出一种舆论，到底不能拯救世人，上边说的，已略有几分了。最得意的，是《齐物论》中"尧伐三子"一章……据郭象注，蓬艾就是至陋的意思。物之所安，没有陋与不陋的分别。现在想夺蓬艾的愿，伐使从己，于道就不弘了。庄子只一篇话，眼光注射，直看见万世的人情。大抵善恶是非的见，还容易消去。文明野蛮的见，最不容易消去。无论进化论政治家的话，都钻在这个洞窟子里，就是现在一派无政府党，还看得物质文明，是一件重要的事，何况世界许多野心家。所以一般舆论，不论东洋西洋，没有一个不把文明野蛮的见横在心里。学者著书，还要增长这种意见，以至怀着兽心的强国，有意要并吞弱国，不说贪他的土地，利他的物产，反说那国本来野蛮，我今灭了那国，正是使那国的人民获享文明幸福。这正是"尧伐三子"的口柄。不晓得文明野蛮的话，本来从心上幻想现来。只就事实上看，什么唤做文明，什么唤做野蛮，也没有一定的界限。而且彼此所见，还有相反之处。所以庄子又说"没有正处，没有正味，没有正色"。只看人情所安，就是正处、正味、正色。易地而施，却象使海鸟啖太牢，猿猴着礼服，何曾有什么幸福？所以第一要造成舆论，打破文明野蛮的见，使那些怀挟兽心的人，不能藉口。任便说我爱杀人，我最贪利，所以要灭人的国，说出本心，倒也罢了。文明野蛮的见解，既先打破，那边怀挟兽心的人，到底不得不把本心说出，自然没有人去从他。这是老庄的第一高见。就使维摩诘生在今日，必定也主张这种议论，发起这种志愿，断不是只说几句慈善事业的话，就以为够用了。若专用佛法去应世务，规画总有不周。若借用无政府党的话，理论既是偏于唯物，方法实在没有完成。唯有把佛与老庄和合，这才是"善权大士"，救时应务的第一良法。①

---

① 章太炎：《佛学演讲》，《章太炎全集》（一〇），上海人民出版社 2018 年版，第 159 页。

这篇讲演可谓《齐物论释》诠释"尧伐三子"的白文版，章太炎认为将文明野蛮之见打破是老庄的第一高见，庄子"文野异尚"的理论逼得"那边怀挟兽心的人，到底不得不把本心说出"，这样他们就不能呼风唤雨、骗取民心，故这种打破文野之见的舆论是救时应务的第一良法。章太炎之庄学无论是以"文野异尚"反对文明灭国还是由一齐文野而反对进化竞争，应该说是他将庄学的隐题转化为显题，这既是对当时学术思潮的哲学回应，也是对当时列强霸权的学术批评，显示了一个独立思考的知识分子对世道时局之关怀的忧患意识。

第三节　齐文野非为无道文明辩护

章太炎基于"齐物"而提出"齐文野""文野异尚"的思想主要是承认文明或文化的多元性与共存性，文明之国不能以文明之名征服野蛮之国，野蛮之国也不能凭其蛮力侵犯文明之邦，文明与野蛮皆具自然法权意义上的存在权利，文明与野蛮只是存在方式不同而无高下优劣之判。比如我们前文所征引的例子，古代周人吃蚁卵，今粤人吃烤鼠，以主流文明而言，他们看似野蛮，然则就其存在方式而言，说他们野蛮毫无意义，因为文明这个标准本身就是人为设定而无自性，"［文明野蛮的标准］本来从心上的幻想现来"（《佛学演讲》，前揭）。正如王弼在《周易注》中所言："以文明之极，而观至秽之物，睽之甚也。豕而负涂，秽莫过焉。至睽将合，至殊将通，恢恑憰怪，道将为一。"① 人认为猪是秽物，但猪从来不以为自己是秽物，群鬼坐车，人以为可怕，但鬼本身视为常事，文明与秽物、常见与异行本无标准，所谓文明标准，不过是人类遍计所执自性的妄心所造，一切文野之判皆为虚妄，"贯头之衣，本自骆越为之，欧洲人亦服焉，而见者以为美于汉衣。刀叉之具，本自匈奴用之，欧洲人亦御焉，而见者以为美于汉食。趋时之士，冥行盲步，以逐文明，乃往往得其最野者，亦何可胜道哉"②，套头穿衣（越人）与刀叉用餐（匈奴）的习惯原本是"野蛮"民族所专擅，只因欧人用之，今天却成为"文明"的时尚，可见，文明与野蛮本无定准，将文野严判不过是"冥行盲步"而已。"齐

① 章太炎：《齐物论释定本》，《章太炎全集》（六），上海人民出版社2018年版，第119页。
② 章太炎：《驳中国用万国新语说》，《章太炎全集》（四），上海人民出版社2018年版，第369页。

文野"意味着消解人为设定的文明标准，而对看似野蛮的风俗、落后的民族给予尊重和宽容，各文明体、文化体、种族、人种、民族、民族国家之间以"不伤害原则"为底线而和睦共存，这是章太炎发皇庄学齐物精神而设计的人类永久和平策略。

然而，这里有一个与之相关的问题，章太炎提倡"齐文野""文野异尚"是否意味着承认一切文明体或文化体皆有存在的合法性或合理性呢？如桀纣这样残害百姓的无道文明体、如人牲人祭这种反人性的祭祀制度、如存在着极其残忍之习惯法的部落，诸如此类，是否也被视为自然权利而对之尊重或承认呢？答案是相反的。章太炎认可文明、文化、习俗的多元性与差异性，但并不意味着承认一切文明体或文化体皆具自然法权。按照章太炎《国家论》《四惑论》《俱分进化论》《齐物论释》等相关理论，我们会发现章太炎是一个具有悲悯精神的人本主义者，其学术有深厚的平民主义情怀以及人本主义立场，一切文明、文化、人种、种族、民族、风俗、习惯、政党、民族国家等都属于团体范畴，但这些团体皆依他起自性而本身皆无自性，故皆为"幻"为"假有"；但不可否认的是这些团体皆由个体组成，无数个个体而构成团体，虽然个体说到底也无自性也是假有，但个体相对团体而言，每个个体都会对自我这个个体有自我意识，"人虽伪物，而以是单纯之个体，对于组合之团体，则为近真"①，可见，近真的个体是每个抽象文明体、文化体的最小存在单元，章太炎因此提出："团体为幻，个体为真"，"一切虚伪，惟人是真"。一切文明、文化、人种、种族、民族、风俗、习惯、政党、民族国家等抽象的团体都由近真的个体组成。这意味着，从积极层面而言，凡此种种团体存在的意义是保护每个个体权利的增上缘；从消极层面而言，此等团体存在的底线是对其中的个体权利的不伤害，前者强调"个体保护团体"的必要性，在民族存亡之时必须爱国，提倡民族主义，爱国实则即爱自己这个个体；后者强调每个个体的自然权利不应该被团体伤害或压制，而应该得到尊重、保护、认可、伸张。

即此而言，如前文所列桀纣这样的无道文明、人牲人殉人祭等恶劣祭祀制度（"集体无意识"下的风俗习惯）、存在着以极端残忍方式处置罪犯之习惯法的部落、极端压制个体残害百姓的种族，诸如此类，反人道、无人性、与人类文明相悖反的野蛮文化、文明、制度皆应该被消灭，因为这些文化、文明、制度都有对人之自然权利的伤害。一切抽象的团体存在

---

① 章太炎：《国家论》，《章太炎全集》（四），上海人民出版社 2018 年版，第 486 页。

的唯一合法性就在于对内部个体自然权利的尊重和保护，因此，像夏桀、商纣、吕政这样的以伤害、危害其中的个体而为维持抽象的国家政权者皆不具合法性，像存在人牺制度、人殉制度、人祭制度（如《史记·滑稽列传》所记载"邺城河伯娶妇"）这样的集体无意识下的反人道风俗亦不具合法性。章太炎虽然提倡"文野异尚"，但却认为类似之残忍的野蛮制度、野蛮风俗、野蛮政权等都应该坚决拔除，一切文明、文化、社会制度等团体存在的底线应该是不伤害其中之个体的自然权利特别是生命权利。章太炎《四惑论》之"反公理论"指出："有害于已，无害于人者，不得诃问之；有益于已，无益于人者，不得诃问之；有害于人者，然后得诃问之。此谓齐物，与公理之见有殊。"①此三种行为分类穷尽了人类行为的所有可能性，其中，前两种行为应该得到保护和尊重，只有"有害于人"这一行为应该被禁止或过问，这恰恰与康德、密尔等所提出的"不伤害原则"这种底线伦理相一致。这种"不伤害原则"（"有害于人"）同样适用于对文明、文化、社会习俗、政权制度等团体的存在合法性进行评判，"不可以个人故，陵轹社会；不可以社会故，陵轹个人"②，即一个团体的存在是否是以牺牲个体权利为前提，如果是，则当废黜之；相反，则当尊重之。

可见，章太炎基于齐物而提出的"齐文野""文野异尚"并不是无条件承认一切文明体、文化体皆具合法性。对外而言，多元文明、多元文化、多元风俗习惯的确应该并存，不相悖害，互不侵犯；对内而言，每一种文明、每一种文化、每一种风俗习惯都应该守住"不伤害其中之个体"这个"不伤害主义"的底线。章太炎的"齐文野"思想绝不是为桀纣政权、人牺制度这样的野蛮文明、反人性制度进行辩护；相反，以人为本、尊重每个人的自然权利是章太炎哲学尤其强调的，而后者也被章太炎称为"齐物"，"齐物"蕴含着"不伤害原则"这种元伦理。总之，就外部而言，各文明体之间应差异并存，就内部而言，各文明体内部当以人为本，章太炎的文明多元主义并非毫无底线，更不是为无道文明进行辩护。

第四节　为中华民族之独立和尊严而张本

《齐物论释》作于辛亥革命前夕，或许，令人不解的是，当举国高举

---

① 章太炎：《四惑论》，《章太炎全集》（四），上海人民出版社 2018 年版，第 470 页。
② 章太炎：《四惑论》，《章太炎全集》（四），上海人民出版社 2018 年版，第 474 页。

义旗之时，章太炎却以老学究的姿态埋首于故纸堆，一手是唯识，一手是齐物，《齐物论释》几乎读不出任何反清革命、光复中华的味道，看不到当年为邹容《革命军》作序、与康有为论战时的激进色彩，这部书甚至对反清革命只字未提。不过，章太炎毕竟不是龚定盦中年之后的"我欲收狂渐向禅"，其虽然没有以"齐物"为反清革命做直接的鼓与呼，但并不意味着他沉潜书斋而对时局时政隔岸观火，相反，他对中华民族的命运乃有格外关怀。

晚清中国（以汉族为主体的中国）面临着双重的"陪隶"身份，"清朝使中国成为它的奴隶，帝国主义使清朝成为列强的奴隶，从而使中国陷入'陪隶'——二重奴隶的状态"①，这意味着章太炎的民族主义思想有两种，其一是以种族主义为形式、以民权主义为诉求的汉族民族主义，其二是近代民族国家意义上的以保护历史、保护传统、保护国土、保护国族人民为核心的中华民族主义。如其在为留日学生演讲中提到的两种时代要务，"第一，是用宗教发起信心，增进国民的道德；第二，是用国粹激动种性，增进爱国的热肠"②，这两个时代要务正好对应着他的两种民族主义，前一种鼓吹的是反清革命，提倡汉族民族主义；后一种是保卫中华，反对欧化主义，以保存国粹的形式保存中华民族的民族主义。就前一种民族主义而言，他提倡革命道德，"闻思所成，未尝不可领会；发心立愿，未尝不可宣言"③，以佛学依自不依他、勇猛无畏的精神鼓舞革命士气，推翻专制政府，光复汉族政权，同时恢复民权，"民族主义非遍为人群说法，顾专为汉人说法耳。夫排清廷即排强种矣，排清主即排王权矣"④。反清朝主要是排专制政权，故他强调反清朝朝廷、官吏而不反清朝平民百姓，提倡汉清"解仇修好，交相拥护"，同时，汉族中有效忠清人朝廷者，亦在排杀之列，可见，这实质是以民族主义为形式的民权运动。后一种呼吁保存国粹（当然是汉民族的国粹），保护中华民族的语言文字、典章制度、人物事迹，这是近代民族国家意义上的中华民族主义。如果说，前者的民族主体是汉民族，那么后者的民族主体则是包括满族在内的中华民族；前者的敌人是清朝政权，后者的敌人是欧洲列强。

---

① 〔日〕原岛春雄：《章太炎的学术与革命——从"哀"至"寂寞"》，谢跃译，张宪生校，《杭州师范大学学报》（社会科学版）2021 年第 4 期。

② 章太炎：《在东京留学生欢迎会上之演讲》，《章太炎全集》（一〇），上海人民出版社 2018 年版，第 4 页。

③ 章太炎：《佛学演讲》，《章太炎全集》（一〇），上海人民出版社 2018 年版，第 159 页。

④ 章太炎：《夏论是非论》，《章太炎全集》（四），上海人民出版社 2018 年版，第 282 页。

　　1907 年 7 月 5 日《民报》第十五号发表章太炎《中华民国解》一文，此文一方面强调中华民族是在历史演进中形成的文化体，不能以简单的血统、人种定义中国，此为"中华"之所在；另一方面则强调中华民国政府的唯一合法性在于百姓的选择，政府不能成为欺压百姓的工具，国权在民而不在君，此为"民国"之所在。章太炎意识到中华民族在当时岌岌可危，英、俄、法等帝国主义者"狼子野心，乘隙窥边"，故他强调中国内部的民族满、蒙、藏、回与汉族应该解怨，"解怨则可以宁辑矣"，中华民族内部各成员应该同仇敌忾、共御外辱、保卫中华。否则，"俄既入蒙回，英必入藏，法必入滇粤，而汉人之土地亦将不保，直以内部瓜分之原因，而得外部瓜分之结果矣"[①]，他呼吁汉、满、蒙、藏、回联合起来共同组成中华民族以抵御西方之侵人，这正如其《国家论》虽然承认国家为假有，个体为近真，但并不否认爱国、建国、救国、为国家事业献身的重要性和必要性。虽然说"团体为幻，个体为真"，但个体毕竟最终会集合成团体，"以身为度，推以及他，故所爱者，亦非微粒之实有，而在集合之假有。夫爱国者之爱此组合，亦由是也"[②]。国家作为无数个体集合成的团体，是团体内部每个个体利益的维护者，当这个团体遭到威胁之时，不得不提倡爱国以抵抗侵略，"乃若支那、印度、交趾、朝鲜诸国，特以他人之翦灭蹂躏我，而思还其故有者，过此以外，未尝有所加害于人。其言爱国，则何反对之有？爱国之念，强国之民不可有，弱国之民不可无"[③]，在列强环伺、国土沦丧之时，必须强调建国爱国并保卫这个国家，"今之建国，由他国之外烁我耳。他国一日不解散，则吾国不得不牵帅以自存"[④]。章太炎强调建国爱国，却反对以建国爱国之名而挟持个体，他强调个体是民族国家的主体，同时并不反对国家主义、民族主义的必要性，应该说，章太炎的国家伦理是对内讲民权主义、对外讲民族主义的个体主义与民族国家主义的辩证统一。如果说，他"转俗成真"而提倡佛学是为培养革命道德，以推翻清朝专制；那么其"回真向俗"而提倡庄学则是以庄子"齐物—齐文野"的理论为近代民族国家意义上的中华民族张本。

　　晚清数十年间，社会达尔文主义泛滥，导致两个结果，一方面，欧洲人逞其强力，侵略东方弱国，而以文化优胜为口实；另一方面，中国人特别是一些知识分子沉浸在一种百不如人的妄自菲薄之中，对中华民族失去

---

①　章太炎：《中华民国解》，《章太炎全集》（四），上海人民出版社 2018 年版，第 267 页。
②　章太炎：《国家论》，《章太炎全集》（四），上海人民出版社 2018 年版，第 490 页。
③　章太炎：《国家论》，《章太炎全集》（四），上海人民出版社 2018 年版，第 491 页。
④　章太炎：《国家论》，《章太炎全集》（四），上海人民出版社 2018 年版，第 492 页。

自信心。章太炎在东京留学生欢迎会演说词中说："近来有一种欧化主义的人，总说中国人比西洋人所差甚远，所以自甘暴弃，说中国必定灭亡，黄种必定剿绝。因为他们不晓得中国的长处，见得别无可爱，就把爱国爱种的心，一日衰薄一日。若他晓得，我想就是全无心肝的人，那爱国爱种的心，必定风发泉涌，不可遏抑的。"① 可见，章太炎基于庄学"齐物"而提倡的"文野异尚"最终指向西方列强的大国沙文主义和中国人对中华文化之弱而产生的自卑情绪。就晚清中国来说，盲目地以上朝天国之梦而自居，虚矫狂妄，非常可怕；然而，以百不如人之心态俯首于西方文化面前，对民族文化失去自信力，亦未尝不可怕。如果说持进化论学说的严复所关心的是前者，那么持"文野异尚"理论的章太炎所关心的正是后者。反清革命毕竟是狭隘的民族主义，而对中国最大的危害不是清朝而是西方列强。

《齐物论释》强调"名映一切，转取执深"，又强调"世情不齐，文野异尚"，如前文所言，其隐隐指向的即反对欧洲以文明之名对东方弱国行侵略之实。章太炎在稍早于《齐物论释》（撰写于 1908 年）的《复仇是非论》（1907）一文中指出："杀人祠天者云，恢复人权者云，建设共和政体主持国家社会者云，若夫文明野蛮之名当何所顾虑耶！今之言文明者，非以道义为准，而以虚荣为准。持斯名以挟制人心，然人亦靡然从之者。盖文明即时尚之异名，崇拜文明，即趋时之别语。吾土孔子为圣之时，后生染其风烈，虽奋力抵拒者，只排其阶级礼教之谈，而趋时之疾固已沦于骨髓，非直弗击，又相率崇效之。然则趋步文明与高髻细腰之见，相去有几？诚欲辨别是非者，当取文明野蛮之名词而废绝之。"② 文明野蛮之辨是帝国主义侵略东方之口实，对内要恢复民权，建设共和政体，对外则要打破帝国主义以文明之名侵略弱国的文明野蛮之辨，防止帝国主义"持斯名以挟制人心"，故不得不"取文明野蛮之名词而废绝之"，如此，我们也就不难发现《齐物论释》一再强调"以名遣名""文野异尚"的意义所在。

武昌起义成功传到日本，章太炎随即束装归国，归国轮船上，他与同僚谈话，被一个日本记者记录下部分文字："然今日最堪为中国忧者，尚不在野心家之出现，尤在于外国之干涉也。所幸今日列强牵于他故，于中

---

① 章太炎：《在东京留学生欢迎会上之演讲》，《章太炎全集》（一〇），上海人民出版社2018 年版，第 8 页。

② 章太炎：《复仇是非论》，《章太炎全集》（四），上海人民出版社 2018 年版，第 281 页。

国一时无机可乘。若一朝中国果见拿破仑者，必资列强以投间乘隙之机。"① 章太炎担心列强之倾轧与侵略中国溢于言表，他崇尚"文野异尚"，反对文明灭国，警惕西方列强以政治上的成熟为理由来干涉中国内政，以布道之名而行侵略之实，"创始自由平等于己国之人，即实施最不自由平等于他国之人"②，试问19世纪中晚期以至于20世纪初期侵华之列强，哪个又不是自由平等之国呢？同时，章太炎着眼于中国"历史、风俗、语言，各省互异"，希望在中国推行联邦制，应该说这是"世情不齐，文野异尚"在中国国内政治层面的落实。可见，章太炎的齐物哲学既表现出相对独立、冷眼旁观的纯粹理性风格，又隐隐表现出一副救世热肠及难以掩饰的家国情怀。章太炎曾以"知总相而不知别相者"③ 论严复，可谓既道出了严复这种比附式的学术短板，又表明了自己对别相的特别重视。严复提倡天演论是以一种普遍性的学术而对现实之普遍性的观照，他将中华民族放置在世界大势中进行考察和检讨，物竞天择，适者生存，这在举国上下的浑浑噩噩之中无疑是一声醒世之钟声；章太炎则更关注民族国家之间"文野异尚"、多元共生这种价值关怀，中华民族国力的衰微并不代表着文化的落后，故不得不强调"用国粹激动种性，增进爱国的热肠"，种性即中华民族的中国性。

《齐物论释》无论是对文明灭国的愤慨，抑或对盲目竞争的批判，于古于今，于东于西，都具有普遍意义，这既是庄子的本色，也是章太炎的本色。中国当时之危机，固然有清朝帝制之专制，但更有四匝树敌而外患重重，"若就社会政治计之，则西人之祸吾族，其烈千万倍于满洲"④，因此，他在《齐物论》里读出"文野异尚"、俗有都野这种理念，并非无的放矢，而是其来有自。他强调种族、民族、文化、国家应该平等共生，提倡差异并存、互相尊重，反对西方人以文明、优秀、进步、公理为幌子而推行强权灭国、倚强凌弱，这种关怀既有思想的深度，又有现实的关怀。按照张志强教授的研究，章太炎在超越反清革命后形成的民族主义既有历史民族、文化民族的内涵，又有现代政治民族性格的政治民族内涵，同时还有超越民族主义的无生主义为民族主义提供"发挥作用的范围和限制"。其政治民族学说建立在历史民族、文化民族的基础之上，强调民族国家的

---

① 转引自谢樱宁《章太炎年谱撷遗》，中国社会科学出版社1987年版，第65页。

② 章太炎：《五无论》，《章太炎全集》（四），上海人民出版社2018年版，第457页。

③ 章太炎：《菿汉微言》，《章太炎全集》（一二），上海人民出版社2018年版，第48页。

④ 章太炎：《革命军约法问答》，《章太炎全集》（一八），上海人民出版社2018年版，第301页。

自然合法性；而无生主义的提出避免了尊己慢他的自恋的民族主义，是对所有狭隘民族主义的解构，防止以民族主义为名而走向对外之侵略和攘夺。这一切最终结穴于庄学式的自由平等，"转此成心则成智，顺此成心以解纷"，庄子"不齐而齐"之多元主义意味着"以一种建设性的方式理解和安排世界"①。在这种多元论的伦理民族主义观照下，章太炎的民族主义最终认可的是中华民族具有依自不依他的天然具足性，中华民族作为世界民族之林的一员自有其存在的自然法权。章太炎对庄子"文野异尚"精神的揭橥，强烈地表达了他的现实关怀，这种对大国沙文主义的批评隐隐已经为日后的"救亡压倒启蒙"②伏下一笔，旷绝古今，即使今日，其意义亦稍不减当年。

在章太炎看来，保护中华民族的语言文字是保护中华文明之根柢所在。巴黎留学生曾提倡废除汉文而改为万国新语（即拉丁字母），他们认为"象形文字为未开化人所用，合音字为既开化人所用"，"未开化"与"既开化"实则即野蛮与文明之分判，作为"未开化"的汉字理所当然应该被"已开化"的拉丁文取代。章太炎则针锋相对地指出："风律不同，视五土之宜，以分其刚柔侈敛。是故吹万不同，使其自已，前者唱喁，后者唱于，虽大巧莫能齐也。万国新语者，本以欧洲为准，取其最普通易晓者，糅合以成一种，于他洲未有所取也。大地富媪博厚矣，殊色异居，非白人所独有，明其语不足以方行世界。"③语言文字本是如天籁发作一般在自发中形成的风俗习惯，并无已开化与未开化之分，也无所谓野蛮与文明之别，汉语是中国地缘、中华文化的产物，正如拉丁文是欧洲地缘、欧洲文明的产物一样。"'凫胫虽短，续之则忧；鹤胫虽长，断之则悲。故性长非所断，性短非所续，无所去忧也。'今以中国字母施之欧洲，则病其续短矣。乃以欧洲字母施之中国，则病其断长矣。"④正如不能将汉字强行在欧洲推行一样，也不能将拉丁字母在中国强行推行，中国汉字与欧洲字母皆天然具足、自足其性的存在者，本无高下美丑、文明野蛮之判，舍弃汉字而使用拉丁字母无异于为凫胫续短而为鹤胫断长。正如留学生眼中的文

①　张志强：《一种伦理民族主义是否可能——论章太炎的民族主义》，《哲学动态》2015 年第 3 期。

②　李泽厚：《中国现代思想史论》，天津社会科学出版社 2003 年版，第 19 页。

③　章太炎：《驳中国用万国新语说》，《章太炎全集》（四），上海人民出版社 2018 年版，第353 页。

④　章太炎：《驳中国用万国新语说》，《章太炎全集》（四），上海人民出版社 2018 年版，第367 页。

明如"套头穿衣"与"刀叉用餐"原本乃"野蛮人"的习惯一样，拉丁文未必文明，汉文未必野蛮，扬弃汉语而使用拉丁字母毫无根据，相反，坚持使用汉字、不妄自菲薄、保护中华民族的语言文字正是中华民族的尊严所在，"中国本因旧之国，非新辟之国，其良法美俗应保存者，则存留之，不能事事更张也。"①

总之，章太炎先提倡佛学后提倡庄学都与他的民族主义有关，前者是以民族革命为形式的民主革命，后者则是为建基于中华民族意义上的民族主义张本。即此而言，《齐物论释》行使了一个兼具普遍哲学建设又隐藏着深厚民族性格的思想使命。唐君毅曾评骘以章太炎为代表的晚清学术云："诸老先生在清末民初所对思想界之影响，一是浪漫幻想之精神，一是开始消极的批判中国文化传统之精神。他们只有横的一切个体平等之社会意识，与企慕将来之社会意识，而不重积极发扬充实民族之生命力、精神力，及凝翕分散之个人之普遍原则之建立，亦无对于民族生命、文化生命之客观存在积极加以肯定，承前启后以建立一顶天立地之国家之意识。"② 应该说，这种评骘并非公允之论。只是，章太炎所致力的"建立一顶天立地之国家之意识"并非宋明儒家的道统意识，而是别有关怀之所在，其所致立于赓续的中华民族生命即语言文字，典章制度，人物事迹，这种信念并最终落实为太炎先生的人格践履，以身相许。

<hr>

① 章太炎：《在中华民国联合会成立大会上之演讲》，《章太炎全集》（一〇），上海人民出版社2018年版，第161页。
② 唐君毅：《人文精神之重建》，《唐君毅全集》（一〇），九州出版社1996年版，第88—89页。

第四章　本来涅槃，毕竟不入

涅槃与逍遥的同异辩证、遮拨互见是《齐物论释》的另一大主旨思想。如我们所指出，章太炎于古今中西一切哲人中最推重庄子，而于《庄子》三十三篇中最推重《齐物论》，"夫能上悟唯识，广利有情，域中故籍，莫善于《齐物论》"①。但是，这丝毫不意味着他不重视庄子之逍遥义，因为对庄子齐物之理解如果不最终结穴于逍遥，难免会有登山千丈却不至巅峰而辍步之病。换言之，章太炎虽然推重庄子之齐物义，但并不意味着他忽略庄子之逍遥义，齐物之最终目的必然会诉诸每个存在个体之逍遥，事实上，其指出整部庄子哲学"维纲所寄，其唯《消摇》《齐物》二篇"②。《齐物论释》正是围绕庄子之逍遥与释迦之涅槃的同异关系进行思辨的，一方面指出庄子之逍遥即佛学之涅槃；另一方面指出庄子虽然已达涅槃之佛乘，但他毕竟不入涅槃，而是任运轮回、企慕在世间之逍遥。

就庄佛理论会通而言，他通过缜密之名相分析和庄佛互证将"吾丧我"解释为阿赖耶识转染成净，从而证明庄学逍遥之境即佛学"常乐我净"之境。不过，庄子入于佛而又出于佛，证佛果却不入寂灭，是因为他不能忘怀众生之苦难，故白衣示相，现身说法，为世间众生之逍遥而放弃涅槃。面对佛学轮回为苦之责难，章太炎认为庄子实知轮回存在却不以轮回为苦，随顺生死而自甘于世间之乐。与通向彼岸之涅槃相比，立足当下此岸之逍遥更具现实意义，本来涅槃而毕竟不入，世间出世间法两不相坏，乃庄子逍遥义之真谛。职是之故，《齐物论释定本》结尾处点醒庄学之核心是"体自消摇，斯即常乐我净之谓"（《齐物论释初本》不见此语，另见于《菿汉微言》），章太炎最终选择庄子之逍遥而扬弃佛陀之涅槃，他试图以在世逍遥、轮回非苦的方式而不是跳出轮回、出世涅槃的方式实现自主生死。总体来说，他的哲学通过庄学实现了自我哲学的再次突破，其

---

①　章太炎：《齐物论释定本》，《章太炎全集》（六），上海人民出版社 2018 年版，第 76 页。

②　章太炎《齐物论释序》，《章太炎全集》（六），上海人民出版社 2018 年版，第 3 页。

哲学乌托邦由"转俗成真"阶段的五无世界（具有浓厚的出世特色）转变为"回真向俗"阶段的庄学式的立足于世间的逍遥世界，不过，如《齐物论释定本》末尾处所指出"苟毫分有对，即翳垢犹在，则法身未彰也"，他并没有完全放弃涅槃成佛、跳出轮回这一终极目的。体认轮回本身之乐、获得在世间之逍遥仅为方便法门，只是，对于无量众生来说，这一方便法门比终极法门重要太多，这是庄子的大悲心所在。

第一节　"体非形器，故自在而无对"

章太炎在《齐物论释序》中给出逍遥、齐物之定义："体非形器，故自在而无对；理绝名言，故平等而咸适。"① 前者言逍遥，后者言齐物，一部《齐物论释》正以这副对子为核心而展开论证。"体非形器"之"体"当指阿赖耶识之体或心体，"体非形器"是指每个生命体并非客观存在的形器之体，形器相当于佛学所谓器界或无情界，与情界相对，客观存在的形器之物毫无自由可言。一方面，客观存在的形器被限制在一定的时空之中，受到一定的自然法则之限制；另一方面，客观存在的形器没有主体能动性（近乎康德所言自由意志），即没有感觉、没有意识。如果说逍遥首先是一种生命的体验，那么器界—无情界连意识都没有，就更不能奢谈逍遥。事实上，章太炎对庄子逍遥之诠释有一整套唯识学理论作支撑。

（一）庄子之灵府即佛学之阿赖耶识

章太炎对庄子逍遥义之具体解释以阿赖耶识（alaya）转染成净为立论根据。大乘唯识学八识心王之第八识阿赖耶识意译作藏识，又作本识、宅识。唯识学认为，前七识即眼、耳、鼻、舌、身、意、我（末那识）为人之普通意识，是染识（无明），此七识横起虚妄之执，是贪、嗔、痴、疑、慢等种种差别之识，其中末那识又称我识，是对自我之执著，对自我恒审思量，为万恶之渊薮。阿赖耶识为宇宙之实体，一切万有皆缘起于阿赖耶识，宇宙万法为此识所变现，此佛教诸派皆无异议，但之于其本净抑或有染，诸派说法不同。大体都认为，它是真常心与虚妄心之结合体，其中之真常心为其根本，而虚妄心是因无明而对真常心之遮蔽或污染，因此阿赖耶识就是如来藏自性清净心。

当庄子对作为老子哲学之客观实体之道进行心灵提升和境界转化后，

① 章太炎《齐物论释序》，《章太炎全集》（六），上海人民出版社 2018 年版，第 3 页。

老学之道就转变为庄学之心①，如此，与老学相比，庄学与唯识学就更近一层。唯识学的心学与庄子的心学在发生学的意义上具有了原初契合性，此即章太炎以阿赖耶识解庄之根由。他认为佛学之阿赖耶识即庄子所谓"灵台"和"灵府"："盖灵台者，任持根觉，梵名阿陀那，亦以含藏识种子，名曰灵府，梵名阿罗邪。其体不生灭而随缘生灭者，佛典称如来藏，正言不生灭体，亦云菴摩罗识。"②与之相关，他将《庄子》"以其心得其常心"之"常心"解释为"菴摩罗识"，"菴摩罗识"为清净识、无垢识、真如识，是对阿赖耶识之识。《齐物论》中所有与心有关之术语皆被章太炎格义为阿赖耶识或与之近似的诸心识，如：阿陀那识为持识，是对阿赖耶识中诸种子之持；"菴摩罗识"是净识，是对如来藏自性清净心之识，亦即对阿赖耶识之识。因此，庄子对齐物、逍遥之证成变成唯识学种种心法与心所有法。人之逍遥与否取决于主体自我修持之高下，"寂静观察，灵台即现，执此恒转入暴流者，以为自我，犹是幻妄。唯证得菴摩罗识，斯为真君，斯无我而显我耳。是故幻我本无而可丧，真我常遍而自存"③。"吾丧我"意味着幻我丧而真我存，真我之体即证得"菴摩罗识"之体，亦即自在逍遥之体。章太炎解释《齐物论》之"芒"云："言我芒人亦芒者，无量有情，等是一识。若有一人不芒者，则不得现此情界器界也。"④"芒"是无明，情界器界之一切众生皆因"芒"——"无明"而生死流转；"不芒"即无明尽，意味着亲证真如，只有以"吾丧我"之证道工夫才能证真如，证真如即得自在，自在即逍遥。

　　对于《齐物论》篇首"人籁、地籁、天籁"一段讽喻，章太炎完全以唯识学八识解之。章太炎云："齐物本以观察名相，会之一心。"⑤"万窍怒号"隐喻意想分别，由前七识而生分别心，而天籁则是藏识，风声并作，咸其自取，无有动因，依止藏识，即一切不过是藏识中种子所变现。因意根而自执，实是末那识发作，唯知有我，遍计所执，自执藏识而我之。人类不逍遥的根源正在于我执太深，而不知物我之存在皆由心识（阿赖耶识）之变现，执幻为真，以虚为实，恒转如瀑，故并入虚妄。《齐物论》"与接为构，日以心斗"一段描写世俗人生之种种忧患心态，这一切

①　徐复观先生指出："庄子即把老子之形而上的道，落实在人的心上，认为虚、静、明之心就是道。"徐复观：《中国思想史论集》，上海书店出版社2004年版，第214页。
②　章太炎：《齐物论释定本》，《章太炎全集》（六），上海人民出版社2018年版，第85页。
③　章太炎：《齐物论释定本》，《章太炎全集》（六），上海人民出版社2018年版，第85页。
④　章太炎：《齐物论释定本》，《章太炎全集》（六），上海人民出版社2018年版，第86页。
⑤　章太炎：《齐物论释定本》，《章太炎全集》（六），上海人民出版社2018年版，第78页。

皆是"自取己心，非由外在"，人生的种种不堪皆无中生有而自寻烦恼，一切都是"自心还取自心"，故只有以"吾丧我"之工夫才能了悟表面上之"万窍怒号"实则"别无本体"，如此才能从种种烦恼中解脱出来获得逍遥。换言之，"吾丧我"之过程其实就是阿赖耶识转染成净之过程。

（二）以相分与见分对逍遥义进行遮拨

章太炎更引入相分、见分两个唯识学术语来理解人对世界存在之认识结构，"于一识中，有相有见，二分俱转。相见二分，不即不离"，"所取分名相，能取分名见"，"于一识中，一分变异，似所取相，一分变异，似能取（相）见"。① 相分为所取分，是万法呈现之相，见分是能取分，是我观万法之相。相分、见分皆为心识所变现，因此不在"根识以外"；后来，"意识"起意思量，误以为外，横起分别，不明万法皆自心现影，一如"乾城梦幻（即海市蜃楼——笔者）"，以假为真，万物不齐，由是作矣。

庄子所言"物物者与物无际"，物物者是见分，物是相分，"物物者与物无际"是说"相见二分，不离不即"，"不离不即"实则是说二者皆无自性，亦即所谓"兼空见相"。只有见相皆空，才能从万物纷扰中抽离出来，"彼相分自现方圆边角是名物有际。见分上之相分，本无方隅，而现有是方隅"②，万法之方圆边际皆为相分，心不应随之而有方隅之见，让万物自身涌现自己，这是逍遥的终极之境。万法唯识，唯识无境，心生则种种法生，心灭则种种法灭，时空也不过是心识之变现，故生死寿夭亦尽虚妄不真。章太炎进而以处识、世识论证《逍遥游》篇所谓"大小寿夭"等种种殊相。时为心变，不同主体之心对时间之长短感受不一，"时为人人之私器，非众人之公器"，孩童觉得时间流逝慢，中老年则觉得时间流逝快；淫乐之人，光阴不觉而飞逝，勤苦之人，则度日如年，时间只有相对长短而无绝对速缓，"时分总相，有情似同，时分别相，彼我各异"。如此，《逍遥游》基于相对主义而悉心论证的"大年小年之齐""彭祖殇子之齐"在唯识学"时由心造"中得到进一步论证："朝菌不知晦朔，惠蛄不知春秋，而冥灵大椿，寿愈千百，庸知小年者不自觉其长，大年者不自觉其短乎。然惟证无刹那者，始能晓了刹那"；"一念心生，速疾回转，齐一刹那，自非应真上士，孰与于斯。若即一弹指顷，豪分不忘，此小年

① 章太炎：《齐物论释定本》，《章太炎全集》（六），上海人民出版社 2018 年版，第 79 页。
② 章太炎：《齐物论释定本》，《章太炎全集》（六），上海人民出版社 2018 年版，第 79 页。

所有，而大年之所无。不忘，故小年亦寿；忘之，故大年亦伤。"① 既然时由心造，心不起时，时亦不生，"心不起灭，意识不续，中间恒审思量，亦悉伏断，则时分销亡，而流注相续之我自丧矣"②。时空皆为阿赖耶识种子所变现，故本不真，唯其不真，故不必恒审思量而起执著，心不起灭意味着对时空局限的突破，《逍遥游》对夭寿、近远、大小等诸种差异的排遣正是此意。

总之，在《逍遥游》中，大小寿夭等种种差别柴栅于人们心内，无异于作茧自缚、画地为牢，章太炎通过唯识学之境识相摄理论将其一一消解，把人们从种种歧相罗网中解放出来，将庄子之相对主义做一种唯识学意义上的存在论解释，可谓釜底抽薪。

（三）"转此成心则成智，顺此成心则解纷"

庄子认为是非之起的根源在于成心，人类不逍遥实则是成心作祟。庄子云："夫随其成心而师之，谁独且无师乎？"章太炎认为，成心即藏识中种子，又称原型观念（康德），③ 这个藏识中种子包括七识，即世识、处识、相识、数识、作用识、因果识、有我识。章太炎云："其他有无是非，自共合散成坏等相，悉由此七种子支分观待而生。成心即是种子，种子者，心之碍相，一切障碍即究竟觉，故转此成心则成智，顺此成心则解纷。"④ 成心即藏识中种子，虽是心之碍相，但本身亦含究竟觉，真妄一元，显微无间，逆此成心而见其底色，即见真如智，故自己不生是非；顺此成心而了悟实相，也能解纷，让是非还任其是非，而不以外在之是非打扰此心之自在。"转识成智" 意味着在万有森然之世界（"一切障碍"）中亲证一种光风霁月的逍遥之境（"究竟觉"），由第八识转为大圆镜智，逍遥之境不是取消万有之差异，不是出世，而是理事无碍，"不齐而齐"。

章太炎复引入《瑜伽师地论》中 "有相分别" 和 "无相分别" 两个概念，"有相分别者，谓于先所受义，诸根成熟，善名言者所起分别。无相分别者，谓虽先所引及婴儿等不善名言者所有分别"。⑤ 有相分别即有意识的名相分别，为人类（成人）所专擅，是有执的分别，这种分别起于遍计所执、计度寻思，属于分别智，会招致痛苦；无相分别为虫兽等动物及婴儿之分别，为无意识、无名相之分别，是无执的分别，属于无分别智，

---

① 章太炎：《齐物论释定本》，《章太炎全集》（六），上海人民出版社 2018 年版，第 83 页。
② 章太炎：《齐物论释定本》，《章太炎全集》（六），上海人民出版社 2018 年版，第 83 页。
③ 章太炎：《齐物论释定本》，《章太炎全集》（六），上海人民出版社 2018 年版，第 78 页。
④ 章太炎：《齐物论释定本》，《章太炎全集》（六），上海人民出版社 2018 年版，第 88 页。
⑤ 章太炎：《齐物论释定本》，《章太炎全集》（六），上海人民出版社 2018 年版，第 88 页。

不会招致痛苦。"今世说生物者，谓虫兽草木种种毛羽花色香味，或为自保生命，或为自求胤嗣，而现此相，然彼岂如人类能计度寻思邪？"① 正如《庚桑楚》云"唯虫能虫，唯虫能天"，虫子正是天的象征，章太炎解释云："然物类最劣者，唯是动不得已，金石悉然，虫亦近之。委心任化，此唯虫能虫，心无胜解，此唯虫能天，圣人乐天，亦效是尔。"② 虫子之欲求皆法尔自然，并无积虑忧思，无遍计所执，故虫子是天的象征。禽兽之所以皆自在，在于它们是无相分别，人类之所以有烦恼，是因为有相分别太深，逍遥之境实则是以无分别智而进入无相分别之境。

总之，阿赖耶识在本体论意义上是万法之源，境由心造，识外无境。万物皆无自性，一切执著是非差别者皆为虚妄，"有乘刚之志，故触碍幻生；怀竞爽之心，故光采假现。而实唯是诸心相构，非有外尘"③。只有转识成智，体证真如，万物乃得大自在的逍遥之境，在这个意义上，"逍遥"与"涅槃"都是对究竟实相如实空的彻然了悟，二者并无二致。

第二节　"消摇，斯即常乐我净之谓"

就庄学来说，逍遥与齐物本身即不可分作两截，一般来说，齐物是对逍遥的哲学证成，而逍遥是齐物的终极目的，因此言逍遥而必及齐物，言齐物则必及逍遥，齐物与逍遥不一不异，没有齐物哲学作支撑则逍遥之境可能不会实现，没有逍遥这个终极目的则齐物哲学可能会挂空，故章太炎将《逍遥游》与《齐物论》两篇视为一部庄学之"维纲所在"。正因为如此，章太炎最终将庄子的"齐物论"结穴为"逍遥游"，《齐物论释定本》结尾处云：

> 若乃所以遍度群伦，偕诣极地者，《消摇游》已陈其说，离于大年小年，无有大知小知，一切无待，体自消摇，斯即常乐我净之谓。苟豪分有对，即翳垢犹在，而法身未彰也。若斯诸论，累级而上，渐至转依，寻其梯隥，历然可知，斯岂以分段生死，苟相尉荐而已。庄生所著三十三篇，自昔未曾科判，轻材之士，见其一隅。党伐之言，

---

① 章太炎：《齐物论释定本》，《章太炎全集》（六），上海人民出版社 2018 年版，第 88—89 页。
② 章太炎：《齐物论释定本》，《章太炎全集》（六），上海人民出版社 2018 年版，第 121 页。
③ 章太炎：《齐物论释定本》，《章太炎全集》（六），上海人民出版社 2018 年版，第 114 页。

依以弹射。今者寻绎微旨，阡陌始通，宝藏无尽，以诒后生也。①

不唯如此，章太炎于《菿汉微言》更有详细说明：

> 《消摇》一篇，纯是发挥"常乐我净"一语。学鸠、大鹏，细大有异；灵椿、朝菌，修短不齐。计以常情，则宛有胜劣；会之定分，而互为悲笑，要皆拘阂于形气之里，流转于生死之域，起止成坏，未能自在。夫唯至人无待，乘正御变，以游无穷。以无待，故无有大年、小年、大知、小知，是常德也；以无待，故无不消摇之地，是乐德也；以无待，故绝对不二，自见平等法身，是我德也；以无待，故不见幻翳，证无垢识，是净德也。此篇自尧让以前种种譬喻，总是发明此义，故列于内篇之首。②

章太炎《齐物论释初本》尚无以"常乐我净"解释"逍遥"，而《齐物论释定本》则补充这种解释，大概是随着其思考的日益深入而所加。据笔者考证，《齐物论释初本》完成于宣统二年（1910），《菿汉微言》完成于中华民国四年末至五年初（1915—1916），《齐物论释定本》（出版于1919年）的修正与《菿汉微言》的撰写可能互相发明。

在大乘佛学诸经中，"常乐我净"之含义的源流演变是一个复杂的过程③，大体说来，"常乐我净"本来是一种否定性质的术语，即所谓"四颠倒"，众生以无常为常，以苦难为乐，以假我为我，以不净为净，如《般若经》所云："众生行四颠倒，有常想，有净想，有乐想，有我想。……当为说法，为说无常，为说不净，为说无乐、无我。"④《大集经》亦有类似的说法。但是，在《涅槃经》里，"常乐我净"则演变成一种肯定性质之术语，成为所谓"涅槃四德"，《涅槃经》解释四词云：

> 我者即是佛义，常者即是法身义，乐者即是涅槃义，净者是法义。

---

① 章太炎：《齐物论释定本》，《章太炎全集》（六），上海人民出版社2018年版，第142—143页。
② 章太炎：《菿汉微言》，《章太炎全集》（一二），上海人民出版社2018年版，第23—24页。
③ 屈大成：《大般涅槃经导读》，中国书店出版社2007年版，第70页。
④ 屈大成：《大般涅槃经导读》，中国书店出版社2007年版，第70页。

如来常住，是名为乐……佛法有我，即是佛性。……净者即是如来常住。

于大涅槃应生常、乐、我、净之想。

大涅槃即常，常者即我，我者即净，净者即乐，常乐我净即是如来。①

就《涅槃经》之言看来，"常乐我净"即涅槃之境，也就是亲证如来。丁福保《佛学大辞典》"四德"条进一步解释"常乐我净"云：

大乘大般涅槃所具之德也。一，常德。涅槃之体，恒不变而无生灭，名之为常，又随缘化用常不绝，名之为常。二，乐德。涅槃之体，寂灭永安，名之为乐，又运用自在，所为适心，名之为乐。三，我德。解我有二种，一就体自实名为我，如《涅槃经·哀叹品》中所谓："若法是实是真是主是依，性不变易是名为我。"二就用自在名为我，如《涅槃经·高贵德王品》所谓："有大我故名大涅槃，大自在故名为大我。云何名为大自在耶？有八自在则名为我。"四，净德。涅槃之体解脱一切之垢染，名之为净，又随化处缘而不污，名之为净（《大乘义章》十八）。《法华玄义》四曰："破二十五有烦恼名净，破二十五有业名我，不受二十五有报为乐，无二十五有生死名常，常乐我净名为佛性显。"说此常乐我净，为《涅槃经》一部之所诠，故《涅槃经》谓之谈常教。②

其中，常是对真如法性之恒常性之体证，真如实相没有成、住、坏、空之性，因此是常；乐是因解脱而实现的自在之境，远离一切苦，此所谓乐；"我"是指"法身""法我"之我，是冥绝生死、跳出轮回之我，即真常之我，亦即章太炎在《人无我论》中所云"恒常之谓我；坚住之谓我；不可变坏之谓我"；"净"是"依净不依染"之净，离一切染，永住清净，是如来藏自性清净心转染成净之净。

章太炎看来，佛教这种"常乐我净"亦是庄子《逍遥游》所谓的"无待"，按照前文引《莳汉微言》相关格义，超越大年小年、大知小知是常德，无不逍遥、乐不胜计是乐德，绝待无二而见自我平等法身是我

① 屈大成：《大般涅槃经导读》，中国书店出版社 2007 年版，第 74 页。
② 丁福保：《佛学大辞典》，上海书店出版社 2015 年版，第 1 册，第 803 页（中一下栏）。

德，因无待证无垢识是净德。这种"字字可解"式的格义无论是质诸佛还是质诸庄，大概两家都不会同意，但若抛开名字相、言说相，以"常乐我净"解释"逍遥"和"无待"，应该说把握了释迦、庄子二者的精神实质。"苟豪分有对，即翳垢犹在，而法身未彰也"，章太炎以"常乐我净"解释"逍遥游"置诸《齐物论释定本》的篇末，正可见这是他解庄的会归之所在。所谓"遍度群伦，偕诣极地"，以每个人的"常乐我净"实现天下的"常乐我净"，离苦得乐，众生皆度，这是章太炎基于庄佛互摄而构建的乌托邦，就庄佛的终极理想而言都是一种出世主义。

第三节　方便法门之轮回与究竟法门之涅槃

佛学一切大小乘都以"苦集灭道"四圣谛为立教基础，其中"苦谛"又是"四谛"之基础，也是佛学作为一种救世哲学所由生之根源。佛学之"苦"有"三苦""八苦"之说，"三苦"即苦苦、坏苦、行苦：从其逆缘苦恼，正受苦时，从苦生苦，名苦苦；从其顺缘，安乐离坏时而生苦恼，名坏苦；生老病死刹那变异而生苦恼，即名行苦。"八苦"即：生、老、病、死、爱别离、怨憎会、求不得和五盛阴苦。一切众生，自无量劫以来，都在苦海中轮转，世尊抱悲众生之苦，因造佛法，自证而证他，誓拔一切众生苦，《涅槃经》卷十四："昔我与汝愚无智慧，不能如实见四真谛，是故流转，久处生死，没大苦海；若能见四谛，则得断生死。"唯识学虽然名相烦琐、论证严密，但其最终诉求即以出世、涅槃的方式度众生脱离生死海与其他诸派本无不同。

在章太炎看来，众生的确在苦海中，世尊愿力也不可谓不大，但以涅槃寂静为归趣来灭度众生，非常不切实际。庄学无待逍遥的精神与佛学涅槃四德大体相当，可见庄学的终极目的也是佛学的出世主义。不过，就庄子本人而言，他并没有提倡出世主义，"至若庄生，则曲明性相之故，驰骋空有之域"[①]，庄子虽然明"性"但不坏"相"，虽然明"空"但不坏"有"，这是庄学与佛学最不一致之处。《齐物论释》始终难掩其根深蒂固的华梵固异之立场，正如其在《菿汉微言》所言"老庄盛言缘起、内证，少言涅槃"[②]，《齐物论释》也认为庄学内证缘起而不涉涅槃，佛学说到底

---

①　章太炎：《菿汉微言》，《章太炎全集》（一二），上海人民出版社2018年版，第37页。

②　章太炎：《菿汉微言》，《章太炎全集》（一二），上海人民出版社2018年版，第22页。

是出世之学，至少其究竟地是以涅槃为归趣，庄子虽然在究竟的意义上也以涅槃为归趣，但庄子还有更现实、更方便、更适合民意的考量，故不得不倡导一种方便法门，这种法门不是涅槃成佛，而是任运轮回。佛学以轮回为苦，庄子则以轮回为乐，佛学的涅槃要跳出轮回而在彼岸获得逍遥，庄子则不需要彼岸涅槃，而是在轮回中随顺生死，立足此岸获得逍遥。

　　章太炎关于涅槃与轮回之辨紧紧围绕着对"庄周梦蝶"这则寓言之诠释而展开。他以孟子"以意逆志"和章学诚"论古必恕"之精神对庄子进行虔诚的还原并为之代言，这是一段极令人感慨万千之文字。《齐物论释》关于"庄周梦蝶"之解释云：

> 　　庄生本不以轮转生死遣忧，但欲人无封执，故语有机权尔。又其特别志愿本在内圣外王，哀生民之无拯，念刑政之苛残，必令世无工宰，见无文野，人各自主之谓王，智无留碍然后圣，自非顺时利见，示现白衣，何能果此愿哉。苟专以灭度众生为念，而忘中涂恫怨之情，何翅河清之难俟，陵谷变迁之不可豫期，虽抱大悲，犹未适于民意。夫齐物者，以百姓心为心，故究极在此，而乐行在彼……外死生，无终始，即知一切法本来涅槃，应化不尽，即毕竟不入涅槃也。余曩日作《明见篇》，犹以任运流转，不求无上正觉为庄生所短，由今观之，是诚斥鷃之笑大鹏矣。①

此段注文可结合《齐物论释序》来解读。在《齐物论释序》里，章太炎指出庄子哲学是针对"苍姬讫录，世道交丧，奸雄结轨于千里，烝民涂炭于九隅"②那个乱世而发的，包括儒墨名法在内的救世之术，或寻求政治之护佑，或追求仁义之拯救，但这些都不究竟，不仅无济于事还可能适得其反。因此，庄子自己没有出仕拜相，也没有去稷下做帝王师，当然也没有做"不事王侯，高尚其事"之隐士，而是以抱关击柝之贱而做救世之哲人，以"泯死生""自取""造微之谈"来拯救那个让人看不到任何希望的天下。《齐物论》以"丧我"始而以"物化"终，且其中种种名相思辨，皆可与佛经相互发明，可见，以庄子器识造境自然已达佛乘。但庄子深知涅槃而不入涅槃，没有以灭度众生为念，乃因为他到底难忘"中涂恫

---

① 章太炎：《齐物论释定本》，《章太炎全集》（六），上海人民出版社 2018 年版，第 141—142 页。
② 章太炎：《齐物论释》，《章太炎全集》（六），上海人民出版社 2018 年版，第 3 页。

怨之情"，成佛固然会离苦得乐，但戒律森严的成佛路上难免会有动心忍性的清修苦练，这种苦又何尝不是另一种恫怨？故庄子没有以佛陀心为心而是"以百姓心为心"（《齐物论释定本》两次征引此语），他抱有大悲，怀有大愿，故不入西方而示现白衣，顺时利见。章太炎笔下之庄子，一如地狱不空誓不成佛的地藏王菩萨，体证佛果而不入涅槃，要在世间甚至是地狱普度众生；也如柏拉图笔下走出洞穴见到太阳（真理）的哲人，最终还要返回洞穴来解救捆绑中的奴隶①；又如出逃埃及却又重返埃及去解救受苦受难的犹太人的先知摩西。庄子应化不尽，知一切法本来涅槃却毕竟不入，以大悲阐提之深心悲心，白衣示相而现身说法，他以自己在世间之逍遥为众生开示，而不是一味导引众生以苦修禁欲而入涅槃。

佛学之所以归趣于寂静涅槃，是因为只有涅槃寂静才能摆脱六趣升迁，只有摆脱轮回才能证法身而得自在，正是意识到此，章太炎在早年所作《明见》篇中认为"不求无上正觉为庄生所短"②。但当其作《齐物论释》时，基于现实的考量，意识到不求寂灭反是庄生之所长，当年嗤笑庄子无异于斥鷃之笑大鹏。

庄子之所以以"庄周梦蝶"来隐喻轮回，而且以轮回为乐，是为众生说法的机权，自悟而悟他，自度而度人。涅槃寂静、超越轮回并不是唾手可得之无条件承诺，众生并不能都有大乘高致之觉悟。如果期待每一个个体都能证道成佛，"何翅河清之难俟，陵谷变迁之不可豫期，虽抱大悲，犹未适民愿"，如来普度众生可谓大悲大愿，但人人成佛又谈何容易。"大士说法，唯在应机"，在庄子看来，拯救众生不能一概指向涅槃成佛，而是需要一种"以百姓心为心"之方便法门。庄子给出的"现身说法"就是让众生消解生死之封执，从而能随顺生死，生死不过是轮回，轮回正意味着新生的希望，何有苦可言？一如轮回中之蝴蝶，不亦"自喻适志"乎？逍遥不需要勘破生死，而任运轮回、生死接续本来就蕴含着无穷无尽的乐趣，因为众生平等，故轮回所在即无不逍遥。庄子提倡在轮回中享乐而不是一味归趣寂灭，将佛学的超越轮回转变为任运轮回，轮回所在即意义所在，这无疑更容易被普通人接受。章太炎进而意识到，庄学了悟实相而不

---

① 对此，贺麟先生评骘云："现代西方哲学，大部分陷于支离烦琐之分析名相。能由分析名相而进于排遣名相的哲学家，除怀特海教授外，余不多觏。至转俗成真，回真向俗，俨然柏拉图'洞喻'中所描述的哲学家胸襟。足见章氏实达相当圆融超迈的境界。"（参见贺麟《五十年来的中国哲学》，上海人民出版社 2019 年版）

② 章太炎：《国故论衡先校本》，《章太炎全集》（一四），上海人民出版社 2018 年版，第137 页。

以涅槃为归趣，并以此开示东土众生，乃有更深刻的文化人类学因素。为何包括庄子在内的中华古典哲学皆不是出世之学，为何印度古典哲学多有出世倾向，章太炎在《齐物论释定本》中给出印度之学以涅槃为归趣而东夏之学不以出世为归趣之理由。

其一，从语言人类学的角度而言，梵语的复音系统与汉语的单音系统分别建构了中印两种相异的民族文化心理。章太炎指出："夫无相分别，意言亦无，一切有情，经过尔所分别，历时相等；有相分别，即有言意，若伺若寻，意中流响，声必相续。此则单音语人，所历时短，以经尔所分别，即经尔所声故；复音语人，所历时长，以经尔所分别，必经尔所流注声故。如念法字，此土念法惟是一声，印度念法达尔摩乃有三声，转相积聚，则经时长短相悬矣。是故复音语人，声余于念，意中章句，其成则迟；单音语人，声与念称，意中章句，其成则速。念成迟故觉时促，惜分阴而近死地，望在隟身以后，故宗教之用兴。念成速故觉时舒，多暇日而远尽期，味著有身之时，故宗教之用绌。"① 意念总是会表现为言说，语言存在的意义在表意，在复音语言系统中，多个音节对应一个意，在单音语言系统，一个音节与一个意相对应。在多音节系统中，完成一个意的摄取需要念出多个音节，意的形成占用很多时间，因此多音节系统中的人往往会有惜时观念，时间对于他们来说总是有转瞬即逝的感觉，容易产生无常之想。相反，单音节系统中的人摄取一个意只需要一个音节，意的形成不需要很多时间，时间对于他们来说总有宽裕、漫长之感，不容易产生出世的念想，时间是一种有相分别，这是梵华两种文化不同的语言学原因。

其二，从地缘人类学的角度而言，优渥的中土生活与多灾多难的梵土生活孕育出不同的民族心理。章太炎云："谅以东夏众生，耽乐生趣，唯惧速死，岂惮漂流，以怖死之心，为诒子之计，趣死转速，务得益多，而天下沉浊，不可庄语，为是开示，万化无极，乐不胜计，所以解其耽著，遣此鄙吝，盖与梵土有情，受灾既异，发药亦殊焉。"② 东土的众生由于沉湎于相对优渥的生活中，耽乐生趣，对此岸生活有很深的执著，难免有乐生患死之心。面对众生的沉浊（无明），庄子不能以涅槃、出世那样的"庄语"为众生说法，只能退而求其次提倡轮回之乐。印度则相反，彼地多灾多难，容易产生此生虚无之幻象，多有厌世之情，故求出世涅槃

① 章太炎：《齐物论释定本》，《章太炎全集》（六），上海人民出版社2018年版，第89页。
② 章太炎：《齐物论释定本》，《章太炎全集》（六），上海人民出版社2018年版，第142页。

之慰藉。① 面对中印两种文化心理，佛陀与庄子各下的药方就有所不同。

"人情分略，亦观世者所宜知也"，章太炎这种对中国、印度这两种文化的人类学分析是要说明出世间的佛学与入世间的庄学皆扎根于深厚的传统和积淀之中，并非偶然。"此土政治生计，较为切要，孔氏且不置论，即老庄本多持世善俗之谈"②，庄子不以轮回为苦、不以涅槃为归趣正是立足于东土这种风土人情之现实而另下岐黄，正如追求出世主义的哲学更符合印度一样，即立足于此岸之逍遥才更符合中国人之生活。

以章太炎之见，在终极目的的意义上而言，庄佛的确都驰骛于涅槃成佛，出世是拯救众生的究竟法门；在方便法门的意义上而言，逍遥比涅槃更适合普通百姓，特别是更适合中土百姓。庄子虽然提倡轮回之乐，但仅限于在方便法门的意义上提倡，就终极目的而言，毕竟以"常乐我净"的涅槃为最后归宿。分段生死固然有乐，但其本身也有苦，怀有大悲心的庄子并没有让众生止步于任运轮回，而是同时告诉众生轮回也有苦难："既开示已，复惧人以展转受生为乐，故《田子方篇》复举仲尼对颜回语，称：'哀莫大于心死，而人死亦次之。'夫心体常在，本无灭期，而心相波流，可得变坏，此所谓心死也。自非变易生死者，形躯徂陨，分段转生，已失复得，其哀可缓。独彼心相知见，漂失不可守司，聪明或复废为聋盲，睿博亦且易以顽鄙，斯虽九流上哲之士，能无恻然不怡乎。"③ 如果一味提倡轮回之乐，众生难免会陷入执著轮回而不再有更高远的涅槃追求，这就陷入《圆觉经》所警惕的"任病"之中，"任病"是"狂妄任性之病，谓妄说生死以惑人也"。

故庄子不仅提倡轮回之乐，还要告诫众生轮回之苦，"哀莫大于心死，而人死亦次之"，心死是心体之死，人死是心相之死，前者是心真如门之变坏，后者是心生灭门之开启，人类最大的悲哀是心体（心真如门）的闭合而心生灭门的流转，故庄子强调哀莫大于心死，换言之，庄学并没有否定涅槃对于众生离苦得乐的究竟意义，轮回为乐、分段生死只是方便说法。方便法门（轮回）与究竟法门（涅槃）的区别是："此二说者，展转延进，始者犹初断儿乳，杂华珍膳，竟与观览，止其啼号，渐次犹医治风

---

① 值得注意的是，如本书前引《菿汉微言》第59条对中印两种文化风俗的判摄与此处正好相反，印度文化追求出世是因为"气候温燠，谷实易孰，裘絮可捐"，印度人生活太优渥故有更高的"内圣学"追求，最终走向出世主义；中国"广土众民，竞于衣食"，因为求生之难故更强调"外王学"，重视世间法。

② 章太炎：《菿汉微言》，《章太炎全集》（一二），上海人民出版社2018年版，第26—27页。

③ 章太炎：《齐物论释定本》，《章太炎全集》（六），上海人民出版社2018年版，第142页。

痹，注艾下针，瘢痍粟起，尔乃得知痛苦耳。"① 提倡轮回之乐就如为断乳初期的婴儿提供杂华珍膳这种美食让他们忘记断乳之痛一样，但毕竟人生充满种种无常。杂华珍膳中隐含着痛苦，不是长久之计，故提供完美食以后还要像医治风痹一样，需要注艾下针，让人们感受瘢痍之痛，轮回之乐只是表面现象，轮回之痛才是真实存在。故章太炎指出："若斯诸论，累级而上，渐至转依，寻其梯隥，历然可知，斯岂以分段生死，苟相尉荐而已。"② 庄学虽然提倡轮回，但并没有忘记究竟觉之于众生的重要意义，庄学也因此没有沉湎于"分段生死""苟相尉荐"的权宜之计中。庄子先说轮回之乐后说轮回之苦，只是以循序渐进的方式让众生一步步脱离苦海，忘记轮回之痛、生死流注、心真如门之死（心死）才是最大的悲哀。从学理而言，涅槃作为究竟法门只是为轮回这种方便法门张本而已，庄子提倡任运轮回是建立在自己了悟究竟实相的基础之上，以最高的智慧（究竟觉）而言，庄子并不比佛陀低一毫一厘。

章太炎整部《齐物论释》蕴含着抱悲救世的思想，其对"庄周梦蝶"的诠释也是如此。庄子不仅有菩提智，还有究竟觉，而且在终极目的的意义上要度众生皆涅槃成佛；不过，基于现实的考量，庄子提倡轮回之乐，让众生在此岸的逍遥自在中得解脱。庄子不否认涅槃之于众生的究竟意义却在事实上提倡轮回之于众生的方便意义；庄子提倡任运轮回并不是没有无上正觉，而是对东夏众生所发的特殊药方。"政之所具，不过经令；法之所禁，不过奸害。能说诸心，能研诸虑，以成天下之亹亹者，非政之所与也"③，一切世间法如政令、法律皆治其表而不治其本，只有"能说诸心，能研诸虑"的庄学与佛学才是拯救天下的拔本塞源之术。佛陀要度众生成佛，庄子则以一阐提证法身，以一种随顺生死、此岸逍遥的方式白衣示相、现身说法。即使是在轮回中，只要不以生死得失萦心，做足"吾丧我"之工夫，自在只在当下，逍遥何曾远人。任运轮回虽非究竟义，但对于现实人生来说比涅槃更具普适性和普世性。章太炎始终没有否认庄子对涅槃正觉的追求，却又特别强调庄学轮回思想的重要性，他通过庄学"回真向俗"并不是扬弃"真"而专务"俗"，而是真俗互摄、俗真并建。轮回之俗只是权宜之计，涅槃之真才具有"遍度群伦，谐诣极地"的终极意义，不过即使如此，基于齐物而证成的轮回之乐、此岸逍遥更具现实意

---

① 章太炎：《齐物论释定本》，《章太炎全集》（六），上海人民出版社 2018 年版，第 142 页。
② 章太炎：《齐物论释定本》，《章太炎全集》（六），上海人民出版社 2018 年版，第 143 页。
③ 章太炎：《国故论衡校定本》，《章太炎全集》（一四），上海人民出版社 2018 年版，第 296—297 页。

义。对于让众生离苦得乐而言，轮回之俗虽不具涅槃之真的究竟义（深度），却有大过涅槃之真的普遍义（受众广度更大），无量劫以来注定会有无量众生，故轮回之俗与涅槃之真具有等量齐观的价值。涅槃之真不坏轮回之俗，涅槃始终为轮回留下存在的余地；轮回之俗不坏涅槃之真，轮回最终走向的是涅槃出世；涅槃所驰骛的究竟实相为轮回张本，在求涅槃而不得之时，轮回为退而求其次的方便；能有幸证涅槃之真的只是少量利根器者，对众同分心来说更容易证轮回之俗。章太炎对庄学与佛学、轮回与涅槃的思辨达到前所未有的高度，其中难免有过度诠释、"六经注我"、强为古人说之嫌，但这种直造堂奥、入木三分的诠释蕴含着他自身面对众生苦难的心声泪影，这是一个大悲阐提对另一个大悲阐提的情感印证与心灵默会。

第五章　以朴学立根基，以玄学致广大

章太炎治学强调"以朴学立根基，以玄学致广大"①，故他虽以朴学名世，但其学术之最后归宿当在玄学，玄学即今所谓哲学，其哲学的集大成者当即《齐物论释》。在学理上，他以唯识学的真如诠释庄子之道，重建庄学本体，并以此为基础而构建起一整套内圣外王的哲学体系②，《齐物论释》可谓以解释经典为形式而进行哲学创构（刘笑敢）的又一部典范。随着西方解释学研究在国内方兴未艾，汤一介先生生前曾热忱呼吁构建中国解释学（偏重"方法论"或"释义学"的解释学）。③ 就西方解释学的两大传统即方法论诠释学（施莱尔马赫、狄尔泰等）与本体论诠释学（海德格尔、伽达默尔）两派而言，后者直面此在之在世而认为理解是一种存在状态，这无疑具有超越中西的普遍意义；前者则从《圣经》释经学（解释技艺）辗转而来故具有特殊性，而中国的经典诠释学无疑也具有特殊性。也就是说，在解释技艺的意义上，中西两种解释传统可能各具特殊性，这也是汤一介先生呼吁构建中国解释学时特别强调方法论解释学的根本原因，故本章所谓解释学—释义学主要指方法论意义上的解释学，亦即解释技艺。即此而言，一部"注不破经"的字词训释之作或许没有必要检讨其

---

① 许寿裳：《章太炎传》，东方出版社 2009 年版，第 4 页。
② 参见李智福《内圣外王：郭子玄王船山章太炎三家庄子学勘会》，中国社会科学出版社 2019 年版。
③ 汤一介先生曾陆续发表五篇关于创建"中国解释学"的论文，学界通称为"五论中国解释学"。包括：《能否创建中国的"解释学"》，《学人》1998 年第 13 辑；《再论创建中国解释学问题》，《中国社会科学》2000 年第 1 期；《三论创建中国解释学问题》，《中国文化研究》2000 年 2 期；《关于僧肇注〈道德经〉问题——四论创建中国解释学问题》，《学术月刊》2000 年第 7 期；《"道始于情"的哲学诠释——五论创建中国解释学问题》，《学术研究》2001 年第 7 期。相关述评可参见景海峰《汤一介先生与中国解释学的探索》，《诠释与建构——汤一介先生 75 周年华诞暨从教 50 周年纪念文集》，北京大学，2001 年；潘德荣《汤一介与"中国诠释学"——关于建构"中国诠释学"之我见》，《哲学分析》2017 年第 2 期；张志伟《创建"中国解释学"的意义——从哲学解释学的视角看》，《北京大学学报》（哲学社会科学版）2020 年第 3 期。

"解释学—释义学"，相反，只有发挥经典微言大义、返本开新的哲学创构作品才有必要去检讨它的"解释学—释义学"。章太炎《齐物论释》是一部以注夺经、创构哲学的经典解释典范，考察《齐物论释》所持有的经典"解释学—释义学"无疑具有重要的学术意义。在笔者看来，章太炎《齐物论释》的"解释学—释义学"主要有：（一）庄学与佛学的深度格义，以阿赖耶识、真如实相等重建庄学本体论；（二）"以分析名相始，以排遣名相终"（《菿汉微言》），以训诂学、语义学、语言学对庄学或佛学的重要概念进行分析，会通庄佛，演绎学理，遮拨本体；（三）引入自然科学知识，以近代科学理性为庄学祛魅；（四）"以意逆志，是为得之"，与庄子进行心与心之印证，同情理解，古今交发。正是他自觉或不自觉地运用了这些解释方式，使得他的解释在进行哲学创构的同时，既保证了解释与经典之间的融贯，也保证了解释与解释的自洽。

第一节　庄与释：义有相征，非附会而然

古印度佛陀哲学指向"空"，而中国道家哲学则指向"无"，二者不尽相同，但不能否认老庄道家与印度佛学存在着一种先天的亲和性。佛学经典在汉化的过程中，首先是以老庄道家的哲学术语对梵文佛经进行格义，"庄释玄同，东西理会"（《广弘明集》卷十八）是当时僧俗两界之共识。随着学术史的发展，大量佛学经典被翻译为汉文，隋唐之后出现了大量以佛解老、以佛解庄之经典解释作品，这在一定程度上可称之为反向格义。①前者是以老庄接应佛学，后者则是佛学反哺老庄；前者是佛学被老庄化，后者则是老庄被佛学化，《齐物论释》可谓传统一千多年来以佛解庄之殿军。章太炎以佛解庄至少有三个原因。其一，这与章太炎思想储备所形成的"前识"有关，章太炎并非一开始就接受庄子，其自诩其学为"始则转俗成真，终乃回真向俗"，此中之"真"即佛学，"俗"指庄学，以庄之俗纠偏佛之真（详本书第四章），将俗与真"等量齐观"②。"转俗成真"阶段的法相唯识学为其后来以佛解庄提供了理论准备。其二，庄子哲学以

---

① 刘笑敢：《诠释与定向——中国哲学研究方法之探究》，商务印书馆 2009 年版，第 102—106 页。

② 张志强：《"操齐物以解纷，明天倪以为量"——论章太炎"齐物"哲学的形成及其意趣》，《中国哲学史》2012 年第 3 期；孟琢：《齐物论释疏证》，上海人民出版社 2019 年版，第 169 页。

"三言"为哲学叙事方式，晚近以来则是科学昌明之世，故必须将庄学引向科学。法相唯识学与汉学（朴学）最接近科学，章太炎理所当然地以法相唯识学为庄子进行圆理。其三，如前文所论及，佛法理论虽高明，却不能对世间的政治社会有直接观照，佛法作为出世间法，其于世道人生毕竟有所不足，要救时应物则不得不以庄学遮拨佛学。与出世间法的佛学相比，庄子哲学杂有世间出世间二法。以上三点理由成为章太炎以佛解庄之机缘，他坚信庄学与佛学"义有相征，非附会而然"（《齐物论释序》），以佛学来格义庄学并非无本之木，其称庄学"圆音胜谛，超越人天"[1]，盖非虚说。以下择其要而论之。

（一）以阿赖耶识（藏识、持识）释庄子之灵府和灵台。唯识学认为阿赖耶识为宇宙实体，一切万有皆缘起于阿赖耶识，宇宙万法为此识所变现，此佛教诸派皆无异议，但之于其本净抑或有染，诸派说法不同。大体都认为它是真常心与虚妄心之结合体，其中之真常心为其根本，而虚妄心则是对真常心之遮蔽或污染，因此阿赖耶识就是如来藏自性清净心。当庄子将老子哲学之客观实体之道进行心灵提升和境界转化后，老子之道转变为庄子之心[2]，与老子之学相比，庄学与唯识学就更近一层，"《齐物》本以观察名相，会之一心"，唯识学的心学与庄子的心学在发生学的意义上具有原初契合性，此即章太炎以阿赖耶识解庄之根由，他认为佛学之阿赖耶识即庄子所谓灵台和灵府，对于《齐物论》篇首"三籁"一段讽喻，章太炎完全以唯识学八识解之。百家物论纷争源于我执，而不知物我之存在皆由心识（阿赖耶识）所变现，自心还取自心，故皆入虚妄。《齐物论》"与接为构，日以心斗"一段描写世俗人生之种种忧患心态，这些皆"自取己心，非由外在"，烦恼只是己心与己心的交相斗争。庄子所言"物物者与物无际"，物物者是见分，物是相分，"相见二分，不离不即"，相分为所取，见分是能取，相不在根识以外，意识起意恒审思量而误以为外，横起分别，以假为真，万物不齐，由是作矣。只有"泯绝人我，兼空见相"才能从万物纷扰中抽离出来，"彼相分自现方圆边角，是名物有际，见分上之相分，本无方隅，而现有是方隅，是名不际之际，即此相分方隅之界，如实是无，是名不际之际。"[3] 万法之方圆边际本是相分，亦是我心之影现，故亦为见分，相分与见分皆无自性，心

① 章太炎：《齐物论释定本》，《章太炎全集》（六），上海人民出版社 2018 年版，第 137 页。

② 徐复观：《中国思想史论集》，上海书店出版社 2004 年版，第 214 页。

③ 章太炎：《齐物论释定本》，《章太炎全集》（六），上海人民出版社 2018 年版，第 79 页。

起而有，心灭即无。

大乘唯识学看来，万法唯识，唯识无境，心生则种种法生，心灭则种种法灭。时空也不过是心识之变现，是耶识恒转如流，生死寿夭亦尽虚妄不真。按照唯识学相关理论，"过去—现在—未来"等时间皆由心造，时间不过是一种意识或者说是感觉，并无自性。既然时为心变，故不同主体之心对时间之长短感受亦不一，"时为人人之私器，非众人之公器"，孩童觉得时间流逝慢，中老年则觉得时间流逝快；淫乐之人，光阴不觉而飞逝，勤苦之人，则度日如年，时间只有相对长短而无绝对速缓，即"时分总相，有情似同，时分别相，彼我各异"。这样，庄子基于相对主义而悉心论证的"大年小年之齐""彭祖殇子之齐"由唯识学的"时由心造"而得到论证："朝菌不知晦朔，惠蛄不知春秋，而冥灵大椿，寿逾千百，庸知小年者不自觉其长，大年者不自觉其短乎。然惟证无刹那者，始能晓了刹那"；"一念心生，速疾回转，齐一刹那，自非应真上士，孰与于斯"。①既然时由心造，心不起时，时亦不生，故生死寿夭皆无意义。

章太炎以佛学格义庄学往往建立于小学基础之上，"将哲学阐释建立在语言文字的客观事实之上"②。比如训"台"为"持"，梵文"阿陀那"本意为任持根觉，故灵台即为阿陀那识（持识），即对八识之总体持执；训"府"为"藏"，梵文为阿罗耶，灵府即为藏识（阿罗耶识），隐喻含藏种子；又如将"以其心得其常心"之"常心"解释为庵摩罗识，庵摩罗识为清净识、无垢识、真如识，是对阿赖耶识之识。我们看到，《齐物论》中所有与心有关之术语皆被章太炎格义为阿赖耶识或近似的最高之识，庄子对齐物之证成变成唯识学种种心法与心所有法，万物齐否，取决于观者之自我修持之高下，"唯证得菴摩罗识，斯为真君，斯无我而显我耳。是故幻我本无而可丧，真我常遍而自存"③。"吾丧我"意味着幻我丧而真我存，真我实则即无我，"言我芒人亦芒者，无量有情，等是一识。若有一人不芒者，不得现此情界器界也"④，芒是无明，不芒即意味着亲证真如，亲证真如不得不以"吾丧我"为前提，万物因此而齐。总之，阿赖耶识在本体论意义上是万法之源，境由心造，识外无境，万物皆无自性，一切差异皆"诸心相构，非有外尘"，只有转识成智，体证真如，才能得大自在之齐物之境，这里通过庄佛互相格义完成了庄学的本体重建。

---

① 章太炎：《齐物论释定本》，《章太炎全集》（六），上海人民出版社 2018 年版，第 82 页。
② 孟琢：《齐物论释疏证序》，《齐物论释疏证》，上海人民出版社 2019 年版，第 18 页。
③ 章太炎：《齐物论释定本》，《章太炎全集》（六），上海人民出版社 2018 年版，第 85 页。
④ 章太炎：《齐物论释定本》，《章太炎全集》（六），上海人民出版社 2018 年版，第 86 页。

（二）以佛学"无尽缘起"释庄学之"天地与我并生，而万物与我为一"。大乘佛学普遍认为，一切万法比如大地山河、一切有情无情皆因缘和合而生，因缘散尽而灭。《大智度论》所谓三法印，即诸行无常、诸法无我、涅槃寂静，第一印说缘起，第二印说无性，第三印说实相。一切万法皆为假有不真，执著万法便会生种种虚妄，只有了悟无相之实相，涅槃寂静，乃能得解脱。华严宗在此基础上创法界缘起论之四法界说。法界缘起论认为现象界即真如界，除现象界外别无实相界，以诸尘而见法界。其将缘起性空在时空三维中无限延展，因无穷无尽之缘起构成宇宙世界，整个宇宙万法融通。华严四法界中，事事无碍法界是最高法界，缘起无尽，法界重重，万物（事）皆无碍自在，只有了悟一切即一，一即一切，才能在万象森罗中亲证真如，涅槃自在。章太炎以缘起性空说证明万物存在皆无自性，对万物存在之独立性进行消解；以无尽缘起说证成"万物与我为一"；以唯识、华严三性相又将齐物之说归之于心。

关于《齐物论》中"可乎可，不可乎不可"一段，章太炎认为此段"破名守之局，亦解作用道理，证成道理之滞，并空缘生"①。此处所谓空缘生即因万法缘生而证一切本无自性，缘起性空。章太炎解释"凡物无成与毁，复通为一"云："此生彼灭，成毁同时，是则毕竟无生，亦复无灭。"② 此物之成即彼物之毁，此物之死即彼物之生，一切皆是因缘聚散，念念迁谢，稍不暂住，成毁道通，此与法藏哲学中的六相圆融相近，庄子言道通为一是证"齐"，华严学六相圆融是破"执"，唯庄子更多是一般意义上的思辨，华严却更有形而上学之味道，二者可谓殊途同归。《齐物论》之"罔两问影"章也是在说缘生："夫暑景牵驰，分阴不驻，此为自无主宰，别有缘生，故发罔两问景之端，责其缘起。"③ 影子的坐立不定正隐喻万法缘生，诸法如影，本无主宰，只有了悟万法性空才能遣执荡相，齐物逍遥皆因此而证成。

如果说，章太炎以缘起性空解庄是从否定方面对万物独立实在性之消解，那么他更引无尽缘起说从肯定方面来证成"天地与我并生，而万物与我为一"："若云无者，我身则无；若云有者，此非与天地并起邪？纵令形敝寿断，是等还与天地并尽，势不先亡，故非独与天地并生，乃亦与天地并灭也。若计真心，即无天地，亦无人我，是天地与我俱不生尔。"④ 水火

---

① 章太炎：《齐物论释定本》，《章太炎全集》（六），上海人民出版社 2018 年版，第 94 页。

② 章太炎：《齐物论释定本》，《章太炎全集》（六），上海人民出版社 2018 年版，第 99 页。

③ 章太炎：《齐物论释定本》，《章太炎全集》（六），上海人民出版社 2018 年版，第 130 页。

④ 章太炎：《齐物论释定本》，《章太炎全集》（六），上海人民出版社 2018 年版，第 107 页。

金铁是构成天地万物之共同本质，因缘际会而形成万物，有生无生皆是相对，皆无自性，有无一体，生灭一如，天地万物皆因我的虚妄心而获得存在，当妄心灭而真心现时，天地万物也就不存在而当体即空。《寓言》篇万物皆种之说即《华严经》《楞伽经》所言无尽缘起，万物互相为种，成住坏空，不稍暂驻，"一有情者，必摄无量小有情者"，一多相摄，重重无尽，天人万物本为一体，一即一切，一切即一。章太炎引入法藏《法界缘起章》《华严经指归》及十钱喻、椽舍喻等大量篇幅论说无尽缘起，并最后得出结论："凡此万物与我为一之说，万物皆种以不同形相禅之说，无尽缘起之说，三者无分。"① 大乘佛学缘起性空是对现实世界之消解，无尽缘起是对现实世界统一性之证成，最终都要会之一心。章太炎复引入华严宗、法相宗之遍计所执性、依他起性、圆成实性等三种性相，"依他遍计等义，本是庄生所有，但无其名"，世人之所以见万物之种种不齐、分别、优劣，皆是因遍计所执而妄生分别，不悟一切有为法皆梦幻泡影，依他起自性，故迷自性，生种种愚妄；只有亲证圆成实性，知一切有为法皆为幻相，故无增减，亦无生灭。庄子的齐物之境实则即是圆成实性："且依幻有说万物与我为一，若依圆成实性，唯是一如来藏，一向无有，人与万物何形隔器殊之有乎？"② 章太炎看来庄子已经证悟圆成实相这种究竟真实。

（三）以"三世轮回"释庄子之"梦"与"化"。三世轮回是大乘佛学诸派普遍认可之理论。轮回理论本来自古印度婆罗门教，后被佛教部派加以利用和改造，认为自无量劫以来，众生因无明而造业，因贪、嗔、痴三毒而招感，在三界六道中生死流迁，似车轮之旋转，周而复始，永不休止，故称轮回。轮回理论传入中土之后又与中国民间之轮回信仰相结合，很快生根发芽，庐山慧远结合因果报应和三世轮回理论创建净土宗。庄子哲学中关于变化（"化""物化"）理论和关于对梦觉关系的思辨与佛教的轮回理论有些神似，因此故，三世轮回理论被章太炎用来对庄子之齐物哲学进行证成。

《庄子·庚桑楚》有所谓"移是"之说，郭象认为其本意是"是无常在"，是非皆随境转移，章太炎却以轮回解之。案，庄子"移是"之意是说每个思考主体皆以我为本，以知为师，师心自用，故是非在每一个思考者中皆无定准，是无定在，心随境转。章太炎则认为"移是"是"向之移是为今之人，今之移是为，后之人"，言外之意，"移是"乃生命主体之轮

---

① 章太炎：《齐物论释定本》，《章太炎全集》（六），上海人民出版社 2018 年版，第 113 页。
② 章太炎：《齐物论释定本》，《章太炎全集》（六），上海人民出版社 2018 年版，第 114 页。

回和流转，一切流转皆"因业所感，取趣有殊"①。不唯如此，章太炎看来汉译佛典之"因果"一词，亦源自《庄子·齐物论》（"《庄子》所言果，与佛典之果同义；其言因者，则倒本前事之言，与佛典辞气有差，义乃无异。"②）可见庄子是深知因果轮回之人。《齐物论》终篇之寓言"庄周梦蝶"本非论梦觉而是以梦觉隐喻轮回之义，每一个轮回中之主体既不能识前生，亦不能知来世，也就是说轮回中之前生、来生皆无现量，只是靠比量（推理）而知。依比量推知轮回又近似专断，故庄子以"卮言"言说之："佛法所说轮回，异生唯是分段，生死不自主故。圣者乃有变易，生死得自主故。……而庄生亦无异文别择，皆以众说不征，不容苟且建立，斯其所以为卮言欤。"③佛教轮回说建立在因果报应基础之上而庄子却无道及因果报应，原因何在？"六趣升沉之说，善恶酬业之言……理有必至，而庄生无文焉"④，因果律是轮回果报说之基础，而因果律又是必然律（"理有必至"），言或不言，皆不碍因果律（因果报应）发生作用。

在庄子看来，化是万物的存在方式⑤，一切万物皆在或隐或显的永恒变化之中，人之生死为气之聚散，聚而为生，散而为死，故生死本质是一种变化，郭象将庄子的"万化而未始有极也"解释为"有变化而无生死"，这是一种基于自然元气论的宇宙存在论。章太炎却以轮回学说解释庄子之物化、万化、化等变化理论，将庄子宇宙演化论意义上的大化流行解释为轮回。自无量劫以来，一切有情众生都在轮回之中，虫肝、鼠臂、蝴蝶可能都是曾经之我，因此，"达者知其如是，不厌转生，虽化为鼠肝虫臂，未见有殊"⑥，轮回中之万物皆"不齐而齐"。"梦觉之喻，亦非谓生梦死觉大觉知大梦者，知生为梦，故不求长生；知生死皆梦，故亦不求寂灭"⑦（此处标点与原文稍异），庄子以梦觉隐喻轮回并不是要求人们寂灭，因为每一个轮回皆是天倪所在，天倪之中众生平等，从而排遣生死得以解脱。

不过，如前文所指出，章太炎虽然认可庄子提倡轮回之于普通众生具有重要意义，但并不认为世间轮回就是庄学的"终局"目的。在《齐物论

---

① 章太炎：《齐物论释定本》，《章太炎全集》（六），上海人民出版社 2018 年版，第 132 页。
② 章太炎：《齐物论释定本》，《章太炎全集》（六），上海人民出版社 2018 年版，第 57 页。
③ 章太章：《齐物论释定本》，《章太炎全集》（六），上海人民出版社 2018 年版，第 138—139 页。
④ 章太炎：《齐物论释定本》，《章太炎全集》（六），上海人民出版社 2018 年版，第 139 页。
⑤ 参见崔大华《庄学研究》，人民出版社 1992 年版。
⑥ 章太炎：《齐物论释定本》，《章太炎全集》（六），上海人民出版社 2018 年版，第 99 页。
⑦ 章太炎：《齐物论释定本》，《章太炎全集》（六），上海人民出版社 2018 年版，第 125 页。

释定本》的最后，章太炎以"逍遥"与佛学的"常乐我净"互相格义，指出："若乃所以遍度群伦，偕诣极地者，《消摇游》已陈其说，离于大年小年，无有大知小知，一切无待，体自消摇，斯即常乐我净之谓。"① "常乐我净"是佛学的涅槃之境和解脱之境，以涅槃四德解释逍遥正意味着庄学在究竟的意义上与佛学泂无二致，遍度群伦，偕诣极地，以每个人的"常乐我净"实现天下的"常乐我净"，此不唯是佛学的终极目的，也是庄学的终极目的，庄子提倡轮回不过是退而求其次而已。

第二节　"以分析名相始，以排遣名相终"

佛教史上称世尊说法四十九年三百余会却无一字可说。在大乘佛学看来，语言、名相、典籍是释迦智慧之载体，释迦通过合乎逻辑规范的名相分析、用名相思辨的形式对现象世界进行彻底消解，以证成大千三界悉归虚无，境因心起唯识无境。同时，佛教承认实相无相，而名相思辨本身也是对真如实相的障碍，"法平等性既不可说，亦不可知"，因此分析名相的同时必须排遣名相，分析实则是为了排遣，章太炎云："（慈氏、世亲之书）以分析名相始，以排遣名相终。"（《莉汉微言》）法相唯识学这种哲学思辨的方法，也成为自己以唯识学解庄之重要方法。事实上，大乘佛学这种"以分析名相始，以排遣名相终"的思辨方法与中国晚周之老子、庄子等所谓道言悖论、齐言悖论如出一辙。道体不可言说，齐物之境也不能言说，因此，欲究终极本体，达到齐物深境，必须排遣名相、放弃言说。王船山曾经指出："且道惟无体，故寓庸而不适于是非；则一落语言文字，而早已与道不相肖。"② 然而，老子五千言和庄子十万字毕竟都是言说，这些言说实则也就是对道体的名相分析，没有言则道无法自明，不能呈现自身，故道终究要靠言说来现身。因此，不能言说之道体、不能言说之齐物被言说，而言说却又遮蔽道体和齐物，此即所谓道言悖论和齐言悖论。因此，老庄之学表现出强烈的对语言名相进行排遣的自觉意识，在这个意义上，老庄学与唯识学泂非二致。

职是之故，章太炎以"分析名相、排遣名相"之方法对《齐物论》进

---

① 章太炎：《齐物论释定本》，《章太炎全集》（六），上海人民出版社 2018 年版，第 142—143 页。

② （明）王夫之：《庄子解》，《船山全书》（十三），岳麓书社 2011 年版，第 417 页。

行名相分析，一方面，以分析而消解一切差别，一切差别经不起名相之分析，万法皆无自性，是假相幻象，故不可执著，无执著即入齐物之境，此所谓"体非形器，故自在而无对"；另一方面，名相终究会遮蔽齐物的究竟之境，故又不得不排遣名相，自说自扫，此即"理绝名言，故平等而咸适"（《齐物论释序》）。章太炎在《齐物论释定本》中开门见山即云："齐物者，一往平等之谈，详其实义，非独等视有情，无所优劣，盖离言说相，离名字相，离心缘相，毕竟平等，乃合《齐物》之义。次即《般若》所云，字平等性，语平等性也。其文既破名家之执，而即冥绝人法，兼空见相，如是乃得荡然无阂。"① 其中，"离言说相，离名字相，离心缘相，毕竟平等"本之于《大乘起信论》："是故一切法从本已来，离言说相，离名字相，离心缘相，毕竟平等，无有变异，不可破坏，惟是一心，故名真如。"② 唐释法藏解释云："离言说相者，非在言说音声中故；离名字者，非在文句诠表中故。此二句，言语路绝，非闻慧境也。离心缘者，非意言分别故，心行处灭，非思慧境。"③ 言说相、名字相、心缘相构成我们的意识结构或认识世界的方式，客观世界通过言说、概念、意识而被清晰地以合乎目的的方式呈现出来（相当于康德所言人为万物立法），但这种呈现恰恰是以分别、差异的方式来实现的，这种对世界的认识方式本身即一种分别智或分别心。一切万法皆以名相的方式获得存在，故要实现毕竟平等的无分别智必须要离言说相、离名字相、离心缘相，离三相即排遣三相，排遣三相的着手处即排遣名相，庄子齐物之境即大乘佛学的真如之境，一如大乘佛学以破名相之执为第一义，破名家之执也是庄子第一义。

　　分析名相兼具遮拨实相的本体义和一般哲学论证的方法义，我们此章强调后者，但事实上两义难分彼此。《齐物论释》在形式上全部是对《齐物论》的名相思辨，这与郭象解庄重视的辨名析理近似，但其超越郭象者，在于以唯识学、中观学、大乘空宗等佛学概念与庄学概念进行格义，然后既对佛学名相进行思辨，又对庄学名相进行思辨，二者水乳交融，合为一炉，难分彼此，这种平等的言说就是所谓字平等性或语平等性。然而，不唯如此，在章太炎看来，"人心所起，无过相名分别三事，名映一切，执取转深"，分析是为排遣而分析，分析之后不忘排遣，只有彻底排遣名相，才能亲证真如，也才能实现齐物境界。"齐其不齐，下士之鄙执；

①　章太炎：《齐物论释定本》，《章太炎全集》（六），上海人民出版社 2018 年版，第 73 页。
②　高振农校释：《大乘起信论校释》，中华书局 1992 年版，第 17 页。
③　法藏：《大乘起信论义记》第 2 卷，《续藏经》，新文丰出版公司 1993 年版，第 71 册，第796 页。

不齐而齐，上哲之玄谈。自非涤除名相，其孰能于此"①，大千世界一切有为法，皆由心造，故为心识，因识生相，因相生名，因名而起寻思，因寻思而起分别，故涤除名相是证齐物第一义谛。章太炎引《瑜伽师地论》三十六曰："云何名为四种寻思？一者名寻思，谓于名唯见名；二者事寻思，谓于事唯见事；三者自性假立寻思，谓于自性假立唯见自性假立；四者差别假立寻思，谓于差别假立唯见差别假立。"② 世亲此处言世间种种分别、无明所起之根由即四种寻思：名、事、自性假立、差别假立。章太炎以《齐物论》四句话进行格义互阐："言者有言，即于名唯见名也"，以《齐物论》"言非吹也，言者有言"比附第一种寻思；"即于事唯见事，亦即性离言说也"，以《齐物论》"既已为一矣，且得有言乎"比附第二种寻思；"即于自性假立唯见自性假立也"，以《齐物论》"未成乎心而有是非"比附第三种寻思；"即于差别假立唯见差别假立也"，以"有有也者，有无也者，有未始有无也者"比附第四种寻思。名、事、自性假立、差别假立皆万物不齐之根由，必须扬弃和涤除，而《齐物论》的指马之喻比附"无执则无言说"，庄子引公孙龙子的指马之喻却反其道用之。

"可言说性不成实，故非有性，离言说性实成立，故非无性。"③ 可言说之性并非实有，因万物皆为心造，无自性故言非有；离言说之性才是究竟实在，因此说非无。不可言说之真如实性就是齐物之境，《齐物论》对名相之排遣与《瑜伽师地论》暗合，一如真如实性不能言说，齐物妙境亦难落言筌，"以论摄论，即论非齐。所以者何？能总摄故。方谓之齐，已与齐反，所以者何，遮不齐故"④，齐物之境不可言说，一切论说都是对齐的否定，当你以言说对齐进行论证或描摹时则是对齐的遮蔽，而对齐的遮蔽正意味着不齐的发生，此即《寓言》篇所谓"不言则齐，齐与言不齐，言与齐不齐也"。章太炎更引《大般若经》和《大乘楞伽经》证明此说："若于是处，都无有性，亦无无性，亦不可说为平等性，如是乃名法平等性。当知法平等性既不可说，亦不可知。除平等性，无法可得。离一切法。无平等性。……非一切法平等性中有戏论，若离戏论，乃可名为法平等性。""我经中说，我与诸佛菩萨不说一字，不答一字。所以者何？一切诸法离文字故，非不随义而分别说。"前一经所言"正会《寓言》之旨"，

---

① 章太炎：《齐物论释定本》，《章太炎全集》（六），上海人民出版社2018年版，第73页。
② 章太炎：《齐物论释定本》，《章太炎全集》（六），上海人民出版社2018年版，第73—74页。
③ 章太炎：《齐物论释定本》，《章太炎全集》（六），上海人民出版社2018年版，第74—75页。
④ 章太炎：《齐物论释定本》，《章太炎全集》（六），上海人民出版社2018年版，第75页。

后一经所言"与《寓言》所说，亦如符契"①。无论是庄子的齐物之境（道境）还是释迦的真如之性（圆成实相）皆不能言说，但庄子、释迦毕竟都已经有言说，这种言说的必要性在哪里呢？庄子、释迦之所以要对道和真如进行言说，乃自悟而悟他，自证而证人，"迹存道化，非言不显，而言说有还灭性，故因言以寄实"②，为广利有情、布道传慧而不得不言说，亦即《寓言》篇所谓"言无言，终身言，未尝言，终身不言，未尝不言"。道必须靠言说来显现自身，而言说本身无自性（有还灭性），因此言说也无妨，但切记不可执著本无自性之名言而要涤除之，只有彻底消解名相以后道与真如才能自在涌现。

正因为意识到言说本身并无自性，章太炎以分析名相之方式指出名相本身具有虚无性和荒谬性。"言之于义，一方相类，一方不相类。二方和合辐凑，寄于意识，所谓'类与不类，相与为类'"③，根据矛盾排中律的原则，不相类之一方足以否定言义相类之一方。一般之名可分为本名、引申名、究竟名三类，本名相当于单音词名，由一个语素构成，如水火等名，即直呼其名，以经验实在物而有其名，但名与物之间毫无意义联系，亦毫无根据，"寻其立名，本无所依"；"引申名"是"累名相沓"，相当于复合词，由两个或多个语素构成，又称累语，累语之义性有显目与密诠之殊。显目是指某词之通用语义，密诠是指某词基于语素组合之原初本义，而显目与密诠往往互相抵牾，这种抵牾足以消解引申名之意义。章太炎举多组梵语、汉语名言来证成这种观点，如梵语"言婆洛"，显目义是坚实，密诠义是流散；"殟波陀"显目义是生起，密诠义是拔足……就汉语来说，如"公主"，显目义是帝女，密诠义是平分；"校尉"显目义是偏将，密诠义是木囚、火神；"列侯"显目义是二十级爵，密诠义是解骨（分解喉骨）或射侯（大射礼官）。可见，在引申名中，显目和密诠往往相左，所指与能指不相同，故可见引申名的无意义性。"究竟名"是指对终极实在的称谓之名，如真如、实相、实体、太极、道等，如果深入考察则不难发现所有的究竟名亦皆无意义，因为这些究竟名并不能指代究竟义，故必须排遣。章太炎云：

云何究竟名？寻求一实词不能副，如言道，言太极，言实在，言

---

① 章太炎：《齐物论释定本》，《章太炎全集》（六），上海人民出版社 2018 年版，第 75、76 页。
② 章太炎：《齐物论释定本》，《章太炎全集》（六），上海人民出版社 2018 年版，第 75 页。
③ 章太炎：《齐物论释定本》，《章太炎全集》（六），上海人民出版社 2018 年版，第 101 页。

实际，言本体等。道本是路，今究竟名中道字，于所诠中遍一切地，
云何可说为道？太极本是大栋，栋有中义，今究竟名中太极字，于所
诠中非支棠器，无内无外，云何可说为太极？实在、实际者，本以据
方分故言在，有边界故言际，今究竟名中实在实际字，于所诠中不住
不箸，无有处所封畛，云何可说为实际实在？本体者，本以有形质故
言体，今究竟名中本体字，于所诠中，非有质碍，不可搏掣，云何可
说为本体？惟真如名最为精深，庄生犹言齐与言不齐，言与齐不齐
也。然言说之极，唯是为表，以此知能诠之究竟名，与所诠之究竟
义，不能相称。①

一切名言都不能表义，能指与所指、能诠与所诠并不能相合，故一切名言
包括究竟名终究是虚妄，"夫语言者，惟是博棋五木旌旗之类，名实本不
相依，执名为实，名家之封囿，淫名异实，狂人之夐愚"②，可见，不唯真
如实相本身不能被言说，而且也没有可以与之相符合之言说名词。道、太
极、实际、本体这些术语能表之义与所表之义皆相去甚远，能所不副，名
实相离，欲究真如、实相、道体、太极等究竟存在，必须排遣这些名相，
这是章太炎通过名相分析而排遣名相的又一深刻原因。名言是虚无的，
"文则鸟迹，言乃嚘音"，但世人生活在一个名言的世界里，"画空作丝，
织为罗縠"，作茧自缚，不能自解。因此，章太炎解庄实在是借佛学而破
执，"破执首先是破名，名去则相也不存"③。

　　平心而论，章太炎以一些具体的佛学名相比附《齐物论》之言，执定
某语必是某言某义，未免有牵强附会之嫌，但他认为分析名相、排遣名相
是庄、释哲学言说方式、思考方式以及证悟方式之共法，无疑能切中庄佛
之学在深层次意义上的一致性，"离言说相，离名字相，离心缘相，毕竟
平等"既是涅槃实相，也是齐物究竟。"齐物之至，本自无齐"，"不可说
为平等性，乃名法平等性也"④，齐物之境不可言说，大道之体难落言筌，
而且这种"不可言说""难落言筌"也终不可言说。这无疑都能得庄子要
领而渊源有自。可见，所谓"以分析名相始，以排遣名相终"，分析突显
的是方法论，而排遣则更兼具存在论之意义。只有勘破名言之封执，对于
自我来说才能亲证自在之真如，对于他者来说才能以平等心观照世界。万

---

① 章太炎：《齐物论释定本》，《章太炎全集》（六），上海人民出版社2018年版，第103页。
② 章太炎：《齐物论释定本》，《章太炎全集》（六），上海人民出版社2018年版，第105页。
③ 陈少明：《〈齐物论〉及其影响》，北京大学出版社2004年版，第161页。
④ 章太炎：《齐物论释定本》，《章太炎全集》（六），上海人民出版社2018年版，第75页。

法皆在名言之外而获得自在，大千世界悉归平等，此不正是齐物之境么？

第三节　以近代自然科学为庄学祛魅

陈少明教授观察到，严复以来的中国大多数知识分子都有一种科学情结，这种科学情结固然与近代西方学术的渗透有关，但也与清儒的汉学（朴学）传统一脉相承。① 章太炎早年服膺朴学，中年崇尚佛学特别是法相唯识学，其云："（法相学）从入之途，与平生朴学相似。"② 朴学与唯识学之内在关联是什么，章太炎在《自述学术次第》中给出答案，承认朴学与唯识学的共同特点就是科学，他服膺桂伯华之论：

> 余治法相，以为理极不可改更，而应机说法，于今尤适。桂伯华初好华严，不喜法相，末乃谓余曰："今世科学论理日益昌明，华严、天台，将恐听者藐藐，非法相不能引导矣。释迦之后，弥勒当生，今其弥勒主运之时乎？"又云："近世三百年来，学风与宋明绝异。汉学考证，则科学之先驱，科学又法相之先驱也。盖其语必征实，说必尽理，性质相同尔。"斯言可谓知学术之流势者矣。余既解《齐物》，于老氏亦能推明。③

职是之故，章太炎之学无论治经、治史、治子，还是治佛，都渗透着一种朴实的科学精神。或有学者以韦伯之现代性的祛魅理论来解释章太炎之理性主义态度④，可谓公允。章太炎以科学的态度对大乘诸派进行判教并最终认定法相唯识学是佛法的究竟之道，当他以渗透着科学精神的法相唯识学解庄时，《齐物论释》因此而理所当然地渗透着一种科学实证的特色。古代庄学史上，解释者并没有科学的意识，尽管王船山、方以智的庄学已经有一些科学意识的萌芽，但毕竟还是在表达着中国古典"天人之学"的一种信念，而在章太炎这里，开始自觉地让庄学变成科学。

《齐物论》一段文字："若有真宰，而特不得其联。可行己信，而不见

① 参见陈少明《做中国哲学——一些方法论的思考》，生活·读书·新知三联书店 2015 年版。

② 章太炎：《菿汉微言》，《章太炎全集》（一二），上海人民出版社 2018 年版，第 69 页。

③ 章太炎《自述学术次第》，《章太炎全集》（一九），上海人民出版社 2018 年版，第 495 页。

④ 参见王中江《章太炎的近代祛魅与价值理性——从"自然""人性"到人的道德"自立"》，《中山大学学报》（社会科学版）2013 年第 4 期。

其形，有情而无形。百骸、九窍、六藏，赅而存焉，吾谁与为亲？汝皆说之乎？其有私焉？如是皆有为臣妾乎？其臣妾不足以相治乎？其递相为君臣乎？其有真君存焉？如求得其情与不得，无益损乎其真。"章太炎解释云：

> 惟是百骸、九窍、六藏之属，且未知此数者谁为真我。若云皆悦之者，诸体散殊，我应非一，而现觉是一。若云有所私者，余体痛楚，应若不知，而现不可捨置。若云皆为臣妾，谁复为君，藉举脑髓神经以为共主，彼与臣妾，等是筋肉膏肪，何因独能调御。若云身无神经，其余诸体不足相治者，现见单细胞物，具有识知，纵无神经，足得相治，况复草苏百卉，悉有情命，干茎枝叶，亦若人有百体，曾无见草木有脑髓神经者，而百体足可相治，呼吸即同，或有能唌蝇子，斯孰令为之哉！如是人鸟兽等，虽有脑髓神经，但可说为传达知识之具，犹铁缕可以传电，而电非铁缕，驰道可以步马，而马非驰道，是则触受想思之体，非即脑髓神经明矣。以此为箴，诸义自坏。若云脑髓神经与百体递为君臣者，今欲令心受水谷，胃布血脉，耳视目听，头行发持，终不可用，况能递用。以是五义，展转推度，则谓有真我在。①

章太炎这里引入脑髓、神经两个近代自然科学意义之概念，脑髓、神经并不能成为人之主宰，因为脑髓、神经也不过是血肉组织（"筋肉膏肪"），这和身体中其他器官并无本质区别；况且，单细胞动物以及花草树木虽没有脑髓神经却也有生命，有些植物可以吃苍蝇，但并没有指使其去吃苍蝇的脑髓、神经，可见脑髓、神经并不能成为人生的真宰。但人之所以如此而不如彼，当有一个幕后的决定者，章太炎看来这个幕后的决定者才是真我，唯一的真我乃佛学中的阿赖耶识，一切造作不过是阿赖耶识恒转如流瀑所变现。显然，章太炎在证成真宰即阿赖耶识的过程中，用了自然科学实证的方法。

　　章太炎在解《齐物论》"道恶乎隐而有真伪，言恶乎隐而有是非"时，引入语言学、语义学相关问题进行论证：

---

① 章太炎：《齐物论释定本》，《章太炎全集》（六），上海人民出版社 2018 年版，第 84—85 页。

言者是为有相分别依想取境，如其分齐以成音均诎曲，自表所想，故为之言。《墨子·经说》云："言也者，诸口能之出民者也，民若画虎也。"此则言得成义，吹非成义，其用固殊。然则今古异语，方土殊音，其义则一，其言乃以十数。是知言本无恒，非有定性，此所以兴有言无言之疑，谓与鷇音无别也。《则阳篇》云："鸡鸣狗吠，是人之所知；虽有大知，不能以言读其所自化，又不能以意其所将为。"假令殊方异类，乍相逢遇，互听所言，亦与是无异矣。隐读如隐几之隐，字正作㦤，所依据也。道何所依据而有真伪，言何所依据而有是非，向无定准，惟心所取。①

一方面，言因对境的有相分别而生，但这种有相分别本来就是虚妄；另一方面，语言是用来表义的，但同一个义可以用很多种语言来言说，也可见言本身是不确定的。人不能听懂鸡鸣犬吠之意义，也听不懂陌生的语言，可见语言、名相本身并无意义（"向无定准"），而其意义是人心所赋予的（"惟心所取"），一切唯心，名言亦不例外。章太炎通过语言学实证的论证方式，将一切言说的意义进行消解，从而证成庄子所谓"道恶乎隐而有真伪，言恶乎隐而有是非"（训隐为凭）是正确的。

关于《齐物论》的一段文字："道行之而成，物谓之而然。有自也而可，有自也而不可。有自也而然，有自也而不然。恶乎然？然于然。恶乎不然？不然于不然。恶乎可？可于可。恶乎不可？不可于不可。物固有所然，物固有所可。无物不然，无物不可。"章太炎解释云：

　　诸责因缘推理之语是也，然责因实不可得，如有人言身中细胞皆动，问细胞何故动？即云万物皆动，细胞是万物中一分，故细胞动。问万物何故皆动，即云皆含动力故动。问动力何故动？即云动力自然动。自尔语尽，无可复诘。且本所以问细胞何故动者，岂欲知其自然动邪？今追寻至竟，以自然动为究极，是则动之依据，还即在动，非有因也。又如人言知母苦参能退热病，问此药何故能退热病？即云有某成分势能退热，故即能退热病。问诸退热者如冰如雪，服之非即能退热病，何故彼能退热即能退热病邪？即云彼自有能退热病之方，非冰雪例。本所以问此药何故能退热病者，欲知其能退热病之因，非徒

_____

① 章太炎：《齐物论释定本》，《章太炎全集》（六），上海人民出版社2018年版，第90—91页。

欲知其能退热病之力，今追寻至竟，以有能退热病之力为究极，是则
能退热病之依据，即在能退热病，非有因也。如是，井水现丹，朽骨
发焰，寻其因缘，即知井下有汞，骨中含磷。次问汞能现丹，磷能发
焰，复何因缘？不得不云自尔。①

按《齐物论》这段文字旨在说明一切对万物存在动因之追寻都是毫无意义
的，其强调万物存在的背后并没有一个造物者或第一因。章太炎引入当时
自然科学中之生物学理论之细胞学说，人由细胞构成，万物都是动的，细
胞作为万物之一种，因此也应该是动的，至于万物为何动，乃因为万物内
在皆有动力，动力来自哪里，动力即万物之自然属性。这样，对细胞何以
动之原因的追寻最后归之于细胞之自然，这是一种无意义的恶循环，也就
是相当于没有回答这个问题，可见，我们并不能找出细胞之所以动的最终
原因。同样，如果说知母、苦参能退热乃因为知母、苦参含有退热成分，
那么冰雪本身是凉物（即退热成分），何故服之却不能退热，这样说来，
知母、苦参为何能退热并不能找出最后根由。再比如，井水现丹是因为水
中有汞，朽骨发焰是因为骨含有磷。至于汞何以能现丹，磷何以能燃烧，
却不得而知，这是它们的本身属性。章太炎以当时进步的自然科学知识，
为庄学提供了进一步证明，庄子"有自也而可，有自也而不可。有自也而
然，有自也而不然"这种思想不仅是思辨的，而且是可以实证的。

章太炎将《齐物论》"今且有言于此，不知其与是类乎？其与是不类
乎？类与不类，相与为类，则与彼无以异矣"解释为"言与义不相类"，
为证成言与义之乖离，他列举了一系列近代自然科学之学术术语："希腊
旧语或有诠表学术者，义亦不全，形学本言实为测地，校其义界，通局有
殊。乃至近世电学得名，语因虎珀，化学得名，语因黑土，物理学名，语
因药品。"② 形学（即几何学）本意为测地学，几何学与测地学"通局有
殊"，几何学包括测地学，二者是包含与被包含关系，因此不能画等号；
电学本意是琥珀，化学本意是黑土，物理学本意是药品，故即使是近代科
学学科名也名实不符，更何况其他，可见庄子对名言之批判和消解并不是
无稽之谈。章太炎还举例解释庄子所言"类与不类，相与为类"云：

且如此土言赤，远西英羯兰言累特，德意志言萝贴，不知类特、

---

① 章太炎：《齐物论释定本》，《章太炎全集》（六），上海人民出版社 2018 年版，第 95—96 页。
② 章太炎：《齐物论释定本》，《章太炎全集》（六），上海人民出版社 2018 年版，第 103 页。

萝贴与赤类邪？其不类邪？原夫始通殊域，求其语言者，闻累特及萝贴声，犹未了解。语者或指丹沙红蓝染帛相示，是故得知此语是赤，展转相授，以为不二。然此土人眼黑如纯漆，彼土人眼晔而渍蓝，视色宁无差异。如人以眼从涅颇黎中窥物，赤色即有增上黑相，从蓝颇黎中窥物，赤色即有增上蓝相，增黑即紫，增蓝即绀，如是有一眼如清冷水玉者，眼色惟是空一显色，然后视赤无差，而此黑眼人所得赤色如实是紫，蓝眼人所得赤色如实是绀，虽犹别有紫绀之相，以彼赤土所增黑蓝转益加深，是故等差增益，无有爽异。然今吾所得赤固非真赤，而彼远西人眼所取之相名为累特、萝贴者，又不当于此土人眼所取赤相，正相当于此土人眼所取浅绀之相。虽指物适同，而现相各异。指物同则类，现相异则不类，类与不类，等是依彼丹沙红蓝染帛相与为类，是故译赤为累特、萝帖，亦译累特、萝贴为赤。遂若与彼无以异者，究其现相，何得不相异邪。①

不难发现，章太炎此处引入翻译学以及物理学相关理论来证明庄子"类与不类，相与为类"之说。语言是表义之工具，两种语言在互相翻译之始，必然以实物为媒介，但同一实物在不同主体之视域中呈现时未必就一样，故不同语言对同一实物之表诠却未必相同，亦即能表与所表不一致。章太炎举例说，当以"赤色"（汉语）与"累特"（英语）、"萝贴"（德语）互相翻译时，二者所对应的颜色未必一致。一如隔着黑玻璃看红色，所看见的红色发黑，实际上就是紫色；隔着蓝玻璃看红色，所看见的红色发蓝，实际上就是褐色；只有无色的眼睛才能看见真正的红色。与此类似，东方人是黑眼睛，看见的紫色实际上应该是红色，西方人蓝眼睛所看见的褐色应该是红色，真正的赤（无色眼睛所看到的）在西方人看来可能是褐，而东方人看见的可能是紫，故汉语之"赤"与"累特"（英语）"萝贴"（德语）就不能"相类"，以汉语之"赤"来翻译"累特"（英语）、"萝贴"（德语）就未必正确，可见，能诠与所诠之间必然存在着语言学两难，言与义之间存在着内在的紧张。应该说，章太炎这种解释似并不能服人，黑眼睛、蓝眼睛看物与隔着黑玻璃、蓝玻璃看物并不是一回事，章太炎虽然注意到一些科学常识，但当时视网膜神经学相关理论还没有充分发展，或者说已经发展了但章太炎还没注意到。然则，章太炎这种解释已

---

① 章太炎：《齐物论释定本》，《章太炎全集》（六），上海人民出版社 2018 年版，第 103—104 页。

然是想让科学为庄学提供论证。

又如，章太炎以物理学知识解释"天地与我并生"："今应问彼，即我形内为复有水火金铁不？若云无者，我身则无；若云有者，此非与天地并起邪？"①章太炎从人与天地万物的物质统一性上论证"天地与我并生"。同时，章太炎解此语亦引入《寓言》篇"万物皆种也，以不同形相禅"之说，认为这个种即指分子、微分子、原子、细胞等物理学概念；其论证黄金颜色与黄金物质相分离时（相当于"白马非马"），引入光照原理；其解《齐物论》寓言"罔两问影"时引入光的传播原理，罔两待影，影待物和光，光之传播靠游气，而游气传播靠的是伊能尔（即 energy），而伊能尔究竟是什么，无从知晓，缘缘相推，未有了境，"罔两问影"实则是在隐喻佛教的缘起性空之说。《齐物论释》在满篇声光化电中将自然科学、庄学、佛学熔铸于一炉。

总体来说，佛教诸派中，唯识学最接近科学；既然唯识学最接近科学，那么唯识学相关理论必然应该得到科学之证明。章太炎以唯识法相学解庄，终究挥之不去的是他的科学情结，我们看到，《齐物论释》这部哲学著作里可谓满纸声光化电，他不遗余力地以近代自然科学相关知识来解庄证佛，以科学来解释玄学。以章太炎之见，如果说庄子哲学是超越古今中西的真理，那么这种真理必然能经得起自然科学的证明，否则，庄子的真理义就会大打折扣。同时，在科学昌明之世，让庄学仅仅停留在玄学层面是不够的，要真正发挥庄子利用厚生之道，必然要引庄学走向科学，特别是近代自然科学。当然，章太炎以自然科学解庄之论证过程，一方面受时代限制，在今天看来，其自然科学知识并非没有错；另一方面，庄学毕竟不是自然科学，其以现代自然科学知识对前现代的庄子的古典理论进行证明，可能终究会隔上一层，其中不乏诡辩色彩。

第四节　"以意逆志，是为得之"

《齐物论释》涌动着章太炎先生本人的才情气质、忧患意识、担当精神，字里行间风发泉涌，元气淋漓，此书是章先生本人的生命在场，可谓孟子所谓"知人论世""以意逆志"（《孟子·万章上》）的注经实践。"以意逆志"是一个源远流长、绵延不绝的中国古今经典解释学传统，事

---

① 章太炎：《齐物论释定本》，《章太炎全集》（六），上海人民出版社 2018 年版，第 107 页。

实上，我们在中国古今大量的读书法、治经法、论学法中到处可以看见这种解释传统的影子。比如：司马迁看到古简的碎片强调"书缺有间矣，心知其意，固难为浅见寡闻道也"①；郭象解庄特别说明"宜要其会归而遗其所寄"②；王安石强调读书要"善其为书之心"③；朱子论读书法强调"文字血脉"④；王阳明解经强调"在自心上体"⑤；方廷珪注《文选》强调"得作者之用心"⑥；章学诚特别指出评价历史人物当"论古必恕"⑦；以及，今人陈寅恪提倡对古人"了解之同情"⑧，徐复观强调读书论诗应"追体验"⑨，唐君毅强调论诸子要"略迹原心""求吾心直契于古之心"⑩。这些古今说法固然有微妙的不同，限于篇幅而不能一一展开，但这种读书法、读史法、解经法等解释传统都强调解释者对经典或古人的神交、心解或体贴，以解释者之心对经典之心进行把捉、体贴、印证，从而给予同情理解式的深度诠释以避免隔靴搔痒之病。这种解释传统的个中悖论是：解释者在解释经典的过程中至少在形式上和主观动机上要以追求经典原意为鹄的，但在实际的解释过程中，由于强调的是心与心的神悟与体贴而相对忽略文本和语言本身，往往使得思想的重点由经典转向解释，由古典转向现代，"我注六经"变成"六经注我"，经典因此而获得新的意义，这是中国哲人进行哲学创造的重要范式。章太炎《齐物论释》即一部通过"以意逆志"而直抵庄学堂奥的注经典范。

在《齐物论释》中，《序》首先给我们展现了一幅乱世庄学的战国图景，章太炎显然首先是以庄子之世道论庄子之为心。我们前文强调，《齐物论释》形式上虽然是以佛解庄，但其超越传统以佛解庄远甚，这种超越不仅是以法相学这种科学解庄，更在于其超越佛学而抉发庄学的内圣外王

---

① （汉）司马迁：《史记》卷一《五帝本纪》，中华书局 1959 年版，第 46 页。

② （晋）郭象：《庄子注》，转引自郭庆藩《庄子集释》，中华书局第 2013 年版，第 3 页。

③ （宋）王安石：《庄子论（上）》，转引自谢祥皓、李思乐辑校《庄子序跋评论辑要》，湖北教育出版社 2001 年版，第 242 页。

④ 郭齐、尹波点校：《朱熹集》，四川教育出版社 1996 年版，第 5 册，第 2632 页。

⑤ （明）王阳明著，陈荣捷注：《王阳明传习录详注集评》，台北：台湾学生书局 1983 年版，第 69 页。

⑥ （清）方廷珪：《昭明文选集成序》，《昭明文选集成》，清乾隆丁亥年（1767）刻本，第 1 页。

⑦ （清）章学诚著，叶瑛校注：《文史通义校注》，中华书局 1994 年版，第 287 页。

⑧ 陈寅恪：《冯友兰中国哲学史上册审查报告》，《金明馆丛稿二编》，上海古籍出版社 1980 年版，第 247 页。

⑨ 徐复观：《徐复观全集·中国文学论集》，九州出版社 2014 年版，第 232 页。

⑩ 唐君毅：《中国哲学原论·导论篇》，中国社会科学出版社 2005 年版，第 47 页。

之道。章太炎抉发庄学内圣外王之道首先即以近乎孟子所谓"知人论世""以意逆志"的方式去体贴庄子为何写《齐物论》，他在该著之"序"中以沉重的笔调写道："昔者，苍姬讫录，世道交丧，奸雄结轨于千里，烝民涂炭于九隅。其唯庄生，览圣知之祸，抗浮云之情，盖齐稷下先生三千余人，孟子、孙卿、慎到、尹文皆在，而庄生不过焉。以为隐居不可以利物，故托抱关之贱；南面不可以止盗，故辞楚相之禄……作论者其有忧患乎！远睹万世之后，必有人与人相食者，而今适其会也。"① 若非以心与古人进行神交或体贴，章太炎无论如何也写不出这种文字。

　　章学诚在《文史通义·文德》篇中云："凡为古文辞者，必敬以恕。临文必敬，非修德之谓也。论古必恕，非宽容之谓也。敬非修德之谓者，气摄而不纵，纵必不能中节也。恕非宽容之谓者，能为古人设身而处地也。……是则不知古人之世，不可妄论古人文辞也；知其世矣，不知古人之身处，亦不可以遽论其文也。身之所处，固有荣辱隐显、屈伸忧乐之不齐，而言之有所为而言者。"② 章学诚强调"论古必恕"，即设身处地、知人论世，章太炎的庄学诠释学可谓从孟子到章学诚"尚友古人""知人论世""论古必恕"这一中国古典解经传统的典型。章太炎将古代文献中关于庄子的一系列记载（包括"寓言"）进行一种哲学发生学意义上的心理还原，他是在用"心"去追问（"追体验"）庄生之"心"，即庄子一言一行背后的心理依据和现实依据是什么。其追问的结果是：庄子之世为乱世，庄学为乱世之学，庄子之心为救世之心。造成乱世的原因之一为"圣知之祸"，庄生创作《齐物论》是要匡正天下、拯救生民。所谓"苍姬讫录，世道交丧"，"苍姬讫录"用赵岐《孟子题辞》之语，是指姬周季世，庄子认为天下乱离、"生民涂炭"皆源于圣知之祸，故志抗云表，不屑与"不治而议论"之稷下先生为伍；当然，他也不是避居山林之隐者，因为尚不能忘怀世情，故甘作"抱关击柝"之士（庄子任"漆园吏"之事）；他拒绝楚相是因为在他看来政治之术不能从根本上消除盗贼，他需要对政治社会更做深刻之理解和反思，故不为政客而仅为哲人。章太炎用《易传》"作论者其有忧患乎"一语与《庚桑楚》篇"远睹万世之后，必有人与人相食者"（《徐无鬼》亦有类似之语）一语互相发明，他意识到晚近世界的局势正是庄子所预言的"人与人相食"之世（"今适其会也"）。章太炎正是带着这种对世道的忧患之心去印证处于苍姬讫录时代的庄子之

————————

① 章太炎：《齐物论释》，《章太炎全集》（六），上海人民出版社 2018 年版，第 3 页。

② （清）章学诚著，叶瑛校注：《文史通义校注》，中华书局 2004 年版，第 287 页。

心，从而抉发《齐物论》中的内圣外王之道。

庄子的内圣外王之道是"上悟唯识，广利有情"或"内存寂照，外利有情"，章太炎援引《天下》篇"内圣外王"一语来表达他所理解的庄学真精神。不难发现，内圣即指"上悟唯识"或"内存寂照"，外王即指"广利有情"或"外利有情"，然而，庄子果然能了悟究竟实相吗？答案可能是否定的，至少我们没有任何历史、文献的根据。不过，正是立足于心与心的印证，解释与经典实现了跨越时空的思想弥合，达成这种思想弥合的媒介并不是语言而是心，章太炎以自我之心去体证庄子之心，最终认定庄子之学是内圣外王之道。

我们前文已经强调，勘破文明灭国的"隐慝"正是庄学的内圣外王之道之一，在《庄子》寓言中，章太炎最看重的是《齐物论》中"尧伐三子"章。他评骘这则寓言云："精入单微，还以致用，大人利见之致，其在于斯。"① "释题"中最后提到这则寓言并认为这是庄子"终举"所在，换言之，此是一篇《齐物论》之最后归宿，关乎着整部庄子哲学的微言大义。依章太炎之见，庄子在两千年之前已经为文明灭国之行痛下针砭，只手撕破灭国者的文明面纱。应该说，《庄子·齐物论》中有大量精彩寓言，"尧伐三子"这则寓言在庄学史上并没有引起足够的重视，后世诠释者最推重的"狙公赋芧""罔两问影""庄周梦蝶"等，而章太炎则把"尧伐三子"看成一篇《齐物论》甚至是整部《庄子》书的核心。这种别开生面的诠释正是章太炎对古人以意逆志、体贴印证的结果，他以对时代的忧患去揣摩忖度庄子的为心，从而把庄子已经蕴含却隐而未发的思想诠释出来，完成了通过解释经典而观照时代的思想建设。需要强调的是，章太炎这种以意逆志既有存在论诠释学中的非主观因素，这是由历史和生存经验所塑造的先验自我，它是以不自觉的方式影响诠释的；也有其直面当下时代而自觉寻觅古代思想资源而做出回应的主观因素，二者在具体的诠释经验中交互影响、共同发用，只是后者更强调的是释义学或方法论意义上的诠释学。

同时，在对"庄周梦蝶"的诠释中，我们也看到章太炎对佛陀的"以佛陀心为心"的否定和对庄子"以百姓心为心"的肯定，这种诠释同样是心与心的印证。正如张志强教授所指出："《齐物论释》是'转俗成真'

① 章太炎：《齐物论释定本》，《章太炎全集》（六），上海人民出版社 2018 年版，第 77 页。

的至高点，同时也是'回真向俗'的原理起点。"① 章太炎"转俗成真"
与"回真向俗"两次重要思想转捩都集中在《齐物论释》一书中，其中，
从"回真向俗"方面来看，章太炎是以庄学之俗取代佛学之真，是将佛学
"以佛陀心为心"的涅槃妙心转胜为庄学"以百姓心为心"的随俗任运之
心，这种对庄佛之异的哲学考察也正是章太炎以意逆志的结果。在解释
"庄周梦蝶"时，他正是用自己之心去体贴庄子之心，从而看到庄子的百
姓心，我们不妨再援引一次章太炎对"庄周梦蝶"的诠释："［庄生］特
别志愿本在内圣外王，哀生民之无拯，念刑政之苛残，必令世无工宰，见
无文野，人各自主之谓王，智无留碍然后圣，自非顺时利见，示现白衣，
何能果此愿哉。苟专以灭度众生为念，而忘中涂恫怨之情，何翅河清之难
俟，陵谷变迁之不可豫期，虽抱大悲，犹未适于民意。夫齐物者，以百姓
心为心，故究极在此，而乐行在彼……外死生，无终始，即知一切法本来
涅槃，应化不尽，即毕竟不入涅槃也。"② 《齐物论释》在严格的哲学论证
之中往往又能有一副感人肺腑的笔墨，此段文字堪为典型，章太炎将其对
生民百姓的浃髓沦肌之痛投入对庄子的诠释中。庄子已然是大乘菩萨或大
悲阐提，庄子不以灭度众生为念是因为"难忘中涂恫怨之情"，庄子知一
切法本来涅槃，应化不尽，即毕竟不入涅槃也，其齐物哲学是以百姓心为
心而不是以佛陀心为心。庄子抱有大悲，怀有大愿，断所知障而不断烦恼
障，顺时利见，白衣说法，大有地藏菩萨那种地狱不空誓不成佛之悲心，
不过他不是让众生涅槃成佛，而是让百姓立足世间而随顺生死。应该说，
章太炎这段解释文字距离《齐物论》之"庄周梦蝶"原文已经迂回不少，
但这种解释的确是庄学史上对"庄周梦蝶"最精彩的解释之一，这种解释
是自洽的、融贯的，他以佛学解释庄学，又以庄学反哺佛学，他以心知其
意的方式为庄子的轮回观进行圆场，解决了"永住轮回"的庄学与"不住
轮回"的佛学之间的两难。庄子白衣示相，本来涅槃而毕竟不入，他以否
定之否定这种精湛的解释技艺让庄学成为兼世间出世间二法之学。章太炎
通过对庄子"为书之心"的追问，将驰骛于彼岸世界的出世宗教进行了此
岸世界之还原，也让立足于此岸世界的庄学有了超越涅槃的大乘高致。

　　总之，《齐物论释》在侧重"名相分析"的同时，并没有放弃与古人
的"心灵交融"。如前文所指出，章太炎用《易传》"作论者其有忧患乎"

---

① 张志强：《"操齐物以解纷，明天倪以为量"——论章太炎"齐物"哲学的形成及其意
　趣》，《中国哲学史》2012 年第 3 期。
② 章太炎：《齐物论释定本》，《章太炎全集》（六），上海人民出版社 2018 年版，第 141—
　142 页。

一语与《庚桑楚》篇"远睹万世之后，必有人与人相食者"一语互相发明，意识到晚近以来的世道正是庄子所预言的"人与人相食"之世。章太炎正是带着对近代乱世的忧患之心去体贴处于战国乱世的庄子之心，从而抉发《齐物论》中的"内圣外王"之道，让两千年之上的庄子来拯救两千年之下的天下与中国。同样，他以佛学解释庄学而没有流于出世间法的理障，其对"庄周梦蝶"的诠释也是对庄子哲学之"用心"的同情体贴，庄子形象被他的菩萨行情结理所当然地塑造成誓不成佛的大悲阐提，这种迂曲诠释的背后依旧是古今两个心灵的凑泊。如果说，伽达默尔的"前理解"学说始终强调的是一种不自觉的、无意识的、存在论的解释学，这种解释学在追问解释过程中"是什么东西超越我们的愿望和行动与我们一起发生"①，即解释不过是一种此在不自觉的在世方式，一切解释都是先验自我在解释经验发生之前即已形成的前理解与被解释文本的视域融合。与之相反，孟子"以意逆志"这种理论恰恰强调的是一种自觉地、积极地、有意识地去神交古人、体贴经典（当然，背后依旧有前理解的影响，此非本文的问题），事实上，这构成中国解释学中一个极重要的传统。如前文所引述，这种解释传统在中国经典解释实践中源远流长，直至陈寅恪强调对古人思想要"同情之了解"、徐复观强调读古书要"追体验"、唐君毅重视"略迹原心"等犹是这一解释传统的现代表达。章太炎的《齐物论释》应该说是这种解释传统的一次成功落实，不要小瞧这种传统之于章太炎庄学解释学的意义，其所谓"庄子特别志愿本在内圣外王"云云，庄子的"特别志愿"是解释者对经典进行"以意逆志"的结果，正是得力于这种"以意逆志"的解释传统才最终发皇了庄学的"内圣外王"之道，也才将佛教的出世间法和佛陀心还原为庄子的世间法和百姓心。若不是他"神游冥想，与立说之古人，处于同一境界"②（陈寅恪），很难想象他的解释有如此的高度、深度和广度。

第五节　"古经说为客体，新思想为主观"

《齐物论释》作为一部经典解释之名著，若依刘笑敢教授对经典解释

---

① 〔德〕伽达默尔：《诠释学Ⅱ：真理与方法》，洪汉鼎、夏镇平译，时报出版社1995年版，第481页。

② 陈寅恪：《冯友兰中国哲学史上册审查报告》，《金明馆丛稿二编》，上海古籍出版社1980年版，第247页。

关于哲学创构的三种范式之划分，它既不是王弼式的顺向，也不是郭象式的逆向，而是朱熹式的徘徊，是将"历史的、文本的解说"与"当下的、理论的创造"① 两相结合（其实，王阳明也是如此），章太炎既有将庄子之道解释为阿赖耶识的本体重建，也有以庄子的齐物哲学对佛学的遮拨和提撕，《齐物论释》在与庄子的顺逆兼备中深入诠释最终而成一家之言，这是一个以本体重建为基础而存在着复杂顺逆关系的经典诠释力作。

　　《齐物论释》是哲学创构的典范，解释者为经典重建本体，并将经典之本意进行纵深推进，以古典的精神世界来表达现实关怀。这种解经范式实质上是中国经典解释史中的一种重要传统，我们不妨用《易传》"钩深致远"这四个字来表示这种传统。钩深即发掘经典之深意，化潜为显，致远是以古论今，表达现实关怀，以经典观照时代。章太炎曾批评清代史家赵翼云："近世如赵翼辈之治史，戈戈鄙言，弗能钩深致远，颣其所得素浅尔。"② 赵翼训史考异却不能看到古史作者的深意，不免流于素浅。章太炎虽尚经古文学，但始终强调的是，"以古经说为客体，新思想为主观，庶几无愧于作者"③。只有通过古经说而发现新思想，这样的解释才有更深远的意义。钩深致远意味着将经典本意向纵深推进，实则也就是通过古经说而发现新思想，其钩深经典的能力与经典的致远能力始终是成正比的，其钩越深其致越远，这样才能实现经典诠释学的返本开新，以古观今。钩深致远意味着将经典的隐题变成显题，将经典的实谓变成创谓④，当这种将经典本意进行纵深推进并达到一定程度时（标志之一即是否重建经典本体），经典解释就变成哲学创构。

　　《齐物论释》可谓通过钩深致远而实现返本开新、哲学创构的经典诠释典范。本文所提炼出来的这几种章太炎之经典"解释学—释义学"从来都不是单独被使用的，而是结合在一起并力发用。佛学与庄学的深度格义使得"大而无当""犹河汉而无极"（《逍遥游》）的庄学变成像法相学、华严学一样有阿赖耶识这种本体论和认识论自觉的哲学，让庄子以"三言"为主的哲学叙事方式变成"语必征实、说必尽理"的科学理论；"名相分析"本来也从法相一系的佛学而来，章太炎始终相信一切学问以语言文字为本质，《齐物论释》对庄学中的关键词和核心概念都做了辨名析理，但其与晋人的分析不一样，他分析名相是为了排遣名相，从而对真如实相

---

① 刘笑敢：《诠释与定向——中国哲学研究方法之探究》，商务印书馆 2009 年版，第 134 页。
② 章太炎：《訄书重订本》，《章太炎全集》（三），上海人民出版社 2018 年版，第 335 页。
③ 章太炎：《訄书重订本》，《章太炎全集》（三），上海人民出版社 2018 年版，第 335 页。
④ 参见傅伟勋《从创造的诠释学到大乘佛学》，台北：东大图书公司 1990 年版。

进行透显，正如真如实相不可言说、不可思议一样，庄子的齐物之境也必须"离言说相、离名字相、离心缘相"才能证入。同时，与作为知识理性的唯识学一样，章太炎引入具有现代科学理性特色的自然科学知识同样起到了为庄学祛魅的理论作用，如果说庄学和佛学穷尽了宇宙实相，那么必然能经得起自然科学的证明。

如果说前两种诠释方式侧重于文本和语言，那么其第三种诠释学即"以意逆志"则侧重解释者之心与经典作者之心的交相印证，逆觉体证，神交古人；同样，如果说前两种释义方式侧重庄佛之同，则第三种释义方式则侧重庄佛之异，把出世间法的佛学还原为世间法的庄学，章太炎通过让自己的心灵与庄子的心灵冥契，使得庄学穿过佛学的层层理障而直接与世间众生照面，无论是对"庄周梦蝶"的诠释还是对"尧伐三子"的诠释，我们都看到庄学是以一阐提证法身，一切法本来涅槃而毕竟不入，庄学毕竟不是佛学一样的涅槃之学。若与西方哲学诠释学相对照，本文所开显的章太炎的经典"解释学—释义学"属于方法论一系的解释学，这正是中国经典"解释学—释义学"的特色之所在，既属于"中国性"又属于"解释学"。

就中国经典解释的传统来说，章太炎《齐物论释》是足以和王弼《老子注》、郭象《庄子注》、朱子《四书集注》、船山《读四书大全说》等相颉颃而成为中国经典解释传统成熟（刘笑敢）之后的典型范式，他以解庄为形式而抉发出一整套基于佛学和庄学而形成的内圣外王哲学体系。注经只是形式，创构哲学体系才是目的，通过诠释经典而返本开新，以古老的经典世界观照现实世界。孟琢曾经对《齐物论释》有一个很公允的评骘："《齐物论释》是传统的疏证文体，依据《齐物论》的文本次序进行阐释，并不利于独立的思想论述；但它犹如老杜笔下的七律，虽然背负着沉重的形式镣铐，却走出了清晰整齐的哲学步伐。"① 诚哉斯言！解释与经典之间总是有一种无形的形式镣铐，章太炎却在其中挥洒自如，技经肯綮而未尝为碍，终能善刀而藏之，这种解释学境界端赖于他有一套与之匹配的经典释义学。换言之，为消解解释与经典、现代与古典之间的隔阂和扞格而不得不借助一套行之有效的经典释义学，此本章所作之由生也。

---

① 孟琢：《齐物论释疏证序》，《齐物论释疏证》，上海人民出版社 2019 年版，第 18 页。

第六章　齐物与忠恕

本书多次征引到，章太炎先生自况其治学心路历程云："始则转俗成真，终乃回真向俗。"他早年投身革命，以法后王之荀韩、尚古文经之刘子骏对抗康有为法先王之孔孟、尚今文经之刘子政。故仅仅是作为"良师"和"良史"的孔子在其心目中地位并不高，甚至还多有诋訾，孔学终究难以脱离富贵、名利、干禄思想。章太炎后来"转俗成真"，精研庄佛；又"回真向俗"，重估包括孔孟在内的各家学说，经过《訄书初刻本》《訄书重订本》辗转而来的《检论》已经将孔子提升到"中夏所以创业垂统者"（《检论·订孔上》）之最高位置，甚至承认宋人所言半部《论语》治天下"非尽唐大无验之谈"（《菿汉微言》第167条）。这种真俗之转，后者不是对前者之扬弃或否定而是对前者之摄纳、补救或新证。中华民国三年（1914），章太炎因詈骂袁世凯称帝而被囚禁北京龙泉寺，此期间他开始重估《周易》《论语》等儒家经典，并以其佛学和庄学为背景对孔子思想进行新证，其自诩为"以庄证孔"（《菿汉微言》第167条），并最终提出"尽忠恕者是惟庄生能之""齐物即忠恕两举者也"① 等"以庄证孔"思想。究竟在何种意义上，章太炎有这种惊世骇俗之论，其曲款原委及其思想境域不可不深察。

第一节　学术史关于忠恕之解释及其潜在缺陷

关于"忠恕""恕"等思想，儒家原始经典至少有以下陈述：

---

① 章太炎：《菿汉微言》，《章太炎全集》（一二），上海人民出版社 2018 年版，第 31 页；章太炎：《在四川演说之五——说忠恕之道》（一九一七年十月至一九一八年十月），《演讲集上》，《章太炎全集》（一〇），上海人民出版社 2018 年版，第 262 页。

子曰："参乎！吾道一以贯之。"曾子曰："唯。"子出，门人问曰："何谓也？"曾子曰："夫子之道，忠恕而已矣。"（《论语·里仁》）

子贡问曰："有一言而可以终身行之者乎？"子曰："其恕乎！己所不欲，勿施于人。"（《论语·卫灵公》）

孟子云："万物皆备于我，反身而诚，乐莫大焉，强恕而行，求仁莫尽焉。"（《孟子·尽心上》）

子曰："道不远人。人之为道而远人，不可以为道。……故君子以人治人，改而止。忠恕违道不远，施诸己而不愿，亦勿施于人。"（《中庸》）

如若本着文本循环的解释学原则解释忠恕之道，我们会发现，《里仁》篇所言"夫子之道，忠恕而已矣"并没有给出忠恕之具体解释；《卫灵公》篇所言"己所不欲，勿施于人"似仅指"恕"而不是"忠恕"。另外，《颜渊》篇"仲弓问仁"、《公冶长》篇"曾子曰"等都有对"己所不欲，勿施于人"之重复强调，《中庸》"施诸己而不愿，亦勿施于人"显然从《论语》而来。但此处却用"己所不欲，勿施于人"来解释"忠恕"二字，显然是将"忠恕"理解为偏义复词。特别是上文引《卫灵公》篇孔子将"一言而可以终身行之者"称之为"恕"而非"忠"，可见孔子心目中恕道比忠道更重要。因此，《中庸》以偏义复词即偏义于"恕"而释"忠恕"并非没有根据。所谓"忠恕之道"实则即主要强调恕道，而"恕道"之义即"己所不欲，勿施于人"，《论语》三致其语，《中庸》再次强调，殆非偶然。那么学术史对孔子之忠恕之道做何诠释，我们看几种代表性诠释。

一 王弼、皇侃之诠释

皇侃《论语集解义疏》（其中有引王弼注）云：

曾子答弟子也，释于孔子之道也。忠，谓尽忠心也，恕，谓忖我以度于人也。言孔子之道，更无他法，政用忠恕之心，以己测物，则万物之理皆可穷验也。故王弼曰："忠者，情之尽也；恕者，反情以同物者也。未有反诸其身而不得物之情，未有能全其恕而不尽理之极也。能尽理极，则无物不统。极不可二，故谓之一也。推身统物，穷类适尽，一言而可终身行者，其唯恕也。"[1]

---

① （南朝）皇侃：《论语集解义疏》，中华书局 2013 年版，第 91 页。

皇侃以"尽忠心"解"忠"，以"忖我以度于人也"解"恕"；王弼以"情之尽"解"忠"，以"反情以同物"解"恕"。二者之解名相有异而无实质不同，皆将"忠"视为"恕"之前提，只有"尽中心""尽己情"才能做到"以我度人""反情同物"，最后实现"推身统物，穷类适尽"之儒者抱负。这种解释始终是以"己"为出发点的，无论是"尽心""反情"还是"推身"，都是尽己之心、反己之情、推己之身。这种诠释不足之处是，它潜在地蕴含着以己推彼、强彼合己之可能性。

二　程子、朱子之解释

朱子《四书章句集注·论语集注》云：

> 尽己之谓忠，推己之谓恕。而已矣者，竭尽而无余之辞也。夫子之一理浑然而泛应曲当，譬则天地之至诚无息，而万物各得其所也。自此之外，固无余法，而亦无待于推矣。曾子有见于此而难言之，故借学者借己、推己之目以著明之，欲人之易晓也。盖至诚无息者，道之体也，万殊之所以一本也；万物各得其所者，道之用也，一本之所以万殊也。以此观之，一以贯之之实可见矣。或曰："中心为忠，如心为恕。"于义亦通。程子曰："以己及物，仁也。推己及物，恕也。违道不远是也。忠恕一以贯之：忠者天道，恕者人道；忠者无妄，恕者所以行乎忠也；忠者体，恕者用，大本达道也。此与违道不远异者，动以天尔。"[1]

程朱之解释，一方面继承王弼、皇侃之"忠"为"尽己"、"恕"为"推己"之义；另一方面则上升至"忠体恕用""理一分殊"之存在论高度。程子"以己及物，仁也。推己及物，恕也"之出发点依旧是"己"，这种"体用"还是"己之体"与"己之用"之关系，由"忠"至"恕"还需要"以己及""推己及"；朱子虽然强调"天地之至诚无息，而万物各得其所"这种存在状态不必以"推"知，但终究还是承认"借己推己"不失为一种方便法门，故他在《中庸章句》中云："尽己之心为忠，推己及人为恕。"[2] 程、朱之解比王、皇之解虽然有所突破，但其出发点并无二致，仍旧是以"己"为发轫点。

---

① （宋）朱熹：《四书章句集注》，中华书局 1983 年版，第 72 页。
② （宋）朱熹：《四书章句集注》，中华书局 1983 年版，第 23 页。

三　邢昺、刘宝楠之解释

邢昺《论语注疏》云：

> 忠，谓尽中心也。恕，谓忖己度物也。言夫子之道，唯以忠恕一理，以统天下万事之理，更无他法，故云而已矣。①

刘宝楠《论语正义》云：

> 君子忠恕，故能尽己之性，尽己之性，故能尽人之性。非忠则无由恕，非恕亦奚称为忠也？《说文》训"恕"为"仁"，此因恕可求仁，故恕即为仁，引申之义也。是故仁者"己欲立而立人，己欲达而达人"，己立己达，忠也；立人达人，恕也。②

邢昺之解释受王弼、皇侃影响甚深，尽己中心为恕，忖己度物为忠，以己方物，当无新意；刘宝楠则以《论语》篇章内部循环之解释为主，并在"己所不欲，勿施于人"之基础上推扩出"己欲立而立人，己欲达而达人"。刘宝楠这种解释将学术史上诸家"推己及人"所蕴含的解释悖论明朗起来：一味地以自我为中心（"尽己之性"）而推扩至他人（"尽人之性"）是不是意味着只见其同而不见其异？如果只见其同而强以"己之性"加诸"人之性"，则如何解释为孔子所认为端木赐难以企及的"我不欲人之加诸我也，吾亦欲无加诸人"（《论语·公冶长》）之圣人心印？这样的"忠恕之道"可能会走向"忠恕之道"之反面。这就需要我们以一种批判的、反思的方式来理解孔子之"忠恕之道"。

四　"忠恕之道"与"絜矩之道"

与"忠恕之道"相关的另一种儒家重要传统即"絜矩之道"。"絜矩之道"见于《礼记·大学》："上老老而民兴孝，上长长而民兴悌，上恤孤而民不倍，是以君子有絜矩之道也。所恶于上，毋以使下；所恶于下，毋以事上；所恶于前，毋以先后；所恶于后，毋以从前；所恶于右，毋以交于左；所恶于左，毋以交于右：此之谓絜矩之道。"郑玄注云："絜矩之

---

① 朱汉民整理：《论语注疏》，北京大学出版社1999年版，第51页。
② （清）刘宝楠：《论语正义》，中华书局1990年版，第153页。

道，善持其所有，以恕于人耳。治国之要尽于此。"① 朱子解释为："可以见人心之所同，而不可使有一夫之不获矣。是以君子必当因其所同，推以度物，使彼我之间各得分愿。"② 郑玄"持其所有，以恕于人"与朱子所言"因其所同，推以度物"都强调以己出发而推己及人，可见"絜矩之道"之哲学基础实则亦是"忠恕之道"，二者并无大异。

无论是"忠恕之道"还是"絜矩之道"本身都是一种很理想的接人待物之则或为政经国之方。但这种原则潜含着歧解的危险，如果将这种原则不顾境域而抽象为一般的为政原则和人际原则，可能会造成以己出发而强以彼合己，从而忽视己之外之他者存在的多样性、差异性和丰富性，以己矫彼，以我夺人，结果恰恰会戕害他者存在的自然权利、个体自足性，若如此，由忠恕出发而走向忠恕之反面。可见，学术史上对"忠恕"之解释始终没有从根源上对这种可能导致的忠恕悖论进行彻底消解。换言之，无论是《论》《庸》《学》元典还是晋宋以至于晚近之解释者，想必都不会承认忠恕或絜矩本身会导致恶，但经典未言之处或解释未尽之处恰恰造成思想的留白。这种留白一旦为别有目的者所使用或者为理解不通透者所使用，潜在的歧解难免会变成一种现实的恶。原因在于，学术史上对忠恕之道的解释始终是以己为出发点而推扩之，如前文引王弼言"未有反诸其身而不得物之情"，果然如此吗？而导致现实之恶者正是因为这个出发点之己没有被好好地正视、规约、批判和反思。章太炎所言"尽忠恕者是惟庄生能之"正是在"己"上大做文章，从而为忠恕之道所面临的歧解和危险进行正本清源。

第二节　"体忠恕者，独有庄周《齐物》之篇"

由于意识到传统学界对孔子"忠恕之道"之解释所潜含的歧解或危险性，章太炎在继承传统学者解释的基础之上，给予忠恕一种全新的理解，并将对孔学"忠恕之道"的唯一体认者许以庄子，他认为庄子的齐物哲学实是"忠恕两举"之道。

一　"心能推度曰恕，周以察物曰忠"

相比于作《訄书初刻本》（完成于 1900 年左右）时代，章太炎在作

---

① 龚抗云整理：《礼记正义》，北京大学出版社 2000 年版，第 1869 页。
② （宋）朱熹：《四书章句集注》，中华书局 1983 年版，第 10 页。

《检论》（完成于 1916 年左右）时代已经锋芒渐掩，他乃能以更理性之眼光审视传统。《检论》一书将孔子视为"中夏所以创业垂统者"，并慨叹其"洋洋乎美德"非后儒孟荀所能及。因此，当他以这种眼光观待孔子之时，孔子不再仅仅是良师和良史，他将"东方四圣"（浮屠、老子、孔子、庄子）与"西方三哲"（苏格拉底、柏拉图和亚里士多德）并提①，可见他心目中之孔子已然是圣人兼哲人。作为哲人之作，章太炎给《论语》下评骘云："诸所称说，列于《论语》者，时地异制，人物异训，不以一型锢铸，所谓大道固似不肖也。"② 不难发现，章太炎笔下之《论语》颇有老庄之风。既然孔子之道的核心即忠恕之道，那么什么才是真正的忠恕之道？传统学界以絜矩之道定义忠恕之道有没有不妥之处？章太炎云：

> 虞机虽审，权议虽变，岂直无本要哉？道在一贯。持其枢者，忠恕也。躬行莫先，而方逆以为学，则守文者所不省已。心能推度曰恕，周以察物曰忠。故夫闻一以知十，举一隅而以三隅反者，恕之事也。夫彼是之辨，正处正位正色之位，其候度诚未可壹也。守恕者，善比类。诚令比类可以遍知者，是絜矩可以审方圆。物情之纷，非若方圆可以量度也。故用矩者困，而务比类者疑。周以察物，举其征符而辨其骨理者，忠之事也。故疏通知远者恕，文理密察者忠。身观焉，忠也，方不障恕也。③ 上者寂然不动，感而遂通天下之故，无有远近幽深，遂知来物。中之方人，用法察迩言也。下者至于原本山川，极命草木，合契比律，审曲面势，莫不依是。以知忠恕于学，犹鸟有两翮，而车之左右轮。④

章太炎首先肯定孔子的一贯之道即忠恕，那么什么才是真正的忠恕："心能推度曰恕，周以察物曰忠。"如果说他以"心能推度"定义"恕"是对传统说法之继承，那么他以"周以察物"定义"忠"，则与传统提法完全相反。古来学者皆将"忠"定义为尽己心、反己情，章太炎则将其定义为

---

① 章太炎云："西极之圣，守其一术，强聒而不舍，娄遇而不异辞，大秦三哲以之。东极之圣，退藏于密，外虞机以制辞言，从其品物，因变流行，浮屠、老聃、仲尼、庄周以之。"［参见章太炎《检论》，《章太炎全集》（三），上海人民出版社 2018 年版］

② 章太炎：《检论》，《章太炎全集》（三），上海人民出版社 2018 年版，第 433 页。

③ 按，此处朱维铮先生点校本（2018 年版全集本）作："身观焉忠也？方不障恕也。"颇为费解，笔者改为："身观焉，忠也，方不障恕也。"其意为，只有亲身观察、亲身体贴而不是仅仅推比、揣度方不障碍恕道。

④ 章太炎：《检论》，《章太炎全集》（三），上海人民出版社 2018 年版，第 433—434 页。

"周以察物"，即周尽地体察并还原他物。他进而以治学为例，指出"疏通知远者恕，文理密察者忠"，闻一知十、一隅三反都是"恕事"，但仅仅用类比之方法探究万物总不能得其究竟，因为不能做到对他者之"文理密察"，规矩可以考察方圆，但万物丰富差异绝非方圆之能穷尽之，岂能以规矩而范围之。因此，他指出，对万物之体察不能仅仅用"恕"去比推，关键还要用"忠"去切察，只有用"忠"才能"辨其骨理"。可见，"忠"与"恕"原本是互为条件、互相制约的关系，仅用"恕"不能知万物存在之具体殊相；仅用"忠"则不能疏通知远，举一反三。只有"忠""恕"并举才能真正地知天地、懂他人、识万物。这种忠恕之道的可贵之处就在于既承认从己出发而起推度作用之恕道，又强调以虚己之精神而切察他者之忠道。学术史上对忠恕之理解皆是以己推人或推己及人，章太炎对忠恕之理解是以物为物、以人为人，将己则暂时悬置。其批判荀墨之学云：

> 荀卿盖云："万物莫形而不见，莫见而不论，莫论而失位"。此谓用忠者矣。"坐于室而见四海，处于今而论久远，疏观万物而知其情，参稽治乱而通其度，经纬天地而材官万物，制割大理而宇宙里"。此谓用恕者矣。夫墨子者，辩以经说，主以天志，行以兼爱、尚同。天志、尚同之末，以众暴寡。惟尽恕，远忠也。荀卿虽解蔽，观其约束，举无以异于墨氏。①

墨子以"天志""尚同""兼爱"为说，只知"恕"而不知"忠"，忽视殊相或少数，因此走向"以众暴寡"之专制；荀子表面上是既知"忠"也知"恕"，但将其一分为二，故其实也是只知"恕"而不知"忠"，没有意识到"忠"与"恕"之间是彼此摄纳、互为前提之关系，二者如鸟有两翼、车有两轮一样缺一不可，荀子未能明乎此故其政治上也最终走向专制（"约束"）主义而"举无以异于墨氏"。那么真正既能做到"推度"又能做到"周察"的是哪位哲人呢，在章太炎看来，此人非庄子而莫属：

> 体忠恕者，独有庄周《齐物》之篇，恢诡谲怪，道通为一。三子之乐蓬艾，虽唐尧不得更焉。此盖老聃之所流传，儒道所以不相舛悟，夫何掩昧矣哉！《三朝记》小辩亦言忠恕。其余华泽也。②

① 章太炎：《检论》，《章太炎全集》（三），上海人民出版社2018年版，第434页。
② 章太炎：《检论》，《章太炎全集》（三），上海人民出版社2018年版，第434页。

章太炎固然没有将孔子之忠恕思想的继承者许以墨荀，但也没有将盛言"强恕"和"推恩"的孟子许以善体忠恕者，何以故？如前文所言，章太炎这里对"忠"之定义已经看不出前人"尽忠心""反己情"之解释，而是将前人颇多强调之"己"抽拔出去，而庄学正是不以"己"作为"忠恕"推扩之本才能意识到"恢诡谲怪，道通为一"。如以己去推扩，则万物必有"恢诡谲怪"之分，相反，以无己之精神体察万物，就会发现万物皆有其自足之价值，大者不多余，小者无不足，蓬艾不为野蛮，唐尧不为文明，癞女不为丑，西子不为美，此所谓"道通为一"，正因为此，章太炎才得出"体忠恕者，独有庄周《齐物》之篇"之结论。特别是，章太炎还引不被古代学者所重视之《三朝记》印证庄子："'知忠必知中，知中必知恕，知恕必知外。内思毕心曰知忠，中以应实曰知恕，内恕外度曰知外。'此言以忠恕为学，则无所不辨也。周以察物，疑其碎矣。物虽小别，非无会通。内思毕心者，由异而观其同也。"① 章太炎以"由异而观其同"解释"内思毕心"，当是以虚灵不昧之心去体认万物从而让万物同异互见。总之，如果说传统学者对忠恕之诠释多强调"同"，即己与人之共相，那么章太炎对忠恕之理解更强调"异"，即己与人之殊相，"夫食味、别声、被色者，物之大情也。橡奄不知燕昵之好，暗聋不知笑语之欢，而駏蛩转甚者，以其远人情"②，意识到每一个存在者都是一个独异的个体，并周尽地理解他者、尊重他者，"忠"不是忠于己而是忠于彼；"恕"不是以"我"出发推其同而是以彼出发见其异，而庄子之齐物哲学正曲通于此。

二　"有己之恕道"与"无己之忠道"

可见，对"己"之悬置或虚化而行"忠道"、重"忠道"是章太炎之解与前人之解之最大不同。章太炎在《菿汉昌言》引《史记》相关记载，认为老子传授给孔子者主要就是"毋以有己"一语，并指出"毋以有己，无我也"（《菿汉昌言》）；《检论·道本》则直接认为孔子之"忠恕"来源于老子③，合参此两说可知章太炎所理解之"忠恕"为儒道之共法。如果说前人之"忠恕"是"有己之忠恕"，那么在章太炎看来，"恕道"之推扩不能无己，而"忠道"之尽物则不能有己，可见"忠恕之道"应该是"无己之忠道"与"有己之恕道"两相并举。章太炎在《检论·道本》篇

---

① 章太炎：《检论》，《章太炎全集》（三），上海人民出版社 2018 年版，第 434 页。
② 章太炎：《检论》，《章太炎全集》（三），上海人民出版社 2018 年版，第 437 页。
③ 章太炎：《检论》，《章太炎全集》（三），上海人民出版社 2018 年版，第 437 页。

重申其"忠恕"义云：

> 最观儒释之论，其利物则有高下远迩，而老聃挟兼之。仲尼所谓忠恕，亦从是出也。夫不持灵台而爱其身，涤除玄览而贵其患，义不相害，道在并行矣。①

儒家和佛家对物之观照或有高下亲疏之别，如儒家讲求爱有差等，亲亲之杀，尊尊之别；释迦有有情无情之判，六道高下之别；在老子则一视同仁，刍狗万物，老子这种思想实则是孔子忠恕思想之源头（按，章太炎多次称孔子出于老子）。老子之所以有这种哲学造境，乃是因为他能做到"不持灵台而爱其身，涤除玄览而贵其患"，"不持灵台"与"涤除玄览"都是在对"己"之扬弃，从而以虚灵不昧之心、以无我之我来观照天下万物。章太炎在解释《老子》第十三章"故贵以身为天下，若可寄天下；爱以身为天下，若可托天下"时云："谓贵用其身于为天下，爱用其身于为天下，所谓施身及国也。此则讼言贵爱其身，非直贵身，又贵大患也。诸言生死无变、哀乐不动乎胸中者，谓其至无贵爱其身；宝穑大患而不辞者，谓其供物之求。"②《老子》原文颇有儒家推恩的味道，章太炎则做出反常识之解释，认为老子之言是以"无我"的精神来"供物之求"，这才是真正的"忠恕之道"，只有此道之发用流行才能实现《中庸》所言之"万物并育而不相害，道并行而不相悖"（《中庸》）。章太炎复引《庄子·天运》之"从容无为而万物炊累焉"来证明庄子正是老子此道之持护者。可见，章太炎看来，老、孔、庄三家"忠恕之道"别无二致，与晋宋诸公"有己之忠恕"正好相反。章太炎这种"忠恕"观在《菿汉微言》里再次被强调：

> 仲尼以一贯为道为学，贯之者何？只忠恕耳。诸言絜矩之道，言推己及人者，于恕则已尽矣。人食五谷，麋鹿食荐，即且甘带，鸱鸦嗜鼠，所好未必同也。虽同在人伦，所好高下，亦有种种殊异。徒知絜矩，谓以人之所好与之，不知适以所恶与之，是非至忠，焉能使人人得职耶？尽忠恕者，是唯庄生能之，所云齐物即忠恕两举者也。二程不悟，乃云佛法厌弃己身，而以头目脑髓与人，是以自己所不欲施

---

① 章太炎：《检论》，《章太炎全集》（三），上海人民出版社 2018 年版，第 437 页。

② 章太炎：《检论》，《章太炎全集》（三），上海人民出版社 2018 年版，第 435 页。

人也。诚如是者，鲁养爱居，必以太牢、九韶耶？以法施人，恕之事也；以财及无畏施人，忠之事也。①

章太炎此段文字是其思想中极吃紧之文字。此处首先肯定孔子之"一贯之道"即"忠恕之道"。"推己及人""徒知絜矩"只是"恕"而不是"忠"，因为世界千差万别，万物所好未必尽同，即使同在人伦其所好亦有酸甘美丑之异。仅仅从"己"出发去推扩可能会导致"以人之所好与之，不知适以所恶与之"，我之所好可能即彼之所恶，可见"推己及人""絜矩之道"并非为周延而无懈可击的"忠恕之道"，以"己"出发去推扩去絜矩只是"恕"而非"忠"。针对《荀子·非相》篇所言"圣人者，以己度者也，故以人度人，以情度情，以类度类，以说度功，以道观尽，古今一度也，类不悖，虽久同理"，章太炎提出与之相反之观点，并给出"忠"之进一步解释：

> 顾凡事不可尽以理推，专用恕术，不知亲证，于事理多失矣。救此失者，其唯忠。忠者周至之谓，检验观察必微以密，观其殊相，以得环中，斯为忠矣。今世学者亦有演绎、归纳二涂，前者据理以量事，后者验事以成理。其术至今用之，而不悟孔子所言，何哉！②

荀子式之"推度"自有其不足，只是"恕"而没有"忠"，章太炎进而给出"忠"的几种内涵性特征：亲证；周至；观其殊相；以得环中。亲证即设身处地地想彼之所想；周至即让万物自在地、整全地呈现；观其殊相即观察其特殊性并尊重其特殊性，承认世界之多样性并体谅个体之差异性；得其环中正是庄子哲学认识论之最高造境，而得其环中必须以"吾丧我"之"无己"为前提，庄子得其环中正是孔子所言之"忠"，实则亦即"无己之忠"。《齐物论》之"吾丧我"是"忠"之前提，"齐万物"是"恕"之造境，只有以"无我"之"忠"才能有成就天下万物之"恕"，没有"忠"之"恕"可能会出现鲁君以养人之方式养爱居之笑话；没有"恕"之"忠"仅仅执著空言而不能真正以平等之眼光、以还其自身之方式来观照万物，职是之故，章太炎称庄子之"齐物"为"忠恕两举"之道，"忠恕两举"即互为条件，彼此摄纳，"恕道"强调普遍性，"忠道"强调独

---

① 章太炎：《菿汉微言》，《章太炎全集》（一二），上海人民出版社 2018 年版，第 31 页。
② 章太炎：《菿汉微言》，《章太炎全集》（一二），上海人民出版社 2018 年版，第 31 页。

异性，"忠恕两举"即普遍性与独异性之统一，不过此处更强调独异性，即"忠道"。章太炎并借故批评二程，程伊川曾以为佛法的出世主义是厌弃己身，以自己之厌弃己身而号召天下人皆厌弃己身是"以己所不欲施人也"。事实上，佛法本来强调众生无己，能了悟生死实相，佛教以法施人并不是"推己及人"和"絜矩之道"，而是随缘布施，让民众自由选择，绝无外在之逼迫。同时，"（程氏）不悟怀生畏死，生民同之。自非无生，孰能生死？非自出生死外，必不能拚入于生死中，又何自私之有"①，由于大乘佛法能谛视缘起性空、万法唯识，因此以"无己"之精神施财于人并以无畏之精神救人，完全为他人着想，这才是真正的济天下赈生民之"忠事"，可见大乘佛学之出发点是"人"而不是"己"，因此是真正的"忠"。况且，"出世法中哀愍众生，如护一子，舍头目脑髓以施人者，称菩萨行，而未尝责人必舍。责以必舍，便非哀愍。在世法中，有时不死节者，不齿于人，是乃责人以必舍也"②。大乘佛学发悲悯心，会舍身救人，但"未尝责人必舍"，他们之所以如此，是因为佛学不会以"己"出发去推度别人，即其"己"被消解；相反，世间法中，自己"死节"的同时也会"责人必舍"，别人不死节就会被低看一等，这是以"己"出发来推度别人，"己"被执著。

　　总之，在章太炎看来，佛学和庄学的真精神才是孔子"忠恕之道"的真精神，这种"忠恕之道"与传统忠恕诠释学有三大区别：其一，传统的"忠恕之道"偏义于"恕"，而章太炎的"忠恕之道"偏义于"忠"；其二，传统对"忠道"之理解是反身尽己，章太炎对"忠道"之理解是虚己尽彼；其三，传统解释往往"忠""恕"分举，章太炎则将之两相并举，缺一不可。宋儒朱子曾经云："天地是一个无心底忠恕，圣人是一个无为底忠恕，学者是一个著力底忠恕。"③庄子齐物哲学所体现之"忠恕"正是"无心底忠恕"或"无为底忠恕"，学者在"著力"于忠恕时时刻需要反思自己之"著力"处会不会强加于人而违反"天地"和"圣人"之忠恕。

第三节　《齐物论释》与忠恕之道

　　如我们所指出，辛亥前后数年，章太炎之学经历从古文经学、荀韩之

---

① 章太炎：《检论》，《章太炎全集》（三），上海人民出版社 2018 年版，第 462 页。
② 章太炎：《菿汉微言》，《章太炎全集》（一二），上海人民出版社 2018 年版，第 15 页。
③ （宋）黎靖德编：《朱子语类》，中华书局 1986 年版，第 685 页。

学到法相学（世亲、慈氏一派），再以法相学之真如解释庄子之齐物，终以庄子齐物印证孔子忠恕之过程，从这一思想历程来看，大概的确与其自况之"始则转俗成真，终乃回真向俗"暗合。章太炎以法相唯识学解庄，但其问题意识远不是传统庄学如何会通庄佛之问题，甚至也不是在一般意义上如严复一样以所谓中国传统思想资源接应西方民主、自由、民权、进化、启蒙等主流价值之问题，而只能说是对近代盛行的一系列西方主流价值之批判、消解、反思和重建。章太炎在以佛解庄之前，对佛学特别是唯识学评价极高，认为慈氏、世亲之说"理极不可更改"（章太炎《自述学术次第》，前揭），但他也慢慢意识到以涅槃寂静为归趣的佛学自有其弱点，指出"若专用佛法去应世务，规画总有不周"，"（佛学）方法论实在没有完成"（章太炎《佛学演讲》，前揭），即佛学没有给出具体之应世方法，故开始以庄学提撕佛学，以齐物摄纳真如，以庄学之俗补救佛学之真，以庄子之外王补救佛学仅言内圣之欠缺，并因此认为《齐物论》为"内外之鸿宝"（《菿汉微言》），更提出"命世哲人，莫若庄氏"（章太炎《庄子解故序》）这一振聋发聩之口号。

章太炎之所以如此推重庄子乃是在他看来《齐物论》可以赈救"人与人相食"（《齐物论释序》）之天下，可以"经国"（《国故论衡·诸子学九篇》"经国莫如《齐物论》"），可以"衣养万物"（《齐物论释》）。事实上，庄子的保民治国、救天下之术实则即忠恕之道。章太炎在《国故论衡先校本》中有一段自己的笔墨补白："何谓齐物？曰：'物无非彼，物无非是，彼是莫得其偶，谓之道枢。枢始得其环中，以应无穷。'浮屠谓之'法无我'。'非彼无我，非我无所取。是亦近矣，而不知其所为使。若有真宰，而特不得其朕。百骸九窍晐而存，与物相刃相靡，其行尽如驰，而莫之能止'，浮屠谓之'补特伽罗无我'，庄周言是，固以上游冥极，而下连犿无伤，足以经国，故曰道未始有分，言未始有常，为是而有畛也。卒之'春秋经世先王之志'，下视韩非，而庄周深远矣。"① 齐物的前提是无我，既是"法无我"，也是"人无我"，"上游冥极"即无我，"下连犿无伤"是说只有以无我的方式治理天下才能保证对百姓的"连犿无伤"，以无我为前提的齐物哲学是治理天下的最上乘法。

从形式上说，章太炎对孔子"忠恕之道"的理解与前人之"一与多"关系相比更表现出"零与多"关系之特色。这个"零"大体基于佛学之

---

① 章太炎：《国故论衡先校本》，《章太炎全集》（一四），上海人民出版社 2018 年版，第120 页。

"真如"和庄学"丧我"而构建，"多"即指佛学所谓"众生平等"与庄子之"万物一齐"，"真如—平等""丧我—齐物""无己—忠恕"此三对逻辑关系基本可以一一相印证。其中，章太炎特别突出并始终强调的是万物之不齐之齐，"（《齐物论》）先说丧我，终明物化，排遣是非……因物付物，所以为齐"①。丧我和物化都是无己，在这种造境观照之下，因物付物，万物为齐，此齐物不是像许行一样将万物划为一齐。我们前文所指出，章太炎认为世界一切皆阿赖耶识所变现，万法都不过是自心现影，见分与相分皆无自性，世人不悟，触相生心，心体起灭，恒审思量，这最终成为个人不自在之源，也是人类苦难、国际倾轧之源。庄子《齐物论》所言与法相学所言了无不同，"齐物本以观察名相，会之一心。名相所依，则人我法我为其大地，是故先说丧我，而后名相可空"②，是非本是名相，名相背后是法我二执，"吾丧我"既破我执，又破法执；法我皆破，则名相乃空；名相既空，则是非不起。唯当是非不起、见相兼空之时，方能亲证一如，万物各以其本色涌现自身，再以是其所是、以物付物之方式平等地观照万物，成就他人，尊重异俗，这是章太炎《齐物论释》以真如证齐物，复以齐物证忠恕的内在思路。他在《齐物论释》中指出：

> 人与飞走，情用或殊，转验之人，蚳醢，古人以为至味，燔鼠，粤人以为上殽，易时异地，对之欲哕，亦不应说彼是野人，我有文化，以本无文野故。转复验之同时同地者，口之所适，则酸腐皆甘旨也，爱之所结，虽嫫母亦清扬也，此皆稠处恒人，所执两异，岂况仁义之端，是非之涂，而能有定齐哉。③

章太炎以异时异味、异地异俗、酸腐随人、美丑不定等一系列事例证明人类存在之丰富性、差异性和多样性，这其中不应有文野、高下、美丑、尊卑之分，"若转以彼之所感，而责我之亦然"，这里隐隐有与孟子所言"口之于味也，有同嗜焉；耳之于声也，有同听焉；目之于色也，有同美焉"（《孟子·告子上》）相颉颃之意。如果说孟子以众人之同为基础证成其推恩或强恕之可能性及其絜矩之道，那么可以说庄子正是以众人之异为基础证成庄子式之忠恕之道。孟子之推恩、强恕并非没有意义，只是这种推恩

---

① 章太炎：《齐物论释定本》，《章太炎全集》（六），上海人民出版社2018年版，第73页。
② 章太炎：《齐物论释定本》，《章太炎全集》（六），上海人民出版社2018年版，第78页。
③ 章太炎：《齐物论释定本》，《章太炎全集》（六），上海人民出版社2018年版，第122—123页。

或强恕始终不能成为绝对原则，而时刻需要批判性地、反思性地理解，庄子式之忠恕正可为其提供一种反思和批判。如前文所言，章太炎强调"忠者周至之谓"，"忠"即"得其环中，以应无穷"，真正的忠恕应该是周至地、整全地理解他者之存在，并给予理解、尊重或裁辅，而不是以我之所是而责彼之当然。正是在忠恕之道的观照下，章太炎对孟告之辨的"仁义内外"问题支持告子的"义外"说，义者宜也，"典常法度，本无固宜，约定俗成，则谓之宜矣。"① "义"意味着对外在对象、外在风俗的尊重，入境问禁、入国问俗，皆是以"无我之忠恕"观照他者，墨子适荆故锦衣吹笙，泰伯奔吴则文身断发，此皆"义外"之例证，可见真正的"忠恕之道"与告子的"仁内义外"有着一致的诉求。

《齐物论释》正是以法相学"泯绝人法，兼空见相"，这种真如之学为庄子基于"吾丧我"之"齐物之境"提供了进一步之哲学支撑，其齐物哲学的内涵始终是"不齐而齐"，以"不齐而齐"之方式尊重差别、观照殊相正是孔子所谓忠恕之道的真精神。《齐物论释》在理论上会通真如（佛）—齐物（庄）—忠恕（孔）之同时，更展开一系列直面当下人间世的反思与批评，而章太炎作《齐物论释》之主要用意正在于斯。事实上，《齐物论释》所蕴含的政治哲学或伦理学说到底也就是忠恕之道。我们已经指出，就《齐物论释》以及章太炎相关论著来看，章太炎对齐物哲学与近代自由平等之关系之考察主要有三：其一，人与人之间的自由与平等如何可能；其二，政府如何来保证公民之自由与平等；其三，各文明体或民族国家之间如何和平相处。此三个问题皆与其抉发的庄学忠恕之道有关。

其一，就民与民而言，章太炎认为近人所谓自由是在人与人之关系中发生的，"我不应侵犯人底自由，人亦不应侵犯我底自由"②，这种理解应该说是非常中肯，自由的本质实则即人与人之权界。有我就有我之私利私欲，这样不期而然地导致人类种种不自由、不平等。人人有我，就不能设身处地地为人着想，也就不能真正地尊重别人的权利、利益甚至尊严。相反，只有在无我之忠恕的观照下，彼此之间互相尊重、时刻体谅，才能实现普遍之自由与平等。无我意味着对自我权利的自觉划界和对他者权利的尊重，只有在这种时时反省和反思的内照中才能保证不对他者的自由造成威胁，也才能不僭越他者的权利，可见基于庄佛孔所会通的忠恕之道对近代政治之自由平等实有遮拨和补救之功。

① 章太炎：《菿汉微言》，《章太炎全集》（一二），上海人民出版社2018年版，第40页。
② 章太炎：《国学十讲》，《章太炎全集》（一〇），上海人民出版社2018年版，第336页。

其二，就政府与民之间而言，章太炎指出："以道莅天下者，贵乎微渺玄深，不排异己。不知其说而提倡一类之学，鼓舞泰盛，虽善道亦滋败。李斯之法律，平津之经术，西晋之老庄，晚明之王学，是已！……且以琴瑟专一，失其调均，亦未有不立弊者。"① 鼓琴不能调一宫，为政不能排异己，治国不可定一尊，为一言堂定一类之学必滋其败，这实则就是忠恕之道。章太炎作《齐物论释》时已经超越前些年作《五无论》时的无政府主义思想而成为一个理性的民约论者，但其之于政府对民人之钳制和压迫始终保持着过人的警惕。庄子"非圣""无王"等思想并非意味着他是一个无政府主义者，相反，庄子是以这种极端的言说方式来消解政府或人君的权力，只有将政府的权力限制到最小的程度，才能保证民人的权利不被侵犯，如此民人的自由才能实现。唯以有我故不能体贴民心听取民声，不能尊重民人之个体性和差异性，此即有违庄子因无我而以齐物哲学治国的理想方式，当然实则亦即有违"因物付物"的忠恕之道。章太炎在这个意义上指出"言兵莫如《孙子》，经国莫如《齐物论》"②。以齐物经国实则即以忠恕之道治国，"庄周明老聃意，而和之以齐物，推万类之异情，以为无正味正色，以其相伐，使并行而不害"③，忠恕之道实则即对君权或政府权力在最大程度上的消解，以"智无留碍然后圣"之"内圣"而开出"人格自主之谓王"之"外王"，即让政府以"智无留碍"的虚己精神来还民自由，平等观照，尊重个体，不排异端。庄子的齐物哲学既要"明真"又要"顺俗"，"明真"即无我，"顺俗"即忠恕，基于"明真"而后的"顺俗"即尊重百姓自然权利，以忠恕之道还民自由与平等。不难发现，章太炎将佛学、庄学、儒学、近代自由主义进行了很好的绾结，其核心就是忠恕之道。

其三，我们前文所言的文明灭国实则亦即忠恕之道的缺失。近代大国借文明之名倾轧小国、帝国沙文主义泛滥的原因之一即有违忠恕之道。近代以来，一些别有用心的独裁者以公理、文明、进化为名，以推己及人为善意而行侵略劫掠之实，而庄学"忠恕之道"正可揭露其丑恶而"破其隐慝"（《齐物论释》）。王汎森因此指出，章太炎"齐物哲学"的主要思想之一即"不行絜矩之道"，因为"太炎早已从人类惨痛的历史经验中看出

---

① 章太炎：《菿汉微言》，《章太炎全集》（一二），上海人民出版社 2018 年版，第 67 页。
② 章太炎：《国故论衡校定本》，《章太炎全集》（一四），上海人民出版社 2018 年版，第282 页。
③ 章太炎：《国故论衡先校本》，《章太炎全集》（一四），上海人民出版社 2018 年版，第121 页。

这种希望别人跟我一样好的'善意'所造成的大灾难"①。所谓的文明民族以文明、公理、进化为名去倾轧吞噬他们看来的所谓野蛮国家，恰恰是没有行忠恕之道。他们高自标持、以己度人，没有尊重他者和异者，将民族文明之间的差异性和丰富性视为优与劣、高与下甚至是文明与野蛮之对立，此匪夷所思，庄子的齐物哲学正可批判或消解这些荒谬之说。庄子的齐物哲学与黑格尔的"事事皆合理"在形式上有些类似，但前者因不同而任其不同，后者强调这种不同是绝对精神的不同开显，然则通过进化，由异趋同，因此二者根柢又绝远。尊重差别、提倡个体的庄子齐物哲学与当时所谓追求普世价值的公理是两种完全不同的哲学，章太炎明确提出黜"公理"而尚"齐物"②，齐物哲学中蕴含的互不伤害原则是一切伦理学或政治哲学的底线原则。庄子哲学的可贵之处就在于，他以无我的忠恕之道来谛视各种文明、文化、种族之间的差异和殊相，以不齐而见齐，提倡互相尊重、互相体谅、平等对话、文野共存。如果一些国家以开化者自居而以"使彼野人获与文化"为名去开化、征服这些小国，恰恰就是没有践行忠恕之道。他们是以己国出发而推度别国，即他们以自我为绳墨标准去丈量他者，这样就不能周尽客观地了解他者，也就不能很好地尊重他者。

"葛伯仇饷"这一历史掌故就是典型的以忠恕出发而最终走向忠恕之反面的案例。以传统忠恕观推扩而言，祭祀为文明之行，商汤伊尹将祭祀视为"国之大事"，彼葛伯却"放而不祀"，如此自甘野蛮，绝于文明，故杀之不赦，灭国有理；相反，若将"有己之恕道"与"无己之忠道"合参而推扩之，商汤伊尹固然以祭祀为文明，彼葛伯"放而不祀"亦非野蛮，正如商汤伊尹有自己的殷人风俗传统一样，葛国也有自己之风俗传统，商汤伊尹岂能干涉之，更遑论杀伐之，寡固然不能暴众，众也不能暴寡。汤灭葛伯并未给出实质理由，仅仅以"放而不祀"就夷灭人国是古代版的文明灭国。如果这种历史记载为真，那么正好可以检讨传统将"忠恕之道"诠释为以己及人、以己推彼、絜矩之道等之有限性或危险性，如章太炎云："小智自私横欲，以己之娴，夺人之陋，杀人劫赇，行若封豨。"③此即"有己之忠恕"所可能蕴含之恶果，而庄子"无己之忠恕"大可补救"有己之忠恕"所潜含的种种弊端，让推己及人者真能做到无己尽人以防患于未然。

---

① 王汎森：《章太炎的思想（一八六八——九一九）及其对儒学传统的冲击》，时报文化出版事业有限公司 1985 年版，第 162 页。
② 章太炎：《四惑论》，《章太炎全集》（四），上海人民出版社 2018 年版，第 470 页。
③ 章太炎：《齐物论释定本》，《章太炎全集》（六），上海人民出版社 2018 年版，第 76 页。

在忠恕之道、齐物哲学的观照下，章太炎将儒、释、道以及西学熔铸为一炉，钩深探赜，返本开新，其学术资源是传统的，其问题意识则是现代的，可谓"旧内圣开出新外王"。传统忠恕观以推己及彼、忖我度物之诠释大义为主线，这种诠释始终以"己"为推扩之出发点，晋人宋人、宋学汉学大同而小异，并以此开出儒者所津津乐道的絜矩之道。这种理论本身可能并没错，至少诠释者本人并未意识到其所可能潜含的种种歧解。但事实上，如果将这种忠恕变成一种绝对原则，可能会产生始料未及的后果，比如强人合己、以己方物甚至还会产生成汤灭葛或黑格尔主义之"文明灭国""理性妄僭"那样的不义之举，或许正是意识到此种种不足，章太炎认为庄子之齐物哲学才是真正的忠恕之道。由于庄子齐物哲学的前提是"吾丧我"，故章太炎的忠恕是"无己之忠"与"有己之恕"两相并举，恕道是以己出发而推度他者与自己的普遍性，忠道是悬置自我而观照他者存在的特殊性。与"有己之忠恕"相比，"无己之忠恕"更强调以虚灵不昧之心去周至地体察他者、尊重他者、还原他者，"操齐物以解纷，明天倪以为量"（《菿汉微言》，前揭），而不是强以彼合己或将己强推于人，从而避免"致命的自负"或"理性的僭妄"，孔子的"绝四"箴言所观照的也是此。应该说，章太炎强调忠道之重要性的同时，并没有否认恕道的推恩原则，而是以忠道对恕道所未尽之处防漏补缺，从而成为一种更周延的忠恕之道。至少，这种忠道为恕道提供一种反思性和批判性的参照，当我们在推己及人、自命絜矩、举斯心而加诸彼之时首先需要反思：己之需、己之好、己之絜矩、己之心岂是真的彼之需、彼之好、彼之范式、彼之心吗？如果不是，这种推恩就要三思而行，《论语》不是有"我不欲人之加诸我也，吾亦欲无加诸人"之拳拳忠告么？更何况曾子以"己所不欲，勿施于人"解夫子之"忠恕"向来被学界称为圣人之"一以贯之之道"，庄子的"齐物"正是拒绝被人"加诸"或"干预"。故可以说，忠道与恕道构成一种交互限制、互相发明的关系，如鸟有两翮、车有两轮，因此章太炎说《齐物论》为"忠恕两举"之道，良有以也。就学术史而言，忠恕之道作为孔子之重要思想贡献，庄子《齐物论》"不齐而齐"之思想的确是对其的一种遥契，章太炎正是抓住此核心而会通庄孔，这就不仅仅是名相附会，更是内在地谛视其一致性，这种诠释属于深度诠释，故其声称"以庄证孔"洵非虚说。

第七章 "分异政俗，无令干位"：齐物秩序与理性的僭妄

　　章太炎将"齐物"与"忠恕"相会通实则即以悬置自我或者说以无我的方式实现对别人自我选择的尊重，是对由无数个个体在自我选择中形成的自发秩序的尊重，"吹万不同，使其自已，前者唱喁，后者唱于，虽大巧莫能齐也"[①]，万物在自由存在中所形成的参差不齐的秩序原本是宇宙的最初图景。悬置自我或无我意味着反对个人对他者的干预，这种理论落实在政治经济学领域，即反对政府对经济的干预、计划、安排或建构，社会由无数个体组成，无数个体在自我选择、自由竞争中形成的自发秩序才是符合忠恕之道或齐物精神的秩序。章太炎的政治哲学可以说以齐物为核心，其所谓"经国莫若《齐物论》"云云，绝非信口开河、游谈无根，齐物哲学实则即尊重公民在自由选择中形成的自发秩序，而对公民自我选择的尊重既能保证公民个体权利不被侵犯，同时，由于每个个体的积极性被调动起来，最终形成一个国家或社会整体利益的最大化。以章太炎之见，人类的知识和理性不过是遍计所执而成自性，其注定是有限的，如若将这种有限的知识和理性用于对社会的计划和安排，必然会走向失败。不难发现，章太炎基于庄子齐物哲学所提倡的自秩序与比其晚半个世纪左右的新古典主义者哈耶克主义有着惊人的相似性。

第一节　哈耶克与自发秩序理论

　　在与凯恩斯的国家主义之论战中形成的哈耶克主义强调，人类的知识总是有限的、相对的。一方面，知识本身是有限的，人不可能穷尽所有的

---

①　章太炎：《驳中国用万国新语说》，《章太炎全集》（四），上海人民出版社 2018 年版，第353 页。

宇宙真理，但哲学家总是以宇宙或人类的代言人自居；另一方面，知识使用的范围必须加以限定，将一种知识不问具体境遇而盲目使用，必然会给人类带来更大的灾难。既然每个个体的理性、知识都是有限的，而由少数人所组成的政府自然也不例外，社会情况无比复杂，作为社会主体之公民的个人追求、个人选择、个人能力甚至个人性格各异，这意味着，政府有限的理性和知识不能完全掌握无限复杂的社会情况，故任何政府对社会经济的操控、计划、设计、安排都注定是一场徒劳，或者陷入低效率的恶性循环中。"经济学一项奇妙的任务就是向人们证明，对于他们自以为能够加以设计的事情，其实他们所知甚少"①，哈耶克将这种政府以国家的名义对国家经济的干预称为"理性的僭妄"或"知识的自负"，"僭妄"即将有限的理性运用到无限复杂的社会经济生活中，"自负"是说统治者本来所知甚少但却往往自负于无所不知而试图对社会做出干预。哈耶克强调，与人为的建构秩序相比，人类在自由演进中形成的自发秩序才符合社会经济运行的一般规律。

哈耶克将关于人类历史社会秩序的形成学说分为两类，即理性建构主义和自发演进主义。就中国传统学术而言，强调"圣人制作"（如：周公制礼作乐，孟子强调圣王制作、圣王教化，荀子认为先王制礼乐等）的儒家学说接近人为建构主义学说，提倡自然主义、法万物之自然而不敢为的道家则接近自然演进主义。儒家认为"通天地人曰儒"（《扬子·法言》），圣人或圣王以世间秩序的创造者、百姓的教化者、黎民福泽的赐予者自居，难免会造成理性的僭妄或致命的自负。道家则始终保持对圣人、圣王之"有为""制作""建构""教化"的警惕，提倡在上者应该"为无为""法自然""唯施是畏""治之由乎不治"，在下者应该"自正""自化""自富""自定"，老子所言"以智治国国之贼，不以智治国国之福"（《老子》第六十五章）和庄子所言"是以一人之断制利天下，譬之犹一覕也"（《庄子·徐无鬼》）等都可能即潜在地指向对"知识的僭妄"或"致命的自负"之警惕。

哈耶克指出："自然科学的进步使人类情不自禁地觉得，自己的能力正在无止境地增长，用早期共产主义的特有词汇来说，就是'被胜利冲昏了头脑'，诱使人不但试图主宰我们的自然环境，甚至想主宰我们的人类环境，这就是危险所在。社会研究者认识到自己的知识有不可逾越的障

---

① 〔英〕哈耶克：《致命的自负》，冯克利、胡晋华译，中国社会科学出版社 2000 年版，第 88 页。

碍，便应懂得谦卑为怀的道理，不至于再去充当那些极力想控制社会的狂妄之徒的帮凶；这种做法不但会使他成为自己同胞的暴君，并且可以使他成为一种文明——它不是出自哪个头脑的设计，而是通过千千万万个人的自由努力成长起来的——毁灭者。"① 除了上帝之外，所有人的理性和知识都存在着难以克服的有限性，一切试图以理性和知识去主宰社会环境的企图都是危险的，不仅不能对社会文明有所促进，相反往往会成为专制主义的帮凶或拥趸。哈耶克坚信所谓文明不过是无数个体在自由努力的成长中不期然而然地发展起来的，绝非普罗米修斯式的英雄或圣贤凭一己之力所创造的。统治者应该"在宥天下"而不是"治天下"，自发成长、自然演进、自由意志之选择是文明进步的本质，而最好的政治不过是为这种自发秩序、自然成长、自由意志提供保护而已，不去伤害他们的自由、不允许其他人伤害他们的自由成为政治文明的底线。不难发现，这种政治理念与中国古典道家如出一辙，"治之由乎不治，为之出乎无为"（郭象《庄子注·逍遥游注》）便是最理想的施政方式。尊重每一个个体的自由选择而不是僭妄他们，此在儒家即所谓"忠恕之道"，在老子则为"道法自然"，在庄子则为"不齐而齐"的齐物哲学，在佛学则为"依止众生""随顺有边"的法尔道理。章太炎云："不知其说而提倡一类之学，鼓舞泰盛，虽善道亦以滋败"②，以道治天下正是对天下所有异己的尊重和宽容，相反，如果一味地"提倡一类之学"，即便出于善道亦难免有滋败之失，提倡一类之学近似于以有限的知识去干预整个社会，滋败即因自负于一类之学而产生的致命后果。

第二节　章太炎对理性僭妄的批判

我们看到，章太炎提倡齐物哲学实则也最终结穴于对自发秩序的尊重，无我之忠恕正是为反对过多的人为控制，反对以己之见强加于人。事实上，章太炎也提出过类似"理性的僭妄"或"知识的自负"的理论。在《〈社会通诠〉商兑》一文中，章太炎指出："社会之学，与言质学者殊科，几何之方面，重力之形式，声光之激射，物质之化分，验于彼土者然，即验于此土者亦无不然。若夫心能流衍，人事万端，则不能据一方以

---

① 〔英〕哈耶克：《哈耶克文选》，冯克利译，江苏人民出版社 2007 年版，第 471 页。
② 章太炎：《菿汉微言》，《章太炎全集》（一二），上海人民出版社 2018 年版，第 67 页。

为权概，断可知矣！且社会学之造端，实惟殓德，风流所播，不逾百年，故虽专事斯学者，亦以为未能究竟成就。盖比列往事，或有未尽，则条例必不极成。以条例之不极成，即无以推测来者。夫尽往事以测来者，犹未能得什之五也，而况其未尽耶？"① 章太炎《〈社会通诠〉商兑》一文主要是批评甄克斯以图腾社会、宗法社会、军国社会三大形式来区分人类社会的性质，以这三种形式为范式去审查一部人类社会进化史，难免会有削足适履之嫌。以章太炎之见，社会学与质学（自然科学）完全不一样，质学追求客观性和确定性，放之四海而皆准；社会学所面对的一部人类社会史具有无比复杂性，基于历史经验之积累所形成的社会学知识皆非"极成"之学。一方面，所有关于历史经验的总结都不是对历史存在个体的全举式归纳；另一方面，基于历史经验所形成的学术"条例"并不能用来预测未来。亦即是说，由无数个体所组成的人类社会极其复杂，因此所有的社会学知识都具有有限性，包含着种种缺陷，一切社会学知识实则都既不能知往，更不能知来。章太炎这里预设人类知识的有限性与社会存在的复杂性之间具有难以缝合的两难，这种思想与哈耶克不谋而合。在大量的文献中，我们看到，对理性之僭越和知识之自负的警惕成为章太炎政治思想的核心。

其一，《国故论衡》有《原道》上中下三篇，推原经国理政的根本之道而最终归结为庄子之齐物。在《原道上》中，章太炎在对老子所言"前识者，道之华而愚之始"诠释时取韩非子之说，老子反对侯王以"前识"对百姓的干预正是警惕知识的僭妄，章太炎指出："知此者韩非最贤。非之言曰：'先物行、先理动之谓前识。前识者，无缘而妄意度也。以詹何之察，苦心伤神，而后与五尺之愚童子同功，故曰前识者，道之华也，而愚之首也。'夫不事前识，则卜筮废，图谶断，建除、堪舆、相人之道黜矣。巫守既绝，智术穿凿亦因以废，其事尽于征表，此为道艺之根，政令之原。是故私智不效则问人，问人不效则求图书，图书不效则以身按验，故曰绝圣弃智者，事有未来，物有未睹，不以小慧隐度也。绝学无忧者，方策足以识梗概。古今异、方国异、详略异，则方策不独任也。"② "前识"作为一种既定的知识实则是对道的一种遮蔽故为愚昧之始，巫祝、图谶、建除（占星术）、堪舆、相人等官职都试图以知识（"前识"）对天下

---

① 章太炎：《〈社会通诠〉商兑》，《太炎文录初编》，《章太炎全集》（四），上海人民出版社 2018 年版，第 337 页。
② 章太炎：《国故论衡校定本》，《章太炎全集》（一四），上海人民出版社 2018 年版，第 288 页。

做出安排、谋划和整布，却不料"事有未来，物有未睹"，"古今异，方国异，详略异"，无限复杂的天下情况非"前识"所能了知，故老子提倡"绝圣弃智""绝学无忧"。"圣""智""学"都试图以知识、理性、标准的掌握者自居，楷范天下，絜矩家国，从而对天下做出影响、干预和操控（"有为"），但往往却毫无例外地都走到反面，此也是所谓"致命的自负"。庄子"不齐而齐"的齐物哲学正是对这一"前识"的扬弃："名其为简，繁则如牛毛。夫繁故足以为简矣，剧故足以为整暇矣。庄周因之，以号'齐物'。齐物者，吹万不同，使其自取。官天下者以是为北斗招摇，不慕往古，不师异域，清问下民，以制其中。故相地以衰征，因俗以定契，自此始。"① 齐物哲学犹如天籁涌动，吹万不同，咸其自己，众窍穴怒号皆自取于己，来自"往古"和"异域"的知识并不能成为治理天下的标准，相反，应该相地衰征，以俗定契，因地制宜，"不齐而齐"，拒绝知识的僭妄。

《古国论衡·原道下》也指出："众所不类，其终足以立烝民。蓬艾之间，有陶铸尧舜者，故众暴寡非也。其有回遹乱常，与众不适者，法令所不能治。治之益甚，民以情伪相攻击即自败。故老子曰：'常有司杀者杀，夫代司杀者杀，是为代大匠斫。'……庄周明老聃意，而和之以《齐物》，推万类之异情，以为无正味正色，以其相伐，使并行而不害。其道在分异政俗，无令干位。故曰：'得其环中以应无穷者，各适其欲以流解说，各修其行以为工宰，各致其心以效微妙而已矣。'……采药以为食，凿山以为宫，身无室家农圃之役，升斗之税，不上于王府，虽不臣天子，不耦群众，非法之所禁，版法格令，不得剟一字也。操奇说者能非之，不以非之剟其法，不以尊法罪其非。臣君上下六亲之际，雅俗所守，治妙论者所驳也。守之者不为变，驳之者无所刑。国有群职，王公以出治。师以式民，儒以通古今、会文理，百工以审曲面执，立均出度。其权异，其尊不异。地有九州，赋不齐上下，音不齐清浊，用不齐器械，居不齐宫室。其枢同，其取予不同，皆无使相干也。夫是之谓大清明，夫是之谓天下之至柔，驰骋天下之至坚。"② 以齐物哲学治国即得其环中以应无穷，各适其适，各尽其分，各修其行，各治其学，这意味着尊重差异、尊重自发的社会秩序。隐遁的高士、立异的异端都不应该被干预，他们的言行都不在法

---

① 章太炎：《国故论衡校定本》，《章太炎全集》（一四），上海人民出版社 2018 年版，第 289 页。

② 章太炎：《国故论衡校定本》，《章太炎全集》（一四），上海人民出版社 2018 年版，第 296—297 页。

律所禁止的范围内。社会是由王公、士师、儒者、百工等在各司其职、各尽其能中自发形成的组织，各行各业都应该得到尊重。九州风俗地齐不同，故税赋、语言、器械、居室都不应该像建构秩序那样对其重新建构，"齐其不齐"，而应该因风顺俗，"不齐而齐"。"分异政俗，无令干位"，"取予不同，无使相干"从某种意义上说都是反对"理性的僭妄"或"知识的自负"，反对政府凭借有限的理性和知识对整个社会做出干预和控制。百姓在各尽其责、各行其力的社会中形成自发的秩序才是真正的"司杀者"或"大匠斫"，而政府主观性的控制、干预、建构不过是"代司杀者"或"代大匠斫"，最后的结果必然是"鲜有不伤手者"。

其二，《菿汉微言》第94条批判孟子的义内说而支持告子的义外说，理由是：义需要尊重他人习惯、尊重外地风俗，故义为外而非内。章太炎指出："（韩非《解老》曰）'义者谓其宜也，宜而为之，故曰：上义为之而有以为也。'无以为，有以为，正是内外之说。由今观之，典常法度，本无固宜，约定俗成，则谓之宜矣。生斯世为斯民，欲不随其宜而不可。"① 如果义与仁一样属于内，则难免造成对他者的僭妄，相反，义外则强调尊重约定俗成的自发秩序，这样才可以避免不必要的伤害或僭妄。《菿汉微言》第103条具体反思了人类知识和理性的有限性，"生有涯而知无涯，是以不求遍物"，有限的理性不能拥有遍及万物的知识，当统治者以无所不知的态度对天下做出整布和安排时，其对天下的伤害往往是很深的，此即哈耶克所谓致命的自负。《菿汉昌言》更是明确指出："修己治人之学，简而易知。其他则有集千年之成验，聚百士所涉历，然后就者，必以一人尽之，是老死而不可殚也。地舆为经国者所宜知，然图书所载，亦其大略。必求山谿之通塞，寻道里之迂径，辨民俗之醇薄，方策不具，必须身验，而身验固非一人所能尽也。故曰：'知之为知之，不知为不知。'"② 这段话是最接近哈耶克所言"理性的僭妄"的一段话，以修己治人而自居者需要具备"集千年之成验，聚百士所涉历"的"知识"，但经国者穷尽其一生也不可能掌握。同时，图书承载的知识注定也是有限的，经国者要了解国家的山川、道路、省俗等情况，必须亲身经验才能知道，而这一切注定"固非一人所能尽"，故一切对国家经济生活的计划、安排、设计都意味着僭妄。

正如哈耶克所指出："人类在改善社会秩序的努力中，如果不想弄巧

---

① 章太炎：《菿汉微言》，《章太炎全集》（一二），上海人民出版社2018年版，第39—40页。

② 章太炎：《菿汉昌言》，《章太炎全集》（一二），上海人民出版社2018年版，第118页。

成拙，他就必须明白，在这件事上，就像以本质复杂的有机体为主的任何领域一样，他不可能获得主宰事务进程的充分知识。因此他不能像工匠打造器皿那样去模铸产品，而是必须像园丁看护花草那样，利用他所掌握的知识，通过提供适宜的环境，养护花草生长的过程。"① 一切自负的设计者和模铸者都是潜在的僭妄者，认知的有限性意味着一切以全知全能自居者都是知识的佯装者，修己治人的仁者和慈悲为怀的统治者即便出于最善良的动机和最高尚的目的也都难免会达到一个始料未及的恶果，政府应该是一个守护花草、随顺花草个性的浇园者而不能是凭借一己之私意而去做花园的设计者。

其三，《齐物论释》在解释《齐物论》"六合之外，圣人存而不论；六合之内，圣人论而不议"时云："佛典多论世界形相，荒忽难知，近世言天文者，或云岁星之上有大海堤，荧惑之上有大铁道，（最怪者云以远镜望荧惑星，彼星亦有一人持镜对望。夫望见铁道可也，既见其人，又见其人所持远镜，然则山川城郭邑物之伦，大于人体远镜多矣，何因反不能见？岂所谓明察秋毫，不见舆薪者乎？足知是妄。）此并难求实相，就云远镜所睇，而其他察天文者都为谛见，独此一人见之，何哉？即此员舆以内，邹衍说有八十一州，《淮南·地形》亦说种种殊相，今并无有。然《庄子》杂篇亦有阏奕、意修、危言、游凫、子胥诸首，言多诡诞，或似《山海经》，或类占梦书者，（见《经典释文》序录。）岂所谓论而不议？将郭子玄所云'一曲之才，妄窜奇说'者乎？夫其风纪万殊，政教各异，彼此拟议，率皆形外之言，虽其地望可周，省俗终不悉也。"② 圣人"存而不论""论而不议"正是意识到有限的人类理性并不能穷尽宇宙存在的实相，不仅宇宙本相不能被知，地球存在的复杂性亦非人类的有限理性所能及；再退而求其次，一国一省之内也是"风纪万殊，政教各异"，一切知识不过是挂一漏万，见秋毫而不见舆薪，即便是"地望可周"（有限的认识），但说到底其"省俗终不悉也"（现实情况却无限复杂），故一切干预都是僭妄。"上游冥极，而下连犿无伤，足以经国"③，"上游无极"意味着证无我，拒绝做理性和智慧的承载者，"下连犿无伤"意味着百姓在不被管控、不被操纵、不被僭妄的情况下得以更好地实现自己，故庄学足以为经

---

① 〔英〕哈耶克：《哈耶克文选》，冯克利译，江苏人民出版社2007年版，第471页。

② 章太炎：《齐物论释定本》，《章太炎全集》（六），上海人民出版社2018年版，第115—116页。

③ 章太炎：《国故论衡先校本》，《章太炎全集》（一四），上海人民出版社2018年版，第120页。

国之最上乘法。

其四，辛亥革命之后（1911 年 11 月），章太炎在回国轮船"春日号"回答记者提问时，他将中国未来政体设计为联邦制，而非法国式的中央集权制。章太炎指出："今日亟当研究者，满清既覆，新政体如何？诚有英杰出，则已，不然，惟采共和政治，以取代满清试行不通之君主立宪也。然共和政治，种类不一，即以法国为例，其疆土不广，族类、历史、风俗语言无异，故于中央集权下仍可采统一之共和政体，若中国则不然，历史、风俗、语言，各省互异，诚不可以法国为效，然则，适于中国者，其惟联邦政治乎！"① 中国历史、风俗、语言等各省不同，采取法国式的中央集权制、单一制政体意味着要对全国整齐划一，而统一风会意味着灭绝个性，各省各地皆不能专擅其长，这实则即担心由于"致命的自负""理性的僭妄"而造成对全国各地各省之风俗、习惯、语言、文化、信仰的戕害和夷灭，这是"分异政俗，无令干位"这一齐物原则在中国国情中的落实。

第三节　斯宾塞的进化学说对章太炎的影响

斯宾塞是英国 19 世纪中后期维多利亚时代的思想领袖，晚清洋务运动前后，不懂英文的章太炎与熟悉英文、留学归国的曾广铨合译《斯宾塞尔文集》，斯宾塞哲学在严复、章太炎等人的翻译和鼓吹下风靡一时。彭春凌博士研究指出："1898 年，《昌言报》连载曾广铨采译、章炳麟笔述的《斯宾塞尔文集》，含《论进境之理》《论礼仪》两文。二者均出自斯宾塞《论文集：科学的，政治的和推断的》，原篇名分别为《论进步：其法则和原因》《礼仪与风尚》。太炎迻译《斯宾塞尔文集》是社会进化学说早期影响于中国知识界的关键事件。"② 章太炎强调自发秩序优于建构秩序与斯宾塞的社会进化学说、有机体社会学说等有关。章太炎翻译斯宾塞著作在某种程度上也是按自己意愿"再造"（彭春凌）斯宾塞的过程，换言之，章太炎对斯宾塞的翻译并不是对一个英文文本进行刻板的汉语翻译，而是对斯宾塞思想的接受、改造和消化吸收，作为一个哲学家和思想

---

① 转引自谢樱宁《章太炎年谱摭遗》，中国社会科学出版社 1987 年版，第 65 页。
② 彭春凌：《章太炎译〈斯宾塞尔文集〉原作底本问题研究》，《安徽大学学报》（哲学社会科学版）2017 年第 3 期。

者，章太炎对斯宾塞的翻译可以看成章太炎本人的思想表达。

斯宾塞认为，正如动物世界的竞争表现出群与群的对抗一样，人类与动物之间、人类与人类之间的竞争也是群与群的竞争，人群在无穷无尽的竞争中最终发展为人类社会，与动物群相比，人类社会表现出严格的和更高级的秩序性和有机体性，竞争是对人类社会的玉成。可见，斯宾塞承认人类在竞争中形成的社会秩序是一个有机的社会秩序，实则与哈耶克不谋而合。斯宾塞同时指出，在一个有机社会中，起基础作用的并不是外在的制度、体制、法律等规范而是风俗习惯、公序良俗这种在自发中形成的社会秩序。与之相关，"斯宾塞承认人的认知有局限性，比如地壳现象的复杂多样，'古生代'的具体情况，浩茫的宇宙以及关于地球的全部知识，就人的个体或某一门专门知识来说，终生难以穷尽，或难以全部触及"①，故应该尊重基于竞争而形成的自发秩序而不应该人为地去盲目干预之，这实则已经触及了人类理性有限性与社会无限复杂性之间的两难。章太炎译斯宾塞《论进境之理》给我们描述了一幅从洪荒宇宙到人类文明变迁的演化图景，在这种盲目的宇宙演化之境中，人类之演化不过是宇宙大演化的一小演化。《论进境之理》最后一段文字正是明确反思人类知识的有限性与宇宙存在无限性之间的矛盾：

> 要知学问之进，非以攻教，适使人尊信其教耳。彼浅见寡闻者，见格致日进，而己所依倚之理，将败绩失据，则大声而丑娸之，斯可哂也。夫地球内外之变态，生生不已，上不能穷其本，下不能究其标，虽以天地之始为散点，其散点所自，又何物哉？未来之变，能指其一二，变后之变，何自而度之？然则己所知者，诚持之有故矣。其所未知，能定其起点之所在乎？既往者知之矣，未来者能烛照而数计乎？且所已知，特内外之变耳。变之生于力，吾知之。其力之为何物？则吾勿能知也。人之意念，必始于知觉，吾知之。知觉所自始？吾又勿能知也。且吾自儿子以至少壮，其知识之开，孰开之乎？吾又忽焉勿能省记矣。然则妄言千里，而不能见其睫，火日外景，金水内景，两无所处焉，则亦以不知为知而已。自知其不知，犹胜也。并其不知而不自知之，悲夫！是将终身不灵矣。然则谓人智之有涯可也，谓其无涯亦可也。何者？因其所知而缒凿之则无涯；于所未历，于所

未见，不能立天元一而求之，则又有涯矣。然后知天下无极知之理，
而万物各有不能极知之理。①

与无限复杂的宇宙和社会相比，人类的知识微不足道，因此，与其以知识
的掌控者自居而对社会存在做出干预，不如悬置自己有限的知识而让社会
自发地进步发展，可见，斯宾塞与哈耶克强调对自发秩序的尊重有着近乎
一致的逻辑前提。章太炎译斯宾塞《论礼仪》也指出："以术制民者，虽
有数端，而皆莫如风俗之酷。盖礼仪者事人之法，而风俗则以限一身之举
止。一自我适人，一自人适我。""外暴者，不足以愚人，必有内心者，而
人始为之愚。故礼仪与风俗，其长短优绌可知。"② 与 "以术制民""外
暴""礼仪" 等自上而下的干预性治理手段相比，尊重百姓的风俗习惯才
是最重要的，因为后者是 "自我适人"，在风俗形成我的自律，故不期然
地也能适人；前者是 "自人适我"，以外在的干预、管控来要求 "我"，
故未必能适我。尊重地齐风俗、提倡随俗雅化自始至终是章太炎政治哲学
的底线，斯宾塞基于自然进化而强调的对社会自发秩序的尊重与庄子的齐
物哲学可谓不谋而合，章太炎早年对斯宾塞哲学的接受是他最终接受庄子
哲学的一大因缘，斯宾塞哲学成为他接受庄子哲学的解释学前见，斯宾塞
与道家都强调的自发秩序在章太炎的哲学中存在着视域融合。

按照章太炎，"家鸡野鹊，各有殊音，自抒其意"③ （《齐物论释初
本》）或 "游尘野马，各有殊形，腾跃而起"④ （《齐物论释定本》）这种
自发的秩序、无意义的世界原来是世界存在的初始状态，《周易》所言的
"群龙无首" 正是隐喻 "强阳之气，群动冥生，非有为之元本者"⑤，世界
秩序本来不是被 "元本" 创造的，《易传》所谓 "天德不可为首""群龙
无首" 都是强调圣人或圣王不能以天德自恃而去僭妄百姓的自由权利，
"首出庶物，万国咸宁"，"云行雨施，品物流形"，是庶物的自由选择、
自由演进而不是天德的人为造作才最终成就 "万国咸宁" 的世间秩序。有
学者在论及章太炎的历史观时指出："宇宙世界若是有什么'法'、什么

---

① 〔英〕斯宾塞：《论进境之理》，章太炎、曾广铨合译，《章太炎全集》（九），上海人民出
版社 2018 年版，第 25 页。
② 〔英〕斯宾塞：《论进境之理》，章太炎、曾广铨合译，《章太炎全集》（九），上海人民出
版社 2018 年版，第 35—36 页。
③ 章太炎：《齐物论释》，《章太炎全集》（六），上海人民出版社 2018 年版，第 9 页。
④ 章太炎：《齐物诠释定本》，《章太炎全集》（六），上海人民出版社 2018 年版，第 78 页。
⑤ 章太炎：《自述学术次第》，《章太炎全集》（一九），上海人民出版社 2018 年版，第 499 页。

'自然规则'，那就是万物'展转缘生'的'无常法'。这不禁令人想起福柯的话：效果历史的世界只知道一个王国，在那里，没有天道或终极原因，只有'必须性的铁臂摇动着机遇的骰子盒'。"① 此诚为知言之论，历史秩序就是无终极目的、拒绝被人操纵和设计的自发秩序或无意义世界，这与哈耶克之见所见略同，哈耶克也正是在对历史秩序形成过程中最终归纳出自发秩序、自发演进是人类文明的本质。庄子的齐物哲学正意味着对这个原初状态的证成和呵护，一切真理的代言者、一切自命不凡的神圣者、一切以"朕即国家"而自负者都会导致"理性的僭妄"和"致命的自负"。"恢诡谲怪，道通为一"，齐物世界就是由无数个体在自发选择中形成的世界，忠恕之道无非就是对异己者的尊重、维护和包容，每个个体都有拒绝"不欲人之加诸我"的自然权利，就此而言，忠恕之道也就是对基于自发秩序而形成的世界秩序的尊重，拒绝"理性的僭妄"和"致命的自负"。

　　无论是老子所言"辅万物之自然而不敢为"（《老子》第六十四章）还是庄子所言"闻在宥天下不闻治天下"（《庄子·在宥》）实则都是拒绝"整之齐之"的干预和管控，道家学说已经隐含着"理性的僭妄"或"致命的自负"这种思想，只是这一思想在章太炎的诠释中才显发出来。② 齐物哲学意味着对每个个体的自然权利、自由选择的无条件尊重，具有元政治哲学的特色，除《齐物论释》以外，章太炎其余几部著作如《国故论衡》《莤汉微言》《检论》等思想底色都是庄子的齐物哲学，齐物哲学在古可以与儒家的忠恕之道相会通，在今可以与20世纪的新古典主义相发明。齐物和忠恕都以"吾丧我"（"无己"）之对主体的消解为前提，这一哲学放置在政治哲学领域，正是拒绝理性的僭妄以及警惕僭妄所造成的伤害，章太炎在庄子的齐物中发明"理性的僭妄"和"致命的自负"等理论，可谓其来有自。不过，虽然庄子既有对人类认知有限性的反思又有对在宥天下的呼唤，但却没有从认知的有限性和天下的无限性之间的内在两难中证明自发秩序才是最合理的秩序，章太炎则巧妙地将二者结合在一起，从而使得他的齐物哲学与稍晚的哈耶克主义不谋而合，可谓殊途同归。

---

① 江湄：《历史的无意义与意义——论章太炎〈易〉学、〈春秋〉学中的历史观》，《史学理论研究》2016年第4期。

② 事实上，王船山《庄子解》《庄子通》也有与之类似的诠释。只是，王船山并没有明确提出"理性的有限性"与"社会的复杂性"这种两难并在这种两难中反思此问题，章太炎则明确提出这种两难，故与哈耶克主义更接近（参见邓联合《王夫之庄学思想通论——基于〈船山全书〉的研究》，北京大学出版社2020年版）。

第八章　"始则转俗成真，终乃回真向俗"

据《章太炎先生自定年谱》，中华民国三年（1914）初开始，章太炎因讨袁登基而被囚禁于北京钱粮胡同约两年之久。此期间，侍奉榻前的弟子吴承仕与其师章太炎往还问难，先生口授，弟子笔录，最终编成《菿汉微言》一书。此书于中华民国五年（1916）完成，中华民国六年（1917）出版，书末有章太炎题签："身在幽囚，不可直遂，以为览者自能知之也。民国六年章炳麟识。"① 这部作于"幽囚"之中的簿册的确不是《訄书》《建立宗教论》《齐物论释》《检论》那样的洋洋巨制，不过是作者寄沉痛于闲适、寄深思于漫谈的学术史平章之作，举重若轻，纵论古今，梁启超称此书"深造语极多"②，洵非过誉也。此书最后一则语录是章太炎自况其心志历程，其云："自揣平生学术，始则转俗成真，终乃回真向俗，世固有见谛转胜者邪！"③ 此年章太炎四十七岁，迫近天命之年。故可以说，"始则转俗成真，终乃回真向俗"既是他对自己前半生学术历程之总结，也是对其未来学术志向之自我期许。

不过，"始则转俗成真，终乃回真向俗"一语微言深趣，令后世学者难穷其隐旨，故歧解丛生，了无定谳。章门弟子李源澄指出："先生晚年一切放下，其执著而不舍者，厥惟三事。一曰，关系民族之存亡者。二曰，关系世道之隆污者。三曰，关系世道之浇醇者。此三者其固执异于恒人，除此三事，直与物宛转，而无所用心。所谓回真向俗者也。"④ 此论高屋建瓴，洵属不误，但犹是一种抽象之评骘，而不是具体入微之考察。李泽厚则根据《菿汉微言》《自定年谱》等文献指出："［'回真向俗'即］

---

① 章太炎：《菿汉微言》，《章太炎全集》（一二），上海人民出版社 2018 年版，第 71 页。
② 梁启超：《清代学术概论》，上海古籍出版社 1998 年版，第 95 页。
③ 章太炎：《菿汉微言》，《章太炎全集》（一二），上海人民出版社 2018 年版，第 70—71 页。
④ 李源澄：《章太炎先生学术述要》，载林庆彰、蒋秋华主编《李源澄著作集》（三），"中央研究院"中国文哲研究所 2008 年版，第 1460 页。

回到孔丘的传统怀抱，从'由俗成真'的佛学又到'回真向俗'的孔丘。"① 这里实质是将章太炎"回真向俗"化约为"回佛向儒"，这种观点或值得商榷，后文将详细论及。陈平原教授所列出的学界观点有："随顺众生为俗，破除迷妄为真；具体事物为俗，抽象哲理为真；史学为俗，哲理为真；学以致用为俗，实事求是为真；儒学是俗，佛学是真；经验现象是俗，心灵本体为真；民族主义是俗，无生主义是真等等。"② 这些大而化之的论点至少有三种不足：其一，"转俗成真"与"回真向俗"在形式上构成"俗—真—俗"之回还关系，但事实上，两个"俗"的内涵却不一致，这里却一视同仁；其二，"俗—真—俗"之关系被看成后者对前者之否定关系，而没有注意到后者对前者之摄纳与汲取；其三，这些观点过于堂而皇之，缺少对章太炎相关思想细致入微的检讨研究，缺乏文本根据，或有一隅之见但却不是周延的考量。意识到这些不足，陈平原教授以章太炎"三年系狱"（即"苏报案"下狱，1904—1906）与"三年幽禁"（即讨袁被软禁龙泉寺，1914—1916）为时间节点来考察章太炎这种转变，"三年系狱"读佛书而"转俗成真"，"三年幽禁"读儒书而"回真向俗"③，此种判断虽然有文献和历史根据，但未必恰当，因为仅凭《莉汉微言》和《自述学术次第》显然不能把握章太炎这种"转胜"哲学的幽微之处，《齐物论释》等重要文献没有进入其视野。同时，章太炎在"龙泉之厄"中所言"始玩爻象，重籀《论语》"④ 究竟何意，此语是否如学界所普遍认可的那样意味着章太炎在一般意义上归宗儒学（李泽厚，前揭），可能需要商榷。汪荣祖结合章太炎的学术历程，认为佛学与庄学的真谛是"真"，把"齐物眇义运用到实际问题上去"是"回真向俗"，并指出："'转俗成真'是'求是'的过程；'回真向俗'是'致用'的过程。'真'指思想体系，俗指实际问题。他从实际问题探索思想，再由思想解决实际问题。"⑤ 此论殊为有见，但将章太炎的庄学仅仅视为"真谛"或有不足，因为章太炎庄学本身即含摄着真俗二谛，下文将详细论之。况且，将"真"与"俗"理解为"思想体系"与"实际问题"虽然没有错，但一方面失之抽象，另一方面则或不剀切，因为"求真"阶段的"思想体系"也解决"实际问题"，比如培养革命道德等，"向俗"阶段承认解决

---

① 李泽厚：《中国近代思想史论》，人民出版社 1979 年版，第 392 页。
② 陈平原等编：《追忆章太炎》，生活·读书·新知三联书店 2009 年版，第 464 页。
③ 陈平原等编：《追忆章太炎》，生活·读书·新知三联书店 2009 年版，第 464—465 页。
④ 章太炎：《莉汉微言》，《章太炎全集》（一二），上海人民出版社 2018 年版，第 70 页。
⑤ 汪荣祖：《康章合论》，中华书局 2008 年版，第 92 页。

"实际问题"，但未尝没有的"思想体系"。谢樱宁指出："真界是他的理想国，他所认为的宇宙的究竟，人事的本然，以说'无我'、断妄执的无生主义为最高的境界；俗界则是他所处的现象世界与历史片段，以说有我（以众生为我）、求独立的民族主义为当下的必要。……真界里以哲学为主（专求理相，包括先秦诸子之学，印度佛学，西方思想以及种种形而上学的兴趣）；俗界里则为历史为主（照顾事相，包括他的经学，语言文字之学，以及种种社会学的观点）。"① 谢先生此观点，将宇宙究竟、无生主义视为"真界"，将众生有我、民族独立视为"俗界"，同时，将哲学视为"真界"，将史学、语言文字之学等视为"俗界"，其中固然有合理的成分，但也有错位，而且忽略了章太炎的庄学思想在其真俗回转中的重要作用。

张志强教授则运用日本学者竹内好研究鲁迅思想的经验，提出思想者通过自我思想否定或循环往复而最终形成"哲学的突破和人格的回心"，这种思想与人格之"回心"恰恰正如章太炎自况的"转胜"之回还。在这个意义上，张志强教授指出："第一时期是'囚系上海'之前的阶段，也可以称之为《訄书》的时代，是在其经学、小学、史学研究的基础之上，通过探究'社会政法盛衰蕃变之所原'的社会理论，来重建民族文化的阶段，也可以称之为关心社会政俗的求'俗'阶段。第二时期即是经过囚系狱中读佛典的'回心'契机，'真'的追寻之发端和开展的阶段，表现在思想论述上是他针对反满革命的形势，回应包括保皇改良、无政府主义等思想论调，而展开的激烈批判时期，也就是一般所说的主笔'民报'时期。……第三时期则是以《齐物论释》的完成为标志，这一方面是他求'真'原理的最终完成，而同时也是他具体运用此原理，从而实现所谓'回真向俗'的阶段。"② 章太炎思想不断"转胜"的最高造境即《齐物论释》一书，此书是其"转俗成真"与"回真向俗"的转折点，"《齐物论释》的完成，一方面意味着章太炎对'真'的追求达到了其最高理解，而另一方面正是这种关于'真'的最高理解自身所包含的题中应有之义，要求它必须容纳自身的对立面即俗，需要为'俗'提供一个与'真'等量齐观的位置，而这才是真正意义上的'真'。这表明，《齐物论释》是'转

① 谢樱宁：《章太炎与王阳明：兼论章太炎思想的两个世界》，转引自谢樱宁《章太炎年普摭遗》，中国社会科学出版社 1987 年版，第 189—190 页。
② 张志强：《"操齐物以解纷，明天倪以为量"——论章太炎"齐物"哲学的形成及其意趣》，《中国哲学史》2012 年第 3 期。

俗成真'的至高点，同时也是'回真向俗'的原理起点"①。张志强教授把章太炎之"回真向俗"聚焦于《齐物论释》之庄学而不是如陈平原教授那样诉诸龙泉之厄中"始玩爻象，重籀《论语》"之儒学。另外，孟琢教授新著《齐物论释疏证》也紧紧围绕"真俗体用"这一核心切入对《齐物论释》的疏证之中，如该书指出："《齐物论释》第一、二章言本体，第三章言致用，第五、六章言本体，第七章言致用，即此真俗体用之框架。"② 此书类似以"真俗体用"之框架来疏证章太炎哲学之处甚多，这实则也承认《齐物论释》是章太炎"回真向俗"、真俗并建之哲学体系。笔者看来，张志强教授和孟琢教授之论似更符合章太炎这种思想转捩之事实，章太炎"始则转俗成真，终乃回真向俗"之"见谛转胜"最后结穴于《齐物论释》一书中。依章太炎之见，庄子哲学不仅能摄纳佛学之"真"，而且能补足佛学所不足之"俗"，换言之，佛学所有者庄学有之，佛学所无者庄学亦有之，庄学上能补佛学仅仅求真之不足，下能观照谛视诸派学说所蕴含之俗。因此，在某种意义上说，章太炎"终乃回真向俗"实则是以"庄学之俗"补救"佛学之真"，最终让佛学这种出世间法变成世间法；同时，以庄学之俗观照一切世间法并承认一切世间法存在之意义和价值。

值得注意的是，章太炎《齐物论释》强调庄子"上悟唯识，广利有情"，"内存寂照，外利有情"。③ 可见，其"回真向俗"所转胜之"俗谛"不是对佛学"真谛"之扬弃，而是摄纳吸收"真谛"而再以"真谛"观照有情的"俗谛"，一方面，"俗谛"含摄着"真谛"，如果"俗谛"不以"真谛"为前提，那么这种"俗谛"就毫无意义可言；另一方面，"真谛"如果不能开出"俗谛"，意味着这种"真谛"是一种有限性的存在，只有含摄"俗谛"的"真谛"才是更高层次的"真谛"，也才是更周延的"真谛"。

第一节 "转俗成真"：从经史之俗到佛学之真

章太炎在《菿汉微言》中回顾平生所学云："余自志学讫今，更事既多，观其会通，时有新意。思想迁变之迹，约略可言。少时治经，谨守朴

---

① 张志强：《"操齐物以解纷，明天倪以为量"——论章太炎"齐物"哲学的形成及其意趣》，《中国哲学史》2012 年第 3 期。
② 孟琢：《齐物论释疏证》，上海人民出版社 2019 年版，第 29 页。
③ 章太炎：《齐物论释定本》，《章太炎全集》（六），上海人民出版社 2018 年版，第 76、118 页。

学，所疏通证明者，在文字器数之间。虽尝博观诸子，略识微言，亦随顺
旧义耳。遭世衰微，不忘经国，寻求政术，历览前史，独于荀卿、韩非所
说，谓不可易。自余闳妙之旨，未暇深察。"① 类似的说法亦见于成文于
1913 年的《自述学术次第》："余少年独治经史、《通典》诸书，旁及当代
政书而已，不好宋学，尤无意于释氏。"② 第一转即"转俗成真"之"俗"
是指阅读佛书之前所涉猎的中华本土经史诸子等"俗学"，此阶段他"尤
无意于释氏"，或者即使涉猎一些佛书，然"卒未窥其究竟"③。相反，
"独于荀卿、韩非所说，谓不可易"。章太炎"转俗成真"之"俗"是指
中国传统的经子之学，特别是古文经学和荀韩思想，此殆学界无异议。而
"转俗成真"之"真"即如前文引陈平原、张志强等教授所指出，此
"转"是从中国传统的经史诸子等转变为印度佛学特别是慈氏、世亲、无
著一系之法相学。

　　章太炎学佛之机缘与"苏报案"下狱有关，他在《菿汉微言》中指
出："及囚系上海，三岁不觌，专修慈氏、世亲之书。此一术也，以分析
名相始，以排遣名相终，从入之途，与平生朴学相似，易于契机。解此以
还，乃达大乘深趣。"④ 类似的说法亦见于《自述学术次第》："遭祸系狱，
始专读《瑜伽师地论》及《因明论》、《唯识论》，乃知《瑜伽》为不可
加。既东游日本，提倡改革，人事繁多，而暇辄读藏经。又取魏译《楞
伽》及《密严》诵之，参以近代康德、萧宾诃尔之书，益信玄理无过《楞
伽》、《瑜伽》者。"⑤ 章太炎于狱中及其出狱流亡日本期间饱读佛书，他对
慈氏、世亲一系之法相学深所服膺，以为"释迦玄言，出过晚周诸子不可计
数"或"益信玄理无过《楞伽》、《瑜伽》者"，此即他所谓"转俗成真"
之"真"。我们不得不思考，为何法相一系之佛学成为他心目中之"真谛"，
以及这种"真谛"的思想内涵和现实关怀是什么，至少有三种因素。

一　真如实相（阿赖耶识）为究竟实相

　　法相学认为真如实相是究竟实相，即阿赖耶识变现为天地万物，天地

---

① 章太炎：《菿汉微言》，《章太炎全集》（一二），上海人民出版社 2018 年版，第 69 页。
② 章太炎：《自述学术次第》，《章太炎全集》（一九），上海人民出版社 2018 年版，第
494—495 页。
③ 章太炎：《自述学术次第》，《章太炎全集》（一九），上海人民出版社 2018 年版，第
495 页。
④ 章太炎：《菿汉微言》，《章太炎全集》（一二），上海人民出版社 2018 年版，第 69 页。
⑤ 章太炎：《自述学术次第》，《章太炎全集》（一九），上海人民出版社 2018 年版，第
495 页。

万物为自心之映现，这种法相学的存有论为章太炎所认可和接受，这种"真"即"实相"。章太炎关于"真"之哲学诠释集中于《建立宗教论》一文中，此文有破有立，可谓一篇判教檄文，他"持三性以衡宗教"，其所立的是唯识学"三性"这种"如实了知"；其所破的有唯心主义、唯物主义、实在论、唯理论、经验论等哲学流派，以及有神论、泛神论和佛教净土宗之神我论等宗教派别。他认为，唯识学"三性说"犹如日光普照大地，无幽不烛，"白日循虚，光相暖相，遍一切地……三性亦然"①。"三性"指"遍计所执自性""依他起自性""圆成实自性"，此三自性可涵盖一切诸法，其中，"第一自性，惟有意识周遍计度刻画而成"，由意识执持而成"实有我、实有法"之妄执性；"第二自性，由第八阿赖耶识、第七末那识，与眼、耳、舌、身等五识虚妄分别而成"，心缘境起，境依心生，其境虽无，其相幻有，执相见二分为实有；"第三自性"为究竟实相，"第三自性，由实相、真如、法尔（犹云自然。）而成，亦由阿赖耶识还灭而成。在遍计所执之名言中，即无自性；离遍计所执之名言外，实有自性。是为圆成实自性。夫此圆成实自性云者，或称真如，或称法界，或称涅槃"②，此三性中，前两性是俗谛，后一性是真谛，一切哲学之本体论、认识论，以及一切宗教之有神论、泛神论等要么是"遍计所执自性"，要么是"依他起自性"，哲学流派之唯心论、唯物论、有神论是"三大倒见"，此皆非究竟实相而或为增益执或为减损执，这一切都是误将"遍计所执自性为圆成实性"。只有法相学"三性"之说遍满万法，是为了义言教。章太炎破建并存，通过判教的方式借唯识学构建起他自己的存有论，这个本体即阿赖耶识，亦称种子识或藏识，以含藏种子而变现天地万物，此识可泛称为心识，"心精圆遍，含裹十方"，宇宙存在即心之妄现，"宇宙本非实有，要待意想安立为有。若众生意想尽归灭绝，谁知有宇宙者？于不知中证其为有，则证据必不极成"；"此心为必有，而宇宙为非有。所谓宇宙，即是心之碍相。即以此心，还见此心"③；不光宇宙存在等五尘非实有，一切抽象概念范畴等法尘亦由此阿赖耶识原型观念而生，"冒万有者，惟是概念。知为概念，即属依他；执为实神，即属遍计"。④

在一般意义上而言，衡量一位学人是学问家还是哲学家可以考察他对宇宙本体是否有最直接的观照，正如章太炎所说："乃至言哲学创宗教者，

① 章太炎:《建立宗教论》,《章太炎全集》（四），上海人民出版社 2018 年版，第 423 页。
② 章太炎:《建立宗教论》,《章太炎全集》（四），上海人民出版社 2018 年版，第 423—424 页。
③ 章太炎:《建立宗教论》,《章太炎全集》（四），上海人民出版社 2018 年版，第 434、436 页。
④ 章太炎:《建立宗教论》,《章太炎全集》（四），上海人民出版社 2018 年版，第 431 页。

无不建立一物以为本体。其所有之实相虽异，其所举之形式是同。是圆成实自性之当立，固有智者所认可也。"① 之所以说章太炎是哲学家而不仅仅是学问家，就在于他能对宇宙存在之第一性有其考量，他虽然倚重法相宗而构建其哲学本体，但这种截断众流、涵盖乾坤、直契真原的判教意识，这种以阿赖耶识为万法根源之信念，使得他成为真正的哲人。阿赖耶识作为万法之源并非一般理解的主观意识，而是一种永恒存在的存有，是唯一之真。《人无我论》强调阿赖耶识与灵魂绝不一样，"阿赖耶识为情界、器界之本，非局限于一人。后由末那执著，乃成我相。而灵魂乃个人所独有，此其分齐绝殊，不得无辨"②，阿赖耶识作为一切有情无情之所本，并非像灵魂一样局促在人之体内，而是一种兼客观主观之实在，人的存在不过是末那识执阿赖耶识而成之"我相"。

二　语必征实，说必尽理：法相学作为一种科学理论

法相学之真如实相之所以为究竟实相，不是玄想和悬揣，乃在于这派学说对实相之追问能经得起科学和逻辑之论证，即法相学之认识论是一种科学的认识论，能经得起理性的"祛魅"和科学的"证实"。正因为达致真如实相的论证方法是科学方法，故真如实相才是究竟真实，即唯识学的论证过程与论证结果都是真谛。章太炎早年师事俞曲园受严格之朴学训练，而清儒朴学正是肇始于顾亭林的一种科学的方法③，他的语言文字之学重视"以声音求训诂，以声音证形体者"④，正是从语言发生学的意义上承认自发性的声音先于创造性的文字的这种科学。由于朴学这种科学作为"前理解"，使得他对充满理性精神、经得起科学论证的法相学一见如故，"［法相学］此一术也，以分析名相始，以排遣名相终，从入之途，与平生朴学相似"⑤，朴学与法相学皆是科学，"佛法五明"之"声明"即"彼土文字训诂之学"⑥。章太炎在《自述学术次第》中云："余治法相，以为理极不可改更，而应机说法，于今尤适。桂伯华初好华严，不喜法相，末乃谓余曰：'今世科学论理日益昌明，华严、天台，将恐听者藐藐，非法相不能引导矣。释迦之后，弥勒当生，今其弥勒主运之时乎！'又云：'近世

---

① 章太炎：《建立宗教论》，《章太炎全集》（四），上海人民出版社 2018 年版，第 424 页。
② 章太炎：《建立宗教论》，《章太炎全集》（四），上海人民出版社 2018 年版，第 450 页。
③ 参见梁启超《中国近三百年学术史》，东方出版社 1996 年版。
④ 章太炎：《论语言文字之学》，《章太炎全集》（一〇），上海人民出版社 2018 年版，第 30 页。
⑤ 章太炎：《菿汉微言》，《章太炎全集》（一二），上海人民出版社 2018 年版，第 69 页。
⑥ 章太炎：《菿汉微言》，《章太炎全集》（一二），上海人民出版社 2018 年版，第 44 页。

三百年来，学风与宋明绝异。汉学考证，则科学之先驱；科学又法相之先驱也。盖其语必征实，说必尽理，性质相同尔。'"① 他服膺桂伯华所说，将汉学、法相学以及近代勃兴的"科学论理"等而视之，"弥勒"即慈氏论师，慈氏著《瑜伽师地论》是唯识学最重要之早期经典，此派的认识论基础是因明学，重视严格的名相分析，因此桂伯华指出"释迦之后，弥勒当生，今其弥勒主运之时乎"（前揭）。在晚近这个科学论理日益昌明之世，只有经得起科学的认识论检讨的哲学或学说才能被接受，"盖近代学术，渐趋实事求是之途。……是故法相之学，于明代则不宜，于近代则甚适，由学术所趋然也"②。正是由于此，章太炎于佛教诸派中最终选择法相学，"在真谛一边，到如来藏缘起宗，阿赖耶缘起宗，已占哲学上最高的地位"③。这种"真谛"之所以为"真"，就在于这一派有因明学（逻辑学）的自觉，并将因明学用于哲学论证之中，这种论证"语必征实，说必尽理"既符合形式逻辑的推演，也与康德以来的哲学认识论相一致，而且能经得起近代自然科学的验证。

我们看到，此期间，章太炎一系列著作中不仅在本体论上接受法相学的真如实相，而且在论证过程中都能以严格的形式论证、名相分析并结合近代西方哲学把这个究竟实相逼显出来。他把近代以来的自然科学包括原子论、微生物学、进化论、化学、物理学、天文学、语言学等知识引入他的论证中，这就使得真如实相还经得起科学之验证。总之，真如实相之所以是唯一的真实，乃在于这一系的论证过程符合一般的逻辑学和科学论证，一切形而上学、有神论、泛神论、唯物论等哲学（宗教）流派被解构或颠覆，"追寻原始，唯一真心"④。

三 法相学真谛蕴含着事实与价值之统一

法相学之真谛蕴含着事实与价值之统一，以章太炎之见，"下验动物、植物，上至求证真如，皆求是耳"⑤，法相学是与动物学、植物学一样的求是之学，同时，这种求是之学本身也蕴含着至高无上的价值。对这种真如实相之认可和接受的机缘与学界所经常论及的他所提倡的社会道德或革命

① 章太炎：《自述学术次第》，《章太炎全集》（一九），上海人民出版社 2018 年版，第495 页。
② 章太炎：《答铁铮》，《章太炎全集》（四），上海人民出版社 2018 年版，第 387 页。
③ 章太炎：《佛学演讲》，《章太炎全集》（一○），上海人民出版社 2018 年版，第 150 页。
④ 章太炎：《佛学演讲》，《章太炎全集》（一○），上海人民出版社 2018 年版，第 153 页。
⑤ 章太炎：《菿汉微言》，《章太炎全集》（一二），上海人民出版社 2018 年版，第 43 页。

道德有关，即所谓"用宗教发起信心，增进国民的道德"①。关于社会道德是指普通的公民道德，章太炎指出："以勇猛无畏治怯懦心，以头陀净行治浮华心，以唯我独尊治猥贱心，以力戒诳语治诈伪心。"②"非说无生，则不能去畏死心；非破我所，则不能去拜金心；非谈平等，则不能去奴隶心；非示众生皆佛，则不能去退屈心；非举三轮清净，则不能去德色心。"③章太炎希望"释迦正教，普及平民"，以成就无畏、独立、自主、自尊的现代社会公民人格（自由人格）。关于"革命道德"，主要是希望借助佛学"同发大愿，勇猛无畏"的精神鞠躬尽瘁光复事业，"我们今日要用华严、法相二宗改良旧法。这华严宗所说，要在普度众生，头目脑髓，都可施舍与人，在道德上最为有益。这法相宗所说，就是万法惟心。一切有形的色相，无形的法尘，总是幻见幻想，并非实在真有"④。按照休谟的划分，社会道德或革命道德属于价值领域，而法相学之真如实相属于事实领域（章太炎认为如此），章太炎经过重重论证而证立法相学之真如实相恰恰是为他的社会道德或革命道德这种价值服务，换言之，章太炎提倡法相学背后有将事实与价值相统一的思想诉求。

同时，以法相真谛为标准，他对中国传统哲学的俗谛展开批判。他批判儒学："孔教最大的污点，是使人不脱富贵利禄的思想。"⑤又云："夫以洛、闽儒言，至为浅薄，而营生厚养之士，昌言理学，犹且为人鄙笑。"⑥这里显然是以"上契无生，下教十善"⑦的法相真谛批判儒学以干禄为目的的俗谛。应该说，这种批判并不符合孔孟儒家的理想，却可能是现实生活中儒学的真实面目。另外，墨子的有神论、孟子的神我论也在批判之列。特别值得一提的是，此时期章太炎更以法相这种真谛批判庄学之俗谛，他在《明见》中指出庄子哲学不是究竟了义，庄子不悟"三世非实有"，立足于世间而"爱人也终无已"，虽然类似于佛教的"摄化众生""尽于未来"，但毕竟庄子救人只是承认世间法的"乐不胜计"，而没有佛

---

① 章太炎：《在东京留学生欢迎会上之演讲》，《章太炎全集》（一〇），上海人民出版社2018年版，第4页。
② 章太炎：《与梦庵一》，《章太炎全集》（一五），上海人民出版社2018年版，第321页。
③ 章太炎：《建立宗教论》，《章太炎全集》（四），上海人民出版社2018年版，第440页。
④ 章太炎：《在东京留学生欢迎会上之演讲》，《章太炎全集》（一〇），上海人民出版社2018年版，第6页。
⑤ 章太炎：《在东京留学生欢迎会上之演讲》，《章太炎全集》（一〇），上海人民出版社2018年版，第5页。
⑥ 章太炎：《建立宗教论》，《章太炎全集》（四），上海人民出版社2018年版，第440页。
⑦ 章太炎：《建立宗教论》，《章太炎全集》（四），上海人民出版社2018年版，第440页。

教那样摄化众生、涅槃成佛的无上正觉，"此亦庄周之所短也"①。此实则是以佛学之真批判庄学之俗。

章太炎在"转俗成真"之后，以阿赖耶识为宇宙本体，按照法相学"三界唯心所现"这一真谛，构建成一个初步的哲学体系，在人生哲学上形成"空无依傍""自尊其心""人无我相"的勇猛人格、平等人格、独立人格、自由人格；在政治哲学上形成"五无论"的哲学乌托邦；在进化论上形成善恶并进、苦乐相随的"俱分进化论"；在国家伦理上形成"个体为真，团体为幻"的启蒙民权学说等。同时，他以此真谛为标准对进化论、公理论、唯物论、自然论等"西方四惑"展开批判。不过，随着章太炎哲学思考历程的"转胜"或"回心"，法相宗这种真谛之不足也日益凸显出来，在完成一系列以唯识学之真谛为核心的系列哲学著作之后，俗谛逐渐在他的哲学思考中提上日程，这就是后来他自况的"终乃回真向俗"。

第二节　"回真向俗"：从佛学之真到庄学之俗

毋庸讳言，法相学作为一种宗教理论，"俗昧远理，僧滞近教"②，法相宗驰骛于对"真"之追求而对"俗"和"妄"的观照是不够的。经过否定之否定的回还往复之后，章太炎不得不面对以"众同分心"为普遍诉求的世间法世界。这个世间法在法相宗看来是一个幻境、假有、妄执、相分，但对于包括章太炎在内的大多数人来说，这个世间却是一个如此真实的存在，正是生老病死、贪嗔痴慢疑、民族国家天下等存在证明着世间的存在。如何更好地观照这个世间而不是驰骛于出世间，如何更好地观照这个妄境而不是一味地否定这个妄境，成为自况平生"得于忧患者多"（《章太炎先生自定年谱》，1910 年条）的章太炎不得不面对的问题。

一　佛学真谛之不足

随着阅历之加深和世道之变幻，章太炎逐渐意识到佛学的不足，开始批判佛学，由出世间法之真谛逐渐转向世间法之俗谛，此即所谓"回真向俗"。章太炎批评佛学之相关文献有：

---

① 章太炎：《国故论衡先校本》，《章太炎全集》（一四），上海人民出版社 2018 年版，第 137 页。

② 章太炎：《与太虚一》，《章太炎全集》（一六），上海人民出版社 2018 年版，第 1090 页。

（1）余既解《齐物》，于老氏亦能推明。佛法虽高，不应用于政治社会，此则惟待老庄也。儒家比之，邈焉不相逮矣。①

（2）佛法中原有真谛、俗谛二门……只在俗谛一边，却有许多不满。那不满在何处呢？佛法只许动物为有情，不许植物为有情，至于矿物，更不消说了。兄弟平日好读《瑜伽师地论》，却也见他许多未满。②

（3）若专用佛法去应世物，规画总有不周。……唯有把佛与老庄和合，这才是"善权大士"，救世应务的第一良法。③

（4）［佛学］苟专以灭度众生为念，而忘中涂恫怨之情，何翅河清之难俟，陵谷变迁之不可豫期，虽抱大悲，犹未适于民意。④

（5）虽然，遍从佛法之说者，于正趣真如即有用，于经纬人事又往往失之疏略矣。⑤

通过以上文献可以看出，章太炎对佛学之不满是显而易见的。文献（1）（3）（5）指出佛法作为出世间法并没有对世间法做出具体观照，对政治社会没有具体"规画"，对救世应物没有具体措施，对经纬人事失之疏略，一言以蔽之，佛学真谛有余而俗谛不足；相反，老庄特别是庄子的齐物哲学对这方面有很好的观照，"打破文明野蛮的见……这是老庄的第一高见。就使维摩诘生在今日，必定也主张这种议论，发起这种志愿，断不是只说几句慈善事业的话，就以为够用了"⑥，庄子哲学能以俗谛补足佛学真谛之不足，故言"经国莫如《齐物论》"，佛学潜在的思想要通过庄学才能变为显在。文献（2）则指出他对佛学之"俗谛一边，却有许多不满"，佛学观照有情众生之情界，而没有观照到无情众生之器界，造成情界与器界之不平等，这是法相学阿赖耶识不究竟之处。面对这种不足，庄子哲学则有补救之功，如章太炎指出："近人所谓平等，是指人和人的平等，那人和禽兽草木之间还是不平等的。佛法中所谓平等，已把人和禽兽平等。庄子却更进一步，与物都平等了。"⑦ 在这个意义上说，与佛学仅仅言"众生

---

① 章太炎：《自述学术次第》，《章太炎全集》（一九），上海人民出版社2018年版，第495页。

② 章太炎：《佛学演讲》，《章太炎全集》（一〇），上海人民出版社2018年版，第150页。

③ 章太炎：《佛学演讲》，《章太炎全集》（一〇），上海人民出版社2018年版，第159页。

④ 章太炎：《齐物论释定本》，《章太炎全集》（六），上海人民出版社2018年版，第141页。

⑤ 章太炎：《与车铭深》，《章太炎全集》（一六），上海人民出版社2018年版，第1256页。

⑥ 章太炎：《佛学演讲》，《章太炎全集》（一〇），上海人民出版社2018年版，第159页。

⑦ 章太炎：《国学十讲》，《章太炎全集》（一〇），上海人民出版社2018年版，第336页。

平等"不同，庄子哲学是"究竟平等"论者，庄子这种"究竟平等"的哲学最终为他的"万化无极，乐不甚计"的生死学张本。不难发现，这里也是以庄学之俗谛补救佛学之真谛。文献（4）指出，佛学发大愿度众生，然众生无尽愿无尽，其愿诚然令人感佩，但度一切众生成佛就如河清难俟、谷岸变迁一样"不可豫期"，佛学"虽抱大悲，犹未适于民意"，只有庄学这种"随顺生死，不住涅槃"之生死学才更适合民意，《齐物论释》两次提到庄子是"以百姓心为心"，此实则也是以庄学之俗谛补救佛学之真谛。

总之，佛学之不足主要有（1）潜在思想没有化成显在思想，故没有对世间的具体观照；（2）其平等性不是究竟平等；（3）度一切众生成佛之理想并不能实现，理想虽高，难契民意。于这些不足，庄子哲学可以一一补救之。故可以说，章太炎"终乃回真向俗"实则是以庄学之"俗"救佛学之"真"。在《齐物论释》和《菿汉微言》以及相关论著中，我们可以看到章太炎对庄子给予最高的定位，佛学所有者庄生有之，佛学所无者庄生亦有之，庄学是兼世间法出世间法、穷尽内圣外王之道、以百姓心为心的最上乘法。

二 "割制大理，莫不孙顺"：以齐物哲学观照古今俗谛

经过重重哲学论证和对诸派思想内在会通，章太炎形成了自己的"真如—齐物—天倪—忠恕"的评骘学术之法，不难发现，其核心依旧是庄学，即以庄学这种含摄真谛之俗谛去观照诸派学说之俗谛，这是他"回真向俗"之"俗"的另一义所在。他在《菿汉微言》中指出：

> 顷来重绎庄书，眇览《齐物》，芒刃不顿，而节族有间。凡古近政俗之消息，社会都野之情状，华梵圣哲之义谛，东西学人之所说，拘者执著而鲜通，短者执中而居间，卒之鲁莽灭裂，而调和之效，终未可睹。譬彼侏儒，解遘于两大之间，无术甚矣。余则操齐物以解纷，明天倪以为量，割制大理，莫不孙顺。①

这则文献正是章太炎"回真向俗"之后以庄学之"齐物"和"天倪"对各种俗谛之观照，古今中西、政俗都野、华梵中西、汉学宋学、今文古文、程朱陆王等一切学术都被安排在庄学"齐物"这一总冒之下获得平等

① 章太炎：《菿汉微言》，《章太炎全集》（一二），上海人民出版社2018年版，第70页。

性之观照，而各家各派学术存在的独特意义和思想界限也在"天倪"这一"自然分际"之原则下得到合理性的解释，获得在思想史上存在的意义，"此类是非，各当观其深旨，非可随文生执"①，其中，即使被他曾经否定过、被他视为非究竟教的耶和华教也在"格以天倪"中意识到其存在的合理性。一切执著，不离天倪，一切执著都在"齐物""天倪"中得到尊重和理解，妄自破而纷亦解。这些"无物不然，无物不可"的俗谛不是圆滑，而是在"天倪"这种居高临下中平等地观照一切。《菿汉微言》可以说是章太炎以"操齐物以解纷，明天倪以为量"这种方法对古今各派学术评骘和反思之实践，这些学说大部分都属于俗谛。如，在论及"孔子拒绝樊迟学稼"时指出："吏、农、陶、冶，展转相资。必欲一人万能，势所不可。自政俗观之，九两六职，平等平等。自学术观之，诸科博士，平等平等。"② 章太炎按照"齐物"与"天倪"的原则对吏农陶冶、九两六职（详《周礼》）等各种职业给予平等的观照。"齐物云者，谓一切知见，若浅若深，若真若俗，若正若倒，和以天倪，靡不会归真谛，亦非是无高下差别也"③，如前文所论及，章太炎在"转俗成真"阶段，他一系列论著都表现为以真识斥妄识、以真谛斥俗谛、以正见斥倒见等以真如实相破一切外道哲学之立场，此处则相反，他以"格以齐物""和以天倪"的方式对这一切学说进行重新评骘并给予公允之论。李泽厚因《菿汉微言》最后一则提到《周易》《论语》、文王、孔子、程朱陆王以及汉宋之争等而得出章太炎"回真向俗"是回归儒学之"俗"，事实上，章太炎指出程朱陆王等儒家乃与王弼、蔡谟、孙绰、李充等魏晋玄学家相伯仲，而且也对耶和华教表现出部分认可，故不能因章太炎提到儒家而遽定他归宗儒家，儒家只是"华梵圣哲之义谛，东西学人之所说"之一派。

　　总之，庄学是"高言平等，还顺俗情"（《齐物论释定本》）之学，庄子之于章太炎"回真向俗"的意义既在于以庄学这种世间法之"俗谛"补救佛学出世间法之"真谛"，还在于，以庄子的"齐物""天倪"哲学进一步观照各种"俗谛"，庄学为其提供方法论基础和治学论学原则。可见，章太炎"回真向俗"之"俗"，既包括庄学作为世间法之俗，还包括在庄学之"齐物""天倪"观照下的古今中西各派学术之俗，此两种俗谛之核心都是庄学。当然，这种庄学之"俗"以法相之"真"为前提，庄学之

---

① 章太炎：《菿汉微言》，《章太炎全集》（一二），上海人民出版社 2018 年版，第 43 页。
② 章太炎：《菿汉微言》，《章太炎全集》（一二），上海人民出版社 2018 年版，第 44 页。
③ 章太炎：《菿汉微言》，《章太炎全集》（一二），上海人民出版社 2018 年版，第 42 页。

"俗"含摄法相之"真"。正是庄学之"俗"为法相之"真"打开一个全新的思想世界，一方面使"真"成为"广利有情"的世间法；另一方面，使得各种世间法、世谛获得平等观照，这两者都是章太炎"见谛转胜"的意义所在。

章太炎"终乃回真向俗"实质是以庄学之"俗谛"补救法相学之"真谛"，就如西方中世纪哲学家承认无与伦比的上帝只有存在于现实世界才是真正的无与伦比的存在（安瑟伦）一样，与此类似，"有情际即实际者，圆成实自性也。以方便善巧故，安立有情于实际中者，随顺依他起自性。"① 一个周延圆满的"真"一定是包含着"俗"的"真"，否则此"真"就不是一个圆满的"真"，在《齐物论释》中，"真与俗"保持着"等量齐观"（张志强，前揭）的地位。职是之故，"明真"与"通俗"成为章太炎撰写《齐物论释》的两大交汇互摄之主题，《齐物论释》是章太炎"转俗成真"的最高点，是"回真向俗"之转捩点，事实上也应该是最高点，他之后的俗谛著作之理论深度再也没有超过《齐物论释》。《齐物论释》撰写于光绪三十四年（1908）前后，因此，章太炎"回真向俗"时间点应该是从此年（1908）开始，而不应该断为"龙泉之厄"第一年的中华民国三年（1914）。虽然章太炎自道"癸甲之际，厄于龙泉，始玩爻象"（"癸甲之际"指癸丑年1914年末到甲寅年1915年初之际），并于中华民国五年（1916）写下"自揣平生学术，始则转俗成真，终乃回真向俗"之语，但不能因此断定他"转俗成真"的转捩点就在此年。此语是章太炎对其前半生学术历程之总结，并不意味着他第二次回转再说此语时才开始。佛学之"真"这种彻底的"遣执荡相"之学为其庄学之俗张本，而庄学之俗这种"随顺有边"之学使得佛学才能真正落实为世间法而成为利用厚生之道。没有佛学之"真"，庄学之"俗"便为无本之木；没有庄学之"俗"，佛学之"真"就如空中楼阁而不能对世间法有如实观照。章太炎之真俗并建、俗真圆满之学集中于《齐物论释》一书中，其以"千六百年未有等匹"自诩此书，亦非虚言。至于章先生后来扬弃庄佛而粹然成为儒宗、提倡尊孔、参与投壶祭孔、重构儒家"新四书"（《孝经》《大学》《儒行》《丧服》）、论述"读经有利而无弊"等已经是20世纪30年代之事了。

---

① 章太炎：《建立宗教论》，《太炎文录初编》，《章太炎全集》（四），上海人民出版社2018年版，第438页。

三 "明真"与"通俗"：庄学含摄真俗二谛

首先需要强调的是，章太炎所谓"终乃回真向俗"不是因"俗谛"而扬弃"真谛"，而是在其"俗谛"中接受并含摄"真谛"。也就是说，其"回真向俗"之"俗"是蕴"真谛"于其中之"俗谛"，这个"俗谛"不是佛学所谓的外道戏论之俗谛，而是在继承佛学之真谛的基础上将其所可能蕴含的潜在思想显白出来，或对之进行创造性的转化以期返本开新，以让佛法变成利用厚生、经国济民、衣养万物的世间法。《齐物论释》有言"转此成心则成智，顺此成心则解纷"，转此成心即成真谛，顺此成心即成俗谛，这正好代表着章太炎哲学轴心突破时期前后两个阶段，前者是他"转俗成真"的阶段，也是他的思想形成中着眼于"破执求真"的批判性时期；后者则是他"回真向俗"的阶段，也是他的思想形成中趋向于"以真立俗"的建设性时期。① 以"逍遥""齐物""天倪""随顺""两行"等哲学为代表的庄子哲学正是含摄着真谛之俗谛，亦即是说，庄学含摄着真俗二谛。

章太炎比较庄子《齐物论》最后两则寓言"罔两问影"和"庄周梦蝶"时指出："前章说无待所以明真，此章说物化所以通俗。"② "明真"与"通俗"成为《齐物论释》的两大主题，故笔者非常赞同张志强教授、孟琢教授等将《齐物论释》定位为章太炎"转俗成真"与"回真向俗"之转捩点。《齐物论释》有四大主要内容。其一，在求真的意义上会通庄学与佛学，将庄子之《齐物论》与法相学（包括华严学）一一格义，"齐物本以观察名相，会之一心"③，他以佛学之阿赖耶识格义庄子之"灵府"，以阿陀那识格义"灵台"，以阿赖耶识含藏种子格义庄子之"成心"，以庵摩罗识格义庄子之"常心"，即通过唯识学而重建庄学存有论。其二，以庄子的"道—言悖论""齐—言悖论"格义法相学的"真如—名言悖论"，"离言说相，离名字相，离心缘相，毕竟平等，乃合《齐物》之义"，"以论摄论，即论非齐。所以者何，能总摄故。方谓之齐，已与齐反，所以者何，遣不齐故"④，在哲学叙事方式上论证庄学与法相学的一致性。其三，通过诠释《齐物论》"尧伐三子"章，提出"世情不齐，文野

① 参见张志强《"操齐物以解纷，明天倪以为量"——论章太炎"齐物"哲学的形成及其意趣》，《中国哲学史》2012 年第 3 期。

② 章太炎：《齐物论释定本》，《章太炎全集》（六），上海人民出版社 2018 年版，第 139 页。

③ 章太炎：《齐物论释定本》，《章太炎全集》（六），上海人民出版社 2018 年版，第 78 页。

④ 章太炎：《齐物论释定本》，《章太炎全集》（六），上海人民出版社 2018 年版，第 73、75 页。

异尚"的哲学观点，以回应当时"以文明之名行侵略之实"的帝国沙文主义，"尧伐三子"这则寓言"精入单微，还以致用"，"单微"即"明真"，"致用"即"通俗"，以真为体而以俗为用。其四，通过诠释"庄周梦蝶"这则寓言来论证庄子以一阐提证法身，摄化众生，不住涅槃，白衣示相，让百姓随顺生死比一味驰骛涅槃更契合民意。前两者是发明庄子之"真谛"，后两者是发明庄子之"俗谛"，庄学就是既能"明真"又能"通俗"的真俗两全之学。

在《齐物论释》中，我们多次看到章太炎对庄学的这种定位，比如："能上悟唯识，广利有情，域中故籍，莫善于《齐物论》。"又如："原夫《齐物》之用，将以内存寂照，外利有情。"（前揭）此两处对庄子之定位中，"上悟唯识""内存寂照"是说庄子能"明真"，"广利有情""外利有情"是说庄子能"通俗"。另外，还比如云："圣人内了无言，而外还顺世。顺世故和之以是非，无言故休乎天钧。"[①]"内了无言"是说庄子能"明真"；"外还顺世"是说庄子能"通俗"，结合《天下》篇论庄子"独与天地精神往来，而不敖倪万物；不谴是非以与世俗处"，章太炎把庄子理解为地上菩萨，看来并非完全虚说。当然，章太炎认为庄子以"明真"而"通俗"，最突出的就是他对"罔两问影"和"庄周梦蝶"的诠释，前者"说无因者，亦佛法最后了义"，"无待"隐喻"缘会众多，无有主因可得"，唯其无因，故不得不说"造色者心也，证见心造，其物自空"[②]，此即所谓"明真"；与此不同，"庄周梦蝶"所显发的是"通俗"，此则寓言隐喻的是轮回，佛学以轮回为苦，庄生却以轮回为乐，并不是说庄子不懂佛法不能"明真"，恰恰相反，庄子是在"明真"的基础上"通俗"，"佛法以轮回为烦恼，庄生乃以轮回遣忧"，理由是："'菩萨一阐提，知一切法，本未涅槃，毕竟不入。'此盖庄生所诣之地。"[③]庄子已"明真"故能"证无生灭"；庄子还要"通俗"故"示有生灭"，"证无生灭，示有生灭，是谓两行"亦即"明真"与"通俗"之两行。因此，"庄周梦蝶"是庄生示现白衣，他现身说法而告诫众生，生死不过是轮回，轮回中的一切众生都能"自喻适志"，万化无极，乐不胜计，有情无情，各得其所，因为万物都是平等的，也都是自在的。不难发现，章太炎暗中将庄子"天

---

① 章太炎：《齐物论释定本》，《章太炎全集》（六），上海人民出版社2018年版，第98页。
② 章太炎：《齐物论释定本》，《章太炎全集》（六），上海人民出版社2018年版，第137页。
③ 章太炎：《齐物论释定本》，《章太炎全集》（六），上海人民出版社2018年版，第139—140页。

倪"这种"俗谛"取代佛学"寂灭"这种真谛①，"忘年为体，穷年为用，比其应化，则死生修短惟所卷舒，故能止于常转，不受漂荡，寄于三世，不住寂光。"②"忘年为体"即承认时间不过是阿赖耶识之"体"所变现，故为假有，是为"真谛"，"穷年为用"强调随顺年寿长短而不起分别心之"用"，是为"俗谛"，"寄于三世"是顺应庄学之"天倪"不以轮回为苦，"不住寂光"是不执著佛学之"真谛"，故不驰骛于涅槃。庄子就是"本来涅槃，应化不尽，即毕竟不入涅槃"的大悲阐提，庄学是既"明真"又"通俗"之圆教。

章太炎《齐物论释》特别强调庄子之"天倪"义，在某种意义上说，他"回真向俗"即回佛学之"真如"而向庄子之"天倪"，"天倪所证，宁独生空，固有法空，即彼我执法执，亦不离是真妄一原，假实相荡，又非徒以自悟，乃更为悟他之齐斧也"③，"天倪"后退一步是"法我二空"，向前一步则是"真妄一原"，假实相荡，真俗互摄，"自悟"即悟法我二空，"悟他"即随顺有边，虽行三界不坏法性心。章太炎"俗谛"不碍"真谛"的"天倪"思想实则也受到华严学之影响，他在《齐物论释定本》中指出："一种子与多种子相摄，此种子与彼种子相倾，相摄非具即此见具，相倾故碍转得无碍，故诸局于俗谛者，观其会通，随亦呈露真谛。……此说同异之辩，不能相正，独有和以天倪。第一章说和以是非，休乎天钧，此谓两行，已示其崩萌矣。康德之批判哲学，《华严》之事理无碍，事事无碍，乃庄生所笼罩。"④换言之，华严学之"事理无碍"即唯识学之"真妄一原"，亦即庄学之"天钧与是非"之"两行""和以之天倪"。

四　"《齐物论》者，内外之鸿宝也"

在《菿汉微言》中，我们也看到，章太炎将庄学定位为"内圣与外王两全之道""兼世间法与出世间法之两法""驰骋空有之域"等，这些定位都突出庄子之俗谛或世谛的一面。《菿汉微言》至少有以下文献突出庄学之世间性：

---

① 关于佛学以"法性"对道家"自然"之否定，章太炎认为佛教之"法尔"即道家之"自然"，并对佛教这种观点展开批判。[章太炎：《佛学演讲》，《章太炎全集》（一○），上海人民出版社 2018 年版，第 156 页]
② 章太炎：《齐物论释定本》，《章太炎全集》（六），上海人民出版社 2018 年版，第 126 页。
③ 章太炎：《齐物论释定本》，《章太炎全集》（六），上海人民出版社 2018 年版，第 128 页。
④ 章太炎：《齐物论释定本》，《章太炎全集》（六），上海人民出版社 2018 年版，第 127—128 页。

（1）世法可不坏出世法邪？不能也。……庄生不欲以仁义撄人心，此纯出世法之言也。又云：子之爱亲，命也，不可解于心；臣之事君，义也……此不坏世法之言也。

（2）《庄子》书中杂有世间出世间法。……大士说法，唯在应机。然应机之云，非局于当人问答之间，亦当观彼一期政俗风会变迁之迹。……〔庄生〕轮回之义既明，则世人系恋驰求之心可以少杀。……且此土政治生计，较为切要，孔氏且不置论，即老庄本多持世善俗之谈。

（3）〔庄生〕则曲明性相之故，驰骋空有之域，委悉详尽，无隐乎尔。……则大乘菩萨以悲悯利生之故，虽三恶道亦见身而为说法。……圣者有梦，唯佛无梦，而孔子梦见周公，庄生梦为胡蝶，知其未证佛果，然以言说事状相征，自非地上菩萨必不得尔。

（4）〔印度〕其务减生，其国易为，则政治非所亟，加以气候温燠，谷食易熟，裘絮可捐，则生业非所亟。释迦应之，故出世之法多，而详于内圣。支那广土众民，竞于衣食，情实相反，故学者以君相之业自效，以经国治民利用厚生为职志。孔老应之，则世间之法多，而详于外王。兼是二者，厥为庄生。即《齐物》一篇，内以疏观万物，持阆众甫，破名相之封执，等酸咸于一味；外以治国保民，不立中德，论有正负，无异门之衅，人无愚智，尽一曲之用，所谓衣养万物而不为主者也。……故《齐物论》者，内外之鸿宝也。①

以上四则文献中，我们看到，（1）（2）两则文献指出庄子哲学是"世法不坏出世法"或"杂世法出世法"的两全之道，出世法是指"真谛"，世法是指"俗谛"，世法与出世法两不相坏，即"真谛"与"俗谛"之圆满。文献（3）强调庄子"曲明性相之故，驰骋空有之域"，"性"与"空"为"真谛"，"相"与"有"为"俗谛"，庄学性相双彰，空有兼具，"真谛"与"俗谛"不落一隅。文献（4）则在文化人类学的意义上指出中印两种文化之不同，印度诸国小国寡民，容易管理，故政治学不发达，同时气候温热，谷食丰饶，故不务营生，这种文化孕育出释迦牟尼那种出世间法，是一种内圣之法；中土则广土众民，衣食短少，故学者好治"君相之业"，追求经国治民、利用厚生这种世间法，亦即外王之法，此即

① 章太炎：《菿汉微言》，《章太炎全集》（一二），上海人民出版社 2018 年版，第 15、26—27、37、26 页。

孔老之学之特征。佛法详于"内圣"而"外王"不足，孔老则"外王"有余而"内圣"不足，前者有"真谛"而无"俗谛"，后者多"俗谛"而少"真谛"，只有庄子能穷尽"内圣"与"外王"之两全，能兼出世间法与世间法二法。其中，"内以疏观万物，持阅众甫"是"真谛"，"外以治国保民，不立中德"是"俗谛"；"衣养万物而不为主"是以"真谛"（"不为主"）摄"俗谛"（"衣养万物"）；"撄宁而相成，云行雨施而天下平"，"撄宁而相成"是"真谛"，"云行雨施而天下平"是"俗谛"，真俗不二，内外相摄，故云"《齐物论》者，内外之鸿宝也"。与此类似，章太炎晚年给弟子车铭深的信中承认周孔之道是"未尝执着生机以为不可舍置，亦未尝不随顺法行而为众人谋其正德利用厚生者"，而"能见斯旨，孔、颜而后，唯有庄生"。①

可见，在章太炎笔下，庄学乃是内圣外王之道，实则亦即"真谛""俗谛"两全圆满之道。不过，与佛学驰骛于真谛相比，"老庄盛言缘起、内证，少言涅槃"②，章太炎更突出庄学俗谛之一面，此实则是以庄学之俗补救佛学之真。同时，除了对庄学之俗谛重视之外，章太炎在"回真向俗"之后，也开始显发佛学本身所具有的俗谛，无论在《齐物论释》中还是在《菿汉微言》中，我们都看到章太炎对佛学俗谛之揭橥，比如《齐物论释》强调"究竟觉地，而亦无涅槃事"，"摄化众生，不住涅槃"，"内证圣智与随世示现"等大乘佛学的世间性。在《菿汉微言》中，章太炎强调"佛法所谓发菩提心发大悲心"，也包含世间法，他以《中庸》之"诚"解释佛学之"菩提心"，佛学"依无明堕入法尔，还依无明超出"，这种"超出"的过程即"赞天地之化育""可以与天地参"之积极入世过程，这种参赞天地之过程也可以证大自在天③之佛果。章太炎"回真向俗"之后尤其强调佛学之俗谛，以佛法观照世间，以至于后来他对太虚"不离人乘"的人间佛教表示服膺与赞誉。

第三节　"操齐物以解纷，明天倪以为量"

章太炎以"庄子之俗"救"佛学之真"，不只是在思想内涵上接受庄

①　章太炎：《与车铭深》，《章太炎全集》（一六），上海人民出版社 2018 年版，第 1256 页。

②　章太炎：《菿汉微言》，《章太炎全集》（一二），上海人民出版社 2018 年版，第 15、26—27、37、26 页。

③　章太炎：《菿汉微言》，《章太炎全集》（一二），上海人民出版社 2018 年版，第 43 页。

子之"俗谛"，更在治学态度上接受庄子"齐物""天倪""天均"等"俗谛"以作为他平章古今学术之态度。我们会看到，仅仅依据《菿汉微言》所言"始玩爻象，重籀《论语》"就认定这是章太炎"回真向俗"之标志，不仅在时间上成问题，而且在内容上若把"回真向俗"视为"回佛向儒"亦有化约之嫌。事实上，章太炎在"转俗成真"之时，强调法相为唯一之真，如前文所引，包括佛学其他别派儒家、道家等各派宗教以及西方哲学等在内都被他一一破之否之。当他"回真向俗"之时，他开始以"齐物""天倪""天均"等庄学原则观照古今中西一切学术（俗谛），由于庄学"不立一我之量"（王夫之《庄子解》），因此能以一种公允、平等的眼光去臧否古今，曾经被他否定的诸派学术被他一一重新评估并发现其价值，此即所谓"操齐物以解纷，明天倪以为量"。

一　"转此成心则成智，顺此成心则解纷"

章太炎"回真向俗"就不再是执著于某家某派，而是平章古今中西之学，权衡诸家利弊，此即他"回真向俗"的另一种俗谛。不可否认的是，他平议并接受诸家俗谛依旧以庄子"天倪"这种俗谛为前提，庄子的齐物哲学"不立中德，论有正负，无异门之衅"（《菿汉微言》，前揭），庄子的"天倪""齐物"原则恰恰就是不立"中德"这个标准，诸家学说可以自由争鸣而不能有帷墙之见和门户之争，正是庄子这种俗谛给予他平视天下学术之眼光。"凡诸儒林白衣，大匠袄师，所论纵无全是，必不全非边见，但得中见一部，不能悉与中见反也"①，诸家所见纵然非全面之见，但亦未必毫无所见，一切学说皆有所见有所蔽。可见儒家之《论语》《周易》乃是作为俗谛之一端被章太炎接受，而不是儒家学说成为他心目中唯一之俗谛，因此不能说他"回真向俗"就是回归儒家，只能说即使在学术评价上他所"回真向俗"之"俗"依旧以庄学为最后原则，此即所谓"操齐物以解纷，明天倪以为量"，而庄学之"俗"依旧以摄纳佛学之"真"为前提。关于"解纷"，《齐物论释》云："成心即是种子，种子者，心之碍相，一切障碍即究竟觉，故转此成心则成智，顺此成心则解纷。"②世间万法皆阿赖耶识种子所变现，唯遮境有，识简心空，转识成智则得解脱，依境随俗则得自然，"操齐物以解纷"即以一种平常心对外境、对万法、对各种学术流派做出公允之论，"不齐而齐"，解其纷乱。关于"天

---

① 章太炎：《齐物论释定本》，《章太炎全集》（六），上海人民出版社 2018 年版，第 127 页。
② 章太炎：《齐物论释定本》，《章太炎全集》（六），上海人民出版社 2018 年版，第 88 页。

倪"，《齐物论释》云："［真人］真自证者，初依天倪为量，终后乃至离念境界所证得者，即亦最胜天倪也。"①"天倪"即离念自证所得之境，初依"天倪"为自证之法，最终亦以"最胜天倪"为自证之境。"天倪"即世间万法、古今学术的自然分际，"惟和之自然之分，任其无极之化，则是非之境自泯，而性命之致自穷也"②，因此，"操齐物以解纷，明天倪以为量"即以含摄法相真谛的庄学俗谛去平议权衡古今学术。

二　"生道济生，而生终不可济"

现在我们看《菿汉微言》所言"始玩爻象，重籀《论语》"是何义：

> 癸甲之际，厄于龙泉，始玩爻象，重籀《论语》，明作《易》之忧患，在于生生，生道济生，而生终不可济，饮食兴讼，旋复无穷。故唯文王为知忧患，唯孔子为知文王，《论语》所说，理关盛衰，赵普称半部治天下，非尽唐大无验之谈。又以庄证孔，而耳顺、绝四之指，居然可明，知其阶位卓绝，诚非功济生民而已。③

此段文献向来被学界视为章太炎"回真向俗"之标志，即承认章太炎从此归命孔子。事实上，章太炎在龙泉之厄中，重新检讨《论》《易》等儒家经典，但他并没有在一般意义上肯定儒学之价值，他所肯定的儒学，依旧是佛学化的儒学。此处所言"明作《易》之忧患，在于生生，生道济生，而生终不可济，饮食兴讼，旋复无穷"，"生道济生，而生终不可济"是说仅仅以俗谛济生有所不足，没有经过真谛洗礼过的俗谛终究不可济生，即没有经过真谛洗礼过的人生终究会陷于"饮食兴讼，旋复无穷"的苦海之中，因此说"唯文王为知忧患，唯孔子为知文王"。《菿汉微言》第36条专门检讨《易传》之"生生问题"，此处尤证章太炎"回真向俗"不是回归儒家之俗。依章太炎之见，《易传》"生生之道"相当于佛学之"五戒"之"不杀生"，"五戒既具，非入无余涅槃而灭度之"，但仅有"五戒"还不足以涅槃成佛，"生生不已，终于竞争"，故章太炎认为"生生"只是"既济"之道，而涅槃才是"未济"之道，众生执著于生生而不知涅槃，文王、孔子皆为众生不了究竟实相这种"未济"而"忧患"。换言之，文

---

①　章太炎：《齐物论释定本》，《章太炎全集》（六），上海人民出版社2018年版，第126页。
②　章太炎：《齐物论释定本》，《章太炎全集》（六），上海人民出版社2018年版，第126页。
③　章太炎：《菿汉微言》，《章太炎全集》（一二），上海人民出版社2018年版，第70页。

王、孔子之所忧者正如佛陀所忧一样，"虽度而未得度也，此文王、孔子之所同忧"①。如前文所引，章太炎笔下的文王、孔子皆是"以悲悯利生之故，虽三恶道亦见身"的大乘菩萨，因此，他们所忧患的正是仅仅"以生道济生"这种俗谛的不足。其实，章太炎预设《周易》《论语》等都是涵摄"真俗二谛"之经典（《周易》既有"生生"之俗谛，亦有"乾元"之真谛，乾元即藏识。据《菿汉微言》第38条），既然如此，赵普声称半部《论语》治天下就非唐大之言，此处之《周易》《论语》皆已佛学化、庄学化，所谓"以庄证孔，而耳顺、绝四之指居然可明"。"以庄证孔"的前提是"以佛证庄"，故实则亦即"以佛证孔"。《齐物论释》把孔子之"耳顺"称为"天耳他心二通"②，"天耳通""他心通"是正觉者之六种自由无碍之神通，"天耳通"能闻六道众生苦乐忧喜之语言及世间种种之音声，"他心通"能知六道众生心中所思之事，此实则即孔子之"恕道"。孔子"绝四"即"人无我相"，孔子已证法我二空，了悟依他起自性，得圆成实性。孔子"耳顺""绝四"之境以及颜回"心斋"都是以佛学之真谛观照万法之俗谛，孔颜庄师弟赓续授受不爽③，故这实则也是庄学"自悟悟他"之本。

如前文所指出，这里不得不提章太炎"以庄证孔"的另一大理论发明，即以庄子齐物哲学解释孔子的忠恕之道。《检论》云："体忠恕者，独有庄周《齐物》之篇，恢恑谲怪，道通为一。"（前揭）《菿汉微言》云："仲尼以一贯为道为学，贯之者何？只忠恕耳。……尽忠恕者，是唯庄生能之，所云齐物即忠恕两举者也。"④ 以章太炎之见，"心能推度曰恕，周以察物曰忠"，恕道是由此及彼、由己及人之推度；忠道是周全的体贴他者，适人之适，从人之好，尊重异己，不可以己方物。只有经过佛学"人无我相"与庄学"吾丧我"之后才能做到"忠恕两举"，可见，忠恕这种俗谛必须以佛学之真谛为前提，章太炎将佛学、庄学、孔学合而论之，他实则是将佛学之"真如—万法平等"、庄学之"丧我—齐物"、孔学之"绝四—忠恕"进行一种内在的会通。⑤

① 章太炎：《菿汉微言》，《章太炎全集》（一二），上海人民出版社 2018 年版，第 70 页。
② 章太炎：《齐物论释定本》，《章太炎全集》（六），上海人民出版社 2018 年版，第 129 页。
③ 参见杨海文《"庄生传颜氏之儒"：章太炎与"庄子即儒家"议题》，《文史哲》2017 年第 2 期。
④ 章太炎：《菿汉微言》，《章太炎全集》（一二），上海人民出版社 2018 年版，第 31 页。
⑤ 参见李智福《齐物与忠恕：章太炎"以庄证孔"思想发微》，《齐鲁学刊》2019 年第 1 期；人大复印报刊资料《中国哲学》2019 年第 8 期。

　　如此，经过佛学和庄学洗礼后的儒家忠恕之道也就成为他评判古今学术的方法，在《菿汉微言》中，他明确提出应以忠恕之道衡论古今学术①，把宋明以后的学术分为五科，臧否各派长短，各家皆有所取有所不取。应该说，以忠恕论学实则即以庄学的齐物论学，即以公允之心审视一切俗谛之价值，当然，这种俗谛依旧以"泯绝人法，兼空见相"这种真谛为前提，遣执荡相之后才能随顺有边而不生门户之见。

---

① 　章太炎：《菿汉微言》，《章太炎全集》（一二），上海人民出版社 2018 年版，第 45—46 页。

第九章 "以百姓心为心"与
章太炎之平民主义

钱宾四在《余杭章氏学别记》中,将章太炎的"论史大义"归结为三途:"一曰民族主义之史学也";"二曰平民主义之史学也";"三曰文化主义之史学也"。钱先生在论及章太炎的平民主义史学观时指出:"二曰平民主义之史学也。尝论伯夷与盗跖,同为上世之无政府主义者,以春秋贵族之世无'侠'名,而盗跖以为'盗'。又深推《儒行》,谓:'世有大儒,固举侠士而包之。''击刺者,当乱世则辅民,当平世则辅法。'又盛称五朝法律,为之索隐,曰:'五朝律重生命,恤无告,平吏民,抑富人,损上益下,抑强辅微。'此可以窥其旨矣。"① 钱先生对章太炎这种论断可谓洞烛幽微,此处所举章太炎论史的三个案例即褒奖盗跖、提倡儒行、肯定五朝律皆会归于"平民主义",即承认章太炎臧否历史、褒贬人物的标准为是否利益平民百姓。再举例言之,章太炎之所以推重孔子,就与孔子的平民情怀有关,"孔子所以为中国斗勺者,在制历史,布文籍,振学术,平阶级而已",孔子这四大功绩中有两者与平民有关,"布文籍"使得政教分离,"编户小氓"从此亦有受教育之权利,"人知典常,家识图史"②;"平阶级"意味着"世卿废,民苟怀术,皆有卿相之资","由是阶级荡平,寒素上遂"③。这样,孔子就是一个伟大的平民主义者,"惟孔子出身编户,自道甘苦,足使人得所效法。夫子之贤于尧舜,亦其地位使然也。④孔子以前,为帝王立言者实多,为平民立言者盖少"。按照伽达默尔解释学循环的原则,章太炎以"为平民立言"论孔子,恰恰证明作为解释者的

① 钱穆:《中国思想史论丛》(八),《钱宾四先生全集》,台北:联经出版事业股份有限公司1998年版,第22册,第534页。
② 章太炎:《驳建立孔教议》,《章太炎全集》(四),上海人民出版社2018年版,第202页。
③ 章太炎:《驳建立孔教议》,《章太炎全集》(四),上海人民出版社2018年版,第203页。
④ 章太炎:《论经史儒之分合》,《章太炎全集》(一一),上海人民出版社2018年版,第595页。

章太炎解释历史的"前理解"正是一种平民情结。王汎森因此指出"章太炎是一个极端的平民主义者"。① 目前学界对章太炎思想之研究多集中于民族主义、佛学、国学、学术史研究等诸多层面的宏大叙事，但对其思想底色即"平民主义"或对其学术襟抱的最后诉求即"以百姓心为心"缺少审思，而后者关乎着章太炎读书治学的大本大源。

章太炎在《菿汉微言》中自况其治学心路历程云："自揣平生学术，始则转俗成真，终乃回真向俗。"② 这种"真俗回转"是章先生见谛不断转胜、思想自我否定肯定的纵向辩证过程，也是章先生学随政变、道与世降的横向辩证过程，这种复杂的学术嬗变及其蕴含的哲学思想，笔者在前文已经论及。此章将从"转俗成真"与"回真向俗"的思想关怀为视野，检讨章太炎见谛转胜的隐微动力，即他出于何等考量方有如此转折，特别是，如果说最终"回真向俗"之"俗"代表着章太炎思想的最胜义谛，那么，这个最胜义谛落实为何等思想关怀。前文已经指出，以张志强教授、孟琢教授等为代表的学者已经意识到章太炎之"回真向俗"集中表达于《齐物论释》一书中，本章的检讨将会发现，《齐物论释》出现两次以老子"以百姓心为心"（王弼本《老子》第四十九章）以论庄学与佛学之区别并非偶然的，这实则指出作为出世间法的佛学是以佛陀心为心，而随顺生死、不骛涅槃的庄学是以百姓心为心。"以百姓心"取代"依佗心"③ 实则即从佛学之"真"转胜为庄学之"俗"，由见佛陀而见众生。同时，在庄学"齐物""天倪""天钧"的观照下，章太炎以是否"以百姓心为心"为标准平章古今学术，各种学说在是否能利益百姓这种衡准中各得其所。最后，我们看到，在《自述学术次第》结尾处，章太炎将学者读书治学之最后关怀归结于"百姓当家之事，小者乃生民常道"，亦即是说，学者读书论学说到底应该"以百姓心为心"，"久要不忘平生言"，此章太炎平生读书治学之最后承诺也。

第一节　从"证生空"到"适民意"

从"转俗成真"到"回真向俗"，章太炎这种"见谛转胜"的过程中

---

① 王汎森：《章太炎的思想（一八六八——一九一九）及其对儒学传统的冲击》，时报文化出版事业有限公司 1985 年版，第 140 页。

② 章太炎：《菿汉微言》，《章太炎全集》（一二），上海人民出版社 2018 年版，第 70—71 页。

③ 章太炎认为世间法是"以百姓心为心"，出世间法是"有依佗心，而无自依心"［章太炎：《菿汉微言》，《章太炎全集》（一二），上海人民出版社 2018 年版，第 22 页］。

蕴含着不同的思想关怀。他早年事师俞曲园，从事朴学研究，在某种意义上也是一种"学隐"，即隐身于朴学而不事科举，从而与清廷不合作，以见其民族主义气节。这种民族主义气节贯穿于他整个"转俗成真"的第一转阶段，这一阶段之"俗"包括刘子骏（刘歆）的古文经学、荀韩等"法后王"的法家思想、《通典》等侧重历史政典的史学，这些学术基本都是为与康有为"相角"，为他的民族革命思想张本。当其"转俗成真"之时，驰骛佛学，一方面，学术研究贵在求是，他为法相宗所建立的究竟实相所痴迷，并以此实相为基础而构建了他的系统哲学思想，包括存在论意义上的无神论，"人无我相（证生空）"的人生哲学，"无生论"（众生皆涅槃）的大同理想，"俱分进化"的进化观，"个体为真、团体为幻"的民权学说等；另一方面，他服膺佛学"证生空"这种学说经过重重否定所形成的"自尊其心""依自不依他""空无依傍"等人格理想，从而建立起革命道德和公民道德。

这里可以看出，章太炎"转俗成真"的第一阶段，无论是"俗"还是"真"都与他的民族主义和革命思想有关，不过他"转俗成真"之后，这个"真"则不仅与革命思想有关，也与他的普遍哲学建设有关。总体来说，这个"真"的核心即以唯识学"三性"而"证生空"，只有"证生空"，近则可以培养革命道德完成光复之业，远则可以让众生离苦得乐而得究竟解脱。如果说《建立宗教论》完成了章太炎哲学的存有论构建，那么《五无论》则是基于这种存有论而构建起的终极世界理想。"五无"包括无政府、无聚落、无人类、无众生、无世界，其中，"说虽繁多，而无人类为最要。以观无我为本因，以断交接为方便，此消灭人类之方也"①，因为人生存在是一种"苦聚"，故要让众生离苦得乐必须从"消灭人类"开始，而"消灭人类"则必须"证无生"，"纵令证得四空，形质已销，我见犹未伏灭，因缘外界其种得以更生。故余以为我见在者，有润生则淫必不可除，有好胜则杀必不可灭"②，有我就会有淫欲，有欲就会有人类，有欲就会有杀戮，可见"证无生"是实现众生离苦得乐的拔本塞源之术。

---

① 章太炎：《五无论》，《太炎文录初编》，《章太炎全集》（四），上海人民出版社 2018 年版，第 463 页。

② 章太炎：《五无论》，《太炎文录初编》，《章太炎全集》（四），上海人民出版社 2018 年版，第 468 页。

章太炎云："所愿与卓荦独行之士，勤学无生，期于人类众生，世界一切，消镕而止，毋沾沾焉以进化为可欣矣。"① "勤学无生"即"证无生"，这既是培养革命道德之需要，也是实现人类终极大同之需要。职是之故，我们可以说章太炎"转俗成真"之"真"的核心即"证无生"。

　　然而，光复革命毕竟不是常态，作为一个哲学家，章太炎在考虑现实问题的同时不得不思考普遍的、永恒的哲学问题。事实上，章太炎的哲学思考也最终超越民族光复；同时，终极大同的乌托邦的确可以让众生离苦得乐，可这究竟不是唾手可得的无条件承诺，无量劫来有无量众生，众生皆证无我谈何容易，让众生皆"证无生"而得解脱难免流于一厢情愿。经过重重之理障，遍历层层之境界，章太炎最终选择"回真向俗"，从而与人间世中水深火热的众生直接照面，这就是《齐物论释》两次强调"以百姓心为心"之原因。章太炎最终由一个"转俗成真"阶段的理想主义者变成一个"回真向俗"阶段的现实主义者，"就世法言，以百姓心为心也。就出世法言，有依佗心，无自依心也"②。他从高不可攀的"真谛"回返于人人皆能企及的"俗谛"，其哲学从为少数利根器者所独擅的出世间法回返为众同分心所普遍接受的世间法。

　　事实上，即使在他"转俗成真"阶段所完成的《国家论》《代议然否论》《驳神我宪政论》等系列著作中，他依旧坚持每一个独立的个体是社会存在的最后单元。在《国家论》中，他认为无论人民还是国家都是由无数最细色所组成之集体，因此皆无自性而为假有，但与国家这种假有相比，人民则更近真实，"国家既为人民所组合，故各各人民，暂得说为实有，而国家则无实有之可言"③，因此得出"个体为真，团体为幻"之结论，他号召建立"势不得已而设"的被动政府，声称国家事业是最鄙贱之事业，以防野心家攫取国家为己有，相反，"〔国家〕本非自元首持之而至，亦非自团体持之而至，还即各各人民所自有"④。这是基于佛学而为

----

① 章太炎：《五无论》，《太炎文录初编》，《章太炎全集》（四），上海人民出版社 2018 年版，第 468 页。

② 章太炎：《菿汉微言》，《章太炎全集》（一二），上海人民出版社 2018 年版，第 22 页。

③ 章太炎：《国家论》，《太炎文录初编》，《章太炎全集》（四），上海人民出版社 2018 年版，第 484—485 页。

④ 章太炎：《国家论》，《太炎文录初编》，《章太炎全集》（四），上海人民出版社 2018 年版，第 489 页。

"国权在民"的民权学说张本，是一种平民主义的政治立场；另外，他反对代议制的原因之一即因"人情素隔"故议士（即议员）未必能代表民意，"大抵建国设官，惟卫民之故，期于使民平夷安隐，不期于代议"①，代议制不能代表平民，因为议会议员不过是富人、政客、权贵之间角力的游戏，"若就民生主义计之，凡法自上定者，偏于拥护政府；凡法自下定者，偏于拥护富民"②，无论如何，代议制并不能代表平民百姓，"君主之国有代议则贵贱不相齿，民主之国有代议则贫富不相齿"③，代议制往往会造成阶级陵替，以富暴穷，故代议制还不如"总统专制"，他设计出一套司法、学官、元首三权并立、两两相敌的政治制度，从而保证国权为民所有，这实则也是一种平民主义的立场。

在《齐物论释》中，章太炎比较老子与庄子哲学云："老聃但说'民多利器，国家滋昏'，而犹未说圣人经国，复是天下利器，故国多利器，民亦兹昏也。老聃但说'人之所教，我亦教之，强梁者不得其死，吾将以为教父'。唯是政教分离之说，而犹未说'九洛之法，监照下土，此谓上皇'。其说出乎巫咸，乃因天运地处、日月云雨之故，不可猝知，而起大禹、箕子之畴，则以之涂民耳目而取神器也。夫然，有君为不得已，故其极至于无王，有圣或以利盗，故廓然未尝立圣。（论中言圣人者，但是随俗之名。）"④ 老子反对民多利器是为保护国家，国家至上，与之相反，庄子则反对国持利器而戕害人民，人民至上；老子虽然有政教分离（政治与宗教分离）之说，但还没有像庄子一样进一步意识到宗教惑人以盗取神器⑤有甚于政教不分。可见，与老子的国家主义相比，庄子属于民本主义者，庄子声张"无王""非圣"等思想为的是消解作为掌权阶层的"王"与"圣"的权威性而突出作为被统治阶层之民的主体性，这与他在《国家论》所宣扬的"团体为幻，个体为真"是一致的。

章太炎这种具有明显民主主义色彩的政治学说在"回真向俗"之后进

---

① 章太炎：《代议然否论》，《太炎文录初编》，《章太炎全集》（四），上海人民出版社 2018 年版，第 323 页。

② 章太炎：《代议然否论》，《太炎文录初编》，《章太炎全集》（四），上海人民出版社 2018 年版，第 317 页。

③ 章太炎：《代议然否论》，《太炎文录初编》，《章太炎全集》（四），上海人民出版社 2018 年版，第 318 页。

④ 章太炎：《齐物论释定本》，《章太炎全集》（六），上海人民出版社 2018 年版，第 76 页。

⑤ 章太炎在《自述学术次第》中云："乃如庄周《天运》，终举巫咸，此即明宗教祸人所自始。"［参见章太炎《自述学术次第》，《章太炎全集》（一九），上海人民出版社 2018 年版］

一步转化为彻底的民本主义或民生主义，此即他多处提及的"以百姓心为心"，这成为他"回真向俗"、以庄救佛的最后诉求。他"回真向俗"即由"证无生""人无我"转至"哀民生""适民宜"。

第二节　"齐物者以百姓心为心"

如前文引张志强教授、孟琢教授等所论及，《齐物论释》是章太炎"转俗成真"的完成，也是"回真向俗"的开始，《齐物论释》是一部真俗并建、俗真圆融的圆教哲学体系。章太炎"回真向俗"即最终落实为"以百姓心为心"，在这部书中，章太炎两次提到庄学"以百姓心为心"。

（1）以方生喻彼是者，一方生即一方灭；一方可即一方不可，因果同时，则观待之说也。圣人无常心，以百姓心为心，故不由而照之于天。知彼是之无分，则两顺而无对。如户有枢，旋转环内，开合进退，与时宜之，是非无穷，因应亦尔，所谓莫若以明也。①

（2）庄生本不以轮转生死遣忧，但欲人无封执，故语有机权尔。又其特别志愿本在内圣外王，哀生民之无拯，念刑政之苛残，必令世无工宰，见无文野，人各自主之谓王，智无留碍然后圣，自非顺时利见，示现白衣，何能果此愿哉。苟专以灭度众生为念，而忘中涂恫怨之情，何翅河清之难俟，陵谷变迁之不可豫期，虽抱大悲，犹未适于民意。夫齐物者以百姓心为心，故究极在此，而乐行在彼。②

文献（1）指出，是非、可不可、彼是、生灭皆是因缘观待而成，天下之是非不能由圣人凭一己之私意而臆断之，相反，圣人应不立常心而照之于天，以百姓之心为心，"彼是之无分，则两顺而无对"，百姓有是非则任其以是非两行无碍，就如门随枢转，不立常可，开合进退，与时宜之，如此，圣人当以天倪视民，与民宜之，"乃夫自悟悟他之本，固在和以天倪，因以曼衍，宁有他技焉"③。故可以说，"圣人无常心，以百姓心为心"即随顺百姓之情，"'圣人无常心，以百姓心为心……'意中说只要迎合人

①　章太炎：《齐物论释定本》，《章太炎全集》（六），上海人民出版社2018年版，第91页。
②　章太炎：《齐物论释定本》，《章太炎全集》（六），上海人民出版社2018年版，第141页。
③　章太炎：《齐物论释定本》，《章太炎全集》（六），上海人民出版社2018年版，第130页。

情,自己没有善恶是非的成见。所以老子的话,一方是治天下,一方是无政府。只看当时人情所好,无论是专制,是立宪,是无政府,无不可为"①,所谓"一方是治天下,一方是无政府"意思是以"无政府"的方式"治天下",政府治天下不应先入为主而当"以百姓心为心"。章太炎以庄子之天倪取代佛学之真如,以庄子之俗谛取代佛学之真谛,此即所谓"高言平等,还顺俗情","俗情"即百姓心,"顺俗情"即"以百姓心为心","人情封略,亦观世者所宜知也"②。孟琢《齐物论释疏证》在疏证章太炎对"啮缺问乎王倪"章之诠释时指出:"此章辨真俗之际。啮缺三问,唯'物所同是'依众同分心而立,余皆不答。自真谛而言,万法唯心,各现境界,是为自由;自俗谛而言,依众同分心而有现实秩序,是为必然。两行无碍,即全人之'工乎天耳俍乎人'。高言真谛,立齐物平等之意;还顺俗情,依百姓众同之心,此即太炎真俗之辨也。"③ 可见,一切学说、一切施策、一切宗教能否雅合一方之民心、随顺一方之百姓心成为他"转俗成真"的最后关切,"但当其所宜,则知避就取舍而已。必谓尘性自然,物感同尔,则为一觋之论,非复《齐物》之谈。若转以彼之所感,而责我之亦然,此亦曲士之见。是故高言平等,还顺俗情,所以异乎反人为实,胜人为名者也"④,"以百姓心为心"既不能对百姓持"一觋之论",也不能"以彼之所感,而责我之亦然",而是以不齐见齐,"高言平等,还顺俗情"即顺从俗情,尊重差异,与民为宜,平等观照,据百姓之心而行避就取舍之法。

文献(2)指出,庄子因"哀生民之无拯,念刑政之苛残"故建立"内圣外王"之道,他证佛果而不住涅槃,因为不能忘怀苦难中的百姓。"苟专以灭度众生为念,而忘中涂恫怨之情,何翅河清之难俟,陵谷变迁之不可豫期,虽抱大悲,犹未适于民意",对于百姓来说,佛教驰骛于涅槃成佛是一种过高之要求,度尽众生几乎不可能,佛陀抱有大愿,其情可悯,却未必适合民意。与佛陀不一样,庄生白衣示相,以"庄周梦蝶"而现身说法,他告诉百姓,死亡是进入轮回,而轮回意味着新生,轮回中的万物皆因"天倪"而各有其乐趣所在,所以不要惧怕死亡。如此,百姓就

① 章太炎:《佛学演讲》,《演讲集上》,《章太炎全集》(一〇),上海人民出版社 2018 年版,第 157 页。

② 章太炎:《齐物论释定本》,《章太炎全集》(六),上海人民出版社 2018 年版,第 89 页。

③ 孟琢:《齐物论释疏证》,上海人民出版社 2019 年版,第 307 页。

④ 章太炎:《齐物论释定本》,《章太炎全集》(六),上海人民出版社 2018 年版,第 122—123 页。

从佛陀所追求的"跳出轮回"转而为庄生的"任运流转",前者难而后者易;前者是真谛后者是俗谛;前者在某种意义上说是佛陀"以佛陀心为心",后者则是庄生"以百姓心为心";前者是佛菩萨少数"异生性心"之心,后者是大多数百姓之"众同分心"之心。

在《齐物论释定本》中,章太炎反思自己"转俗成真"时对庄子之批判时云:"余曩日作《明见篇》,犹以任运流转,不求无上正觉为庄生所短,由今观之,是诚斥鷃之笑大鹏矣。"① 章太炎在"转俗成真"阶段以佛学阿赖耶识为本体而作《明见篇》,以佛陀之"真谛"笑庄生之"俗谛",而今以庄生之"俗谛"笑佛陀之"真谛",这正是他"见谛转胜"之所在。可见,《齐物论释》作为"回真向俗"之标志,其最后诉求在于普通百姓如何"离苦得乐"得解脱,他依旧是以庄子的"天倪"取代佛陀的"真如",即以"随顺生死"之天倪取代"证无生死"之涅槃。总体而言,《齐物论释》自始至终都渗透着"回真向俗"这个主题,这个"回真向俗"之俗谛即百姓之心。无独有偶,在《检论·道微》篇中,针对有学者认为庄子"齐彭殇,壹生死","以死为南面王乐"是"好死恶生",章太炎指出:"夫至人者,上穷幽渺,而下还顺民物之情。今是齐彭殇,壹生死者,至极之论;以死为南面乐者,言无往不消摇也。然常民不能上契大真,独以怀生恶死为极,处生既迫,而求趣死。斯即尊生之尽,而复间以教法,动以利害,辩以怯勇,则过。夫薪死且犹顺之,而况薪生者乎!"② 至人"上穷幽渺,而下还顺民物之情",也就是说,至人一方面能体证大道,上契真体;一方面则随顺民物之情,即以百姓心为心。普通百姓不能"上契大真",故庄子只能以"死为南面乐"这种方便说法为他们开示生死,让百姓面对死亡时不要有恐惧之心,死犹如此,何况生呢?

第三节　"以百姓心为心"为衡准臧否古今学术

章太炎著作中不仅《齐物论释》强调"以百姓心为心",孟琢《齐物论释疏证》引入五处章太炎相关论著中皆提到此语,另有三种著作提到"伸民意""以民意为转移""从民意"等思想,包括《检论》《菿汉微言》《菿汉昌言》以及相关演讲等著作,这些大都是他"回真向俗"以后

---

① 章太炎:《齐物论释定本》,《章太炎全集》(六),上海人民出版社2018年版,第142页。
② 章太炎:《检论·道微》,《章太炎全集》(三),上海人民出版社2018年版,第440页。

之著作，综合此八种文献，孟琢因此提出："（以百姓心为心），此章太炎论政考史，臧否进退之要旨也。"① 此论堪为的论。章太炎在判摄朱子与阳明对《大学》"亲民"的诠释中，赞成阳明的"亲民"说而否定朱子的"新民"说，这种判摄也蕴含着章太炎思想中的亲民情结。

上文提到，章太炎《菿汉微言》是以"齐物""天倪"为原则评骘古今学术之实践，值得注意的是，"齐物""天倪"不是毫无底线地承认一切学术之价值，相反，学术价值存在的底线是"外能利物，内以遣忧"，"喻以四民，各勤其业"（前揭），"利物"即利益百姓众生，"四民"即士农工商四种民职，天下古今学术只要能做到"以百姓心为心"就皆有存在的价值，如汉宋之封执、中西之优劣等一切学术之争则不必有调人而瑕衅自息。兹举数例言之。其一，他评骘朱子之学，"内以持躬，固足寡过"，此其所长，但将"天理""人欲"二分严判，"外以莅政，即不能以百姓心为心"，此其所短（《菿汉微言》第109条）。其二，他对王学末流与佛教狂禅有部分肯定，因为"不征之事，可怪之辞"（《菿汉微言》第108条）未必就对世谛世法无益。其三，章太炎比较王夷甫、王介甫两家老学云："王夷甫重老子，知其无为，不知其无不为。王介甫重老子，并知申韩之法，亦出于是矣。殊途同归，俱云败亡者，何哉？不知以百姓心为心也。"② 按，西晋台司王夷甫以老子为名，望空为高，拱默庙堂，遂使神州陆沉，百年丘墟，西晋亡国；北宋宰相王介甫借老学推行变法，以富国强兵为目的，却暗中剥削民脂，以国暴民，最终导致变法失败，二王皆用老子而失败其原因就在于"不知以百姓心为心"。其四，章太炎认为《论语》有"胜义"亦即真谛，也有"修己治人"之俗谛，但前者不过十许条，后者则满篇皆是，"随根普益，不主故常，因情利导，补救无尽"③，《论语》少言真谛而多言俗谛，不是孔子不知真谛而恰恰是"以百姓心为心"使然，如果孔子见人就讲"妙义"，对于君相长官及凡庸之士来说，甘露（"真谛"）可能会变成鸩毒。

一切学术皆应该"以百姓心为心"，这就不得不对百姓的欲望进行充分的肯定。章太炎对戴东原以《孟子字义疏证》为代表的学说非常肯定，恰恰也是意识到东原之学不离欲而言理，能"以百姓心为心"，"东原之学，根柢不过二端。曰'理丽于气，性无理气之殊；理以絜情，心无理欲

① 孟琢：《齐物论释疏证》，上海人民出版社 2019 年版，第 442—443 页。
② 章太炎：《菿汉微言》，《章太炎全集》（一二），上海人民出版社 2018 年版，第 29 页。
③ 章太炎：《菿汉微言》，《章太炎全集》（一二），上海人民出版社 2018 年版，第 36 页。

之界'，如是而已。其排斥宋儒以理为如有一物者，得之；乃自谓理在事物，则失之甚远也。然要其归，则主乎忠恕。故云：'治己以不出于欲者为理，治人亦然。举凡民之饥寒愁怨、饮食男女、常情隐曲之感，咸视为人欲之甚轻者。用之治人，则祸其人。'又云：'君子不必无饥寒愁怨、饮食男女、常情隐曲之感也。理欲之辨，使君子无完行，谗说诬辞，反得刻意君子而罪之，为祸如是也。'《老子》云：'圣人无常心，以百姓心为心。常善救人，故无弃人。常善救物，故无弃物。'东原盖深知此者，亦自不觉其冥合耳。使其宰世御物，则百姓得职，人材不遗矣。"① 以东原之见，百姓之饥寒愁怨、饮食男女，常情隐曲之感性情欲本身也是天理，"介程朱绪言以酷法，民将无所措手足"②，若以理欲之辨为名而把百姓的复杂感欲否定掉乃对百姓莫大之祸害。戴东原这种学说恰恰是"深知"或"冥合"老子所言的"以百姓心为心"，尊重普通百姓的感性欲求，让他们的基本生存生活得到满足，只有这样才能做到"百姓得职，人材不遗"，这是"宰世御物"的最基本要求，在这个意义上说，东原之学是对朱学之"干蛊者"（即对朱子学的理欲之辨的修正者），是孔子忠恕之道的践行者。

在《检论·道本》篇中，章太炎将老子强调"贵大患若身"解释为："人我之谓身，烦恼之谓患。夫灵台不可持者（灵台不可持，见《庄子·庚桑楚篇》引老聃语。《释文》：灵台谓心，有灵智能任持也。此即佛典所云阿陀那识，译言'持台'，亦训'持'也。反言灵台不可持者，谓不可执此为真我也。详见《齐物论释》），断法我见也。不少留人我见者，其志则一往趣寂，无利万物之情。'涤除玄览'者，断所知障也。不少留烦恼障者，其志则厌苦人世，不能悲恫以应群生之求也。若是者，宁足以托寄天下者邪！"③ 这里指出，老子虽断"法我"却不断"人我"，断"所知障"而不断"烦恼障"，因为"执持人我"和"存在烦恼"都是百姓众生的本然状态。以章太炎之见，只有宝爱以"人我"和"烦恼"为代表的我之"身"，才能做到对天下百姓的同情理解，从而才能宝爱以"人我"和"烦恼"为代表的天下百姓之"身"。此即所谓"故贵以身为天下，若可寄天下；爱以身为天下，若可托天下"（《老子》第十三章），老子以自身存在而体贴百姓存在，以己之求供众生之求，此为老子式的"忠恕之道"，

---

① 章太炎：《菿汉昌言》，《章太炎全集》（一二），上海人民出版社 2018 年版，第 116—117 页。
② 章太炎：《菿汉微言》，《章太炎全集》（一二），上海人民出版社 2018 年版，第 45 页。
③ 章太炎：《检论·道本》，《章太炎全集》（三），上海人民出版社 2018 年版，第 435 页。

老学不是以兼破人法、双遣二障的佛陀心为心，相反，而是以烦恼永在、执持身体的百姓心为心，此正是一部《老子》书的"道本"之所在。

与之类似，《检论·通程》对比二程而格外青睐大程之学，因为，"返循伯子定性之书，其从政必不以去欲为，故精之至；于治心蓄德，虽孟、荀亦言寡欲矣"①，大程子的"不以去欲"与孟荀所提倡的"寡欲"形成鲜明对比，前者是"以百姓心为心"，后者则是"以圣人心为心"。大程子在《定性书》中所言："天地之常心，普万物而无心；圣人之常情，顺万物而无情。故君子之学，莫若廓然而大公，物来而顺应。……"②此数语为章太炎所激赏，章太炎评骘云："其言盖任自然，远于释氏，而偏迩老聃。何者？志不欲为长往绝俗，将师保万民，而以道莅天下，故不得果于除外。顺斯术也，固将无为而治，其尚杜塞情欲，备诃责于贤者邪？持论虽高，其情更迩。及其审示径隧，独以忘怒观理为专，弥复岂易。缀学之士，深宫之主，可为也。故老子曰：'为道日损，损之又损，以至于无为。无为而无不为也。''圣人无常心，以百姓心为心。'伯子所论，其展伸此也，号曰'定性'，而更宛臧南面之术。"③大程子这种"无心应物"的哲学蕴含着道家"无为而治"的思想，其思想底色当然也是老子以"以百姓心为心"的平民情怀，承认百姓都需要适度的欲望满足，"纯去情欲，则无利济之念"④。《菿汉微言》有一则文献指出："问：陆子静言，东海西海圣人，此心同，此理同，然乎？答曰：然。以直心正趋真如，以深心乐集善行，以大悲心拔一切众生苦，此千圣之所同也。若其别愿，则有异矣。夫拔一切众生苦者，谓令入无余涅槃，此乃终局目的耳。中途苦痛固亦多端，于是西方诸圣，有发愿令地平如掌者矣，有发愿以方药疗病者矣，此其别愿，固不必同。而此土圣哲，悉以经国宁民为其别愿。欲经国宁民者，不得不同于世俗社会，有弊以术矫之。"⑤"以大悲心拔一切众生苦"为中印圣贤之总相，但实现这一总相的过程需要诸多别相，中国哲学所强调的"经国宁民"即其别相之一，要"经国宁民"则不得不"同于世俗"，此"俗"亦即章太炎"回真向俗"之"俗"，从印度所崇尚的"无余涅槃"转向中国哲学的"同于世俗"。

众所周知，章太炎之学在20世纪20年代之后逐渐归宗儒家，他扬弃

① 章太炎：《检论·通程》，《章太炎全集》（三），上海人民出版社2018年版，第462页。
② 章太炎：《检论·通程》，《章太炎全集》（三），上海人民出版社2018年版，第463页。
③ 章太炎：《检论·通程》，《章太炎全集》（三），上海人民出版社2018年版，第463页。
④ 章太炎：《检论·通程》，《章太炎全集》（三），上海人民出版社2018年版，第463页。
⑤ 章太炎：《菿汉微言》，《章太炎全集》（一二），上海人民出版社2018年版，第41页。

庄佛而回归孔孟的理由之一即：与高举远蹈、宅心玄虚的佛道两家相比，儒家是一种平实的学问。中华民国九年（1920），章太炎在长沙第一师范学校的演讲中承认："我从前倾倒佛法，鄙薄孔子、老、庄，后来觉得这个见解错误。佛、孔、老、庄所讲的，虽都是心，但是孔子、老、庄所讲的，究竟不如佛的不切人事。孔子、老、庄自己相较，也有这样情形。老、庄虽高妙，究竟不如孔子的有法度可依，有一定的做法。"① 与印度佛学的"不切人事"相比，中国哲学应该说更"切近人事"；在中国哲学内部相比，孔子比老庄更有"法度可依"。"切近人事""有法度可依"实则即承认以孔子为代表的儒学更符合百姓心，是一种平实的世间法。章太炎在 20 世纪 30 年代后逐渐走向尊孔、读经、重孝，其"新四书"以《孝经》为首，指出"孝"是"人所易行人所共见"之事，"四经"又列入《丧服》，因为相对于冠、昏、乡饮酒等礼，"惟丧服则历代改易者甚少"，丧服之礼民众基础深厚，丧服礼对于百姓成礼雅化、敦厚世风具有重要意义。这种极端保守主义的思想里可能蕴含着章先生一以贯之的平民主义情怀。

第四节　"林下风"与"百姓心"

如前文所论及，章太炎"回真向俗"是以庄学之"齐物""天倪"为原则评骘天下古今学术，其评判标准即是否"以百姓心为心"。事实上，终其一生，章太炎读书治学亦以百姓为最终关切，其一切学术研究皆以众生利益为念，他一生以平民情怀为操持。章太炎于中华民国三年（1914）季秋撰写《自述学术次第》，回顾其前半生读书治学之心路历程，此文结末，章太炎不无沉痛地自道其平生学术心志：

> 余以人生行义，虽万有不同，要自有其中流成极，奇节至行，非可举以责人也。若所谓能当百姓者，则人人可以自尽，顾宁人多说行己有耻，必言学者宜先治生。钱晓徵亦谓求田问舍，可却非义之财，斯近儒至论也，追观晚清遗史，非无二三可取者，至于林下之风，则泯然同丧矣。亡国以后，其余臭尚未涤荡，当其在位可知也。所取于

---

① 章太炎：《研究中国文学的途径》，《演讲集上》，《章太炎全集》（一〇），上海人民出版社 2018 年版，第 288 页。

林下风者，非为慕作清流，即百姓当家之事，小者乃生民常道。苟论其至，沮溺、荷蓧之隐，仲子之廉，武侯之德，未或不本于勤生。斯风既亡，所谓"见利思义，见危授命，久要不忘平生之言"者，宜其澌灭而不存矣。①

这段话中，章太炎将自己平生学术心志显露无遗。人生高义、奇节至行都应该是每个人的自我选择，不能以这种过高的标持去举以责人，若举以责人，就不是"以百姓心为心"，而是以自我之心去要求百姓之心。道德选择永远是自由意志的自我选择，不是为别人做表率，也不能要求别人，在《莃汉微言》中，章太炎也提到将头目脑髓舍人是菩萨行，但一定是自己舍而不能责人必舍，责人必舍，便非哀悯，有违忠恕之道。同时，就如百姓都应该自尽其力、自力更生一样，学者也应该如此，因为学者毕竟也是百姓。因此，当如顾亭林所言，学者宜先治生（《莃汉微言》第85条亦有此语），只有有一定财产并解决生计之后，才能做到行己有耻，恪守士人本色。"钱晓徵亦谓求田问舍，可却非义之财"，引自钱大昕《十驾斋养新录·治生》："与其不治生产而乞不义之财，毋宁求田问舍而却非礼之馈。故井上之李，甘于弹铗之鱼，五侯之鲭，劣于墙东之脍。"② 面对乾嘉士风之奢靡，钱大昕倡导士人求田问舍，自食其力，自营其生，不能被货取于巨贾大商，更不能将知识与权贵做交易。章太炎对学者"自我治生"的要求与儒家传统"劳心"与"劳力"之分（孟子）大不一样，这亦与他所提倡学者当"以百姓心为心"有关，只有自食其力才能保持知识的独立与人格的尊严，不要成为百姓的剥削者。

章太炎认为"五朝学"（魏、晋、宋、齐、梁）是中国学术之典范，五朝士人是中国士人之典范，因为晋人的"林下风"最终迂曲而通向"百姓心"。"所取于林下风者，非为慕作清流，即百姓当家之事，小者乃生民常道"，如此，被王船山、顾亭林等彻底否定掉的魏晋之学被章太炎重新评估。他在《五朝学》中指出："五朝有玄学，知与恬交相养，而和理出其性。故骄淫息乎上，躁竞弭乎下。""五朝士大夫，孝友醇素，隐不以求公车征聘，仕不以名势相援为朋党，贤于季汉，过唐、宋、明益无訾。"③ 中国传统把民分为"士农工商"，其中"四民之首"的"士"需要农工商

---

① 章太炎：《自述学术次第》，《章太炎全集》（一九），上海人民出版社 2018 年版，第 508 页。
② 钱大昕著，陈文和、孙显军校点：《十驾斋养新录》，江苏古籍出版社 2000 年版，第 396 页。
③ 章太炎：《王朝学》，《太炎文录初编》，《章太炎全集》（四），上海人民出版社 2018 年版，第 70、71 页。

特别是农民之供养［孟子所谓"治人者食人，治于人者食于人"（《孟子·滕文公上》)］，故韩非子称读书人为"五蠹之首"。章太炎以"林下之风"自操，实则即不让自己成为鱼肉百姓、劫民脂膏的"知识剥削者"，"林下之风"即与"百姓当家之事，小者乃生民常道"联系起来，读书人若能高自标持、不慕富贵其实就是对百姓当家事、生民常道的呵护，他以晋人"林下之风"自居实则即"以百姓心为心"。沮溺、荷蓧（《论语》)、于陵仲子（《高士传》)、诸葛武侯等古今高士皆为"本于勤生"之士，他们所有言行皆没有忘记"勤生"，以高隐为务、以清廉为操即不褫夺百姓之财，既勤己生，又勤百姓之生，章太炎表彰他们的标准也是"以百姓心为心"（"百姓当家之事""生民常道"）。

　　同时，如前文引钱穆先生所提到的章太炎《五朝律》，章太炎之所以非常推重"五朝律"（"上至魏，下讫梁"），是因为五朝律法体现着一种"以百姓心为心"的平民情怀。汉唐之律"贼深""刻深"，惨刻寡恩，轻治重罪，如汉律规定杀牛与杀人同治死罪，诽谤朝廷处以腰斩之刑，唐律把一般刑事案件和民事案件等皆列入"重罪十恶"。与之相反，五朝律则宽平无害，不轻治重罪，"五朝之法，信美者有数端：一曰重生命，二曰恤无告，三曰平吏民，四曰抑富人"①。五朝律法此四大特点都体现出保护平民百姓、保护弱势群体、吏民在法律面前平等等这种"损有余而补不足"的社会正义性。章太炎指出："梁时，官吏杖督之法犹在，老人已觖望。今又剟去此例，故知古之为法，急于佐百姓；今之为法，急于优全士大夫。"② 士大夫代指制定法律的知识分子，他们制定的法律难免会优先考虑自我的权益而忽略底层百姓权益的诉求，因此章太炎对他们痛下针砭，并呼吁中华民国当以五朝法律为参考制定法律，"举其封略，则有损上益下之美；抽其条目，则有抑强辅微之心"③，其呼吁"损上益下""抑强辅微"的法律精神正体现着他为民请命、以百姓心为心的胸怀本趣。中华民国五年（被袁世凯幽禁北京龙泉寺之第二年）十二月，章太炎连续二十多天夜梦去阴间做裁判官，与梅尧臣、王震泽（王鏊）等史上清流共事，裁判东亚案件。他发现阴间诸刑中最令人不堪的就是"铁床

---

① 章太炎：《五朝法律索引》，《太炎文录初编》，《章太炎全集》（四），上海人民出版社
　　2018 年版，第 73 页。
② 章太炎：《五朝法律索引》，《太炎文录初编》，《章太炎全集》（四），上海人民出版社
　　2018 年版，第 78 页。
③ 章太炎：《五朝法律索引》，《太炎文录初编》，《章太炎全集》（四），上海人民出版社
　　2018 年版，第 81 页。

铜柱困苦狱囚"①,因此建议阴司力除此弊,申之再三。这虽然是梦境,梦境缘于业感,此亦可看出章太炎以百姓心为心、一切以众生利益为念的菩萨心肠。

章太炎在龙泉之厄(1914—1916)中自况平生学术为"始则转俗称真,终乃回真向俗"。其第一转即"转俗成真"是从传统的语言文字之学(古文经学)、"三通"等政典史学、荀韩等诸子之学转而为探求究竟实相的法相真如之学,传统经史之学致用而不能求真,古文经学、语言文字之学有求真之方法却缺少治心之术,因此并不能穷尽万法真源。故他以法相学破相显真而构建自己的哲学存有论,并因此而蓄养革命道德,陶冶公民道德;同时,作为哲学家的终极观照,他构建起一个以证无生为终极诉求的大同极乐世界,此其"转俗成真"之所在。此期间,无论是以空作为究竟实相的哲学本体,还是依自不依他、空无依傍所成就的勇猛无畏人格,抑或以"五无"为终极理想的乌托邦,可以说,这些都是一种过高的要求,是以佛陀心为心而不是以百姓心为心为诉求。随着其见谛不断转胜,以佛陀心为心观照世道的不足之处日益突显出来。因此,他最终又"回真向俗",以百姓心这种俗谛取代以佛陀心为心这种真谛。这种见谛回转集中表达于《齐物论释》中,此书以庄学之俗补救佛学之真,庄子以一阐提证法身,以"随顺生死,不住涅槃"这种任运轮回的百姓心取代"不住轮回,涅槃寂静"的佛陀心,这被章太炎称为庄子的内圣外王之道。

同时,章太炎"回真向俗"意味着对一切世间俗谛给予一种公允的观照,他评骘古今学术的标准即是否"以百姓心为心"。《菿汉微言》不再是像《建立宗教论》《五无论》《人无我论》那样以法相学之究竟实相为标准臧否天下古今学术,而是以忠恕之道对各家各派、三教九流中所蕴含的百姓心进行发皇。就大部分学问而言,"见有深浅,用有内外,去其轻短之见、奢阔之谈,缴绕无解之辩,居贤善俗,悉有可取"②,十里不同风,百里不同俗,民众繁纷,才性各异,他们所需学术不一,没有一种学术能成为天下人所同求的究竟法门,所有学术不过都是随根普益,方便善巧,了无定准,而天下人也不过是各取所需、各征所用,如此,是否以百姓心为心就成为章太炎衡准学术高下的最后标准。章太炎指出:"若生陀趣,今所不论,苟在人中,可不务民之义乎?行藏仕隐,随意乐为。"③

① 章太炎:《与黄宗仰七》,《章太炎书信集》上,《章太炎全集》(一五),上海人民出版社2018年版,第153—155页。

② 章太炎:《菿汉微言》,《章太炎全集》(一二),上海人民出版社2018年版,第46页。

③ 章太炎:《菿汉微言》,《章太炎全集》(一二),上海人民出版社2018年版,第16页。

"陀趣"即佛陀出世之趣，"人中"即在世的普通百姓之中，志愿成佛者当以陀趣为信念，而世间一阐提未必都有成佛之愿，世间百姓行藏仕隐，当各遂所愿，学术研究应该"务民之义"，此亦可见其"回真向俗"的最后关怀即"以百姓心为心"，无论是他以庄学世间法对佛学出世间法的补救，还是他最后平议并接受各种俗学，莫不会归于"以百姓心为心"。总体来说，章太炎之"回真向俗"即回"证生空"之"真"到"适民意"之"俗"，这使得章太炎由"成真"阶段的民族主义、民主主义者转变为"向俗"阶段的民生主义者、民本主义者。"持世之言，必以百姓千名为准"①，透过读书治学之重重理障，穿过民族国家之宏大叙事，"以百姓心为心"成为章先生一生学术心志的大本大源，也是他"回真向俗""见谛转胜"的隐微诉求，故知交乌目山僧释宗仰称其学为"上涉圣涯，下宜民物"②。

最难能可贵的是，章太炎始终以魏晋学人的"林下风"为自我之操持，因为晋贤清狂高狷的独立人格使得他们没有成为统治者的拥趸，这种精神至少使读书人不会成为对百姓的剥削者。他引顾亭林与钱大昕等为知己，强调学者应该首先"勤生"和"治生"，以经济的独立而实现人格的独立，以人格的独立而实现学术的独立，只有这样才会使学人不能成为民脂民膏的搜刮者，学者治学始终应该以"百姓当家之事，小者乃生民常道"为自觉诉求，此等学术伦理为章先生平生之自我许诺，亦其与天下读书人所共勉也。

---

① 章太炎：《〈无政府主义〉序》，《太炎文录初编》，《章太炎全集》（四），上海人民出版社 2018 年版，第 404 页。
② 释宗仰：《齐物论释后序》，转引自《章太炎全集》（六），上海人民出版社 2018 年版，第 68 页。

第十章　章太炎与康有为:"不齐而齐" 抑或"齐其不齐"

章太炎与康有为都有以重建传统学术而拯救近代中国的学术抱负,由于二者对中国何去何从持迥异的看法,因此其学术观点形同冰炭,处处分庭抗礼,绝不苟和。比如:康有为尚今文、重公谷、尊刘向,章太炎尚古文、重左氏、尊刘歆;康有为尚孔孟、法先王,章太炎尊荀韩、法后王;康有为尚孔子,章太炎重周公;康有为尚黄梨州,章太炎尚王船山;康有为尚《礼运》,章太炎尚《周官》;康有为发皇公羊学而为新儒家,章太炎重释《齐物论》而为新道家。不难发现,章太炎一生的学思生涯都不能脱离与康有为的针锋相对,这种学术有些是自觉的,有些是潜在的,二人如此完全相左之学术立场不一而足,本文只能限于《齐物论释》而考察章太炎对康有为相关思想特别是大同思想之学术回应。《齐物论释》本身是一部相对纯粹的哲学著作,此书不再囿于革命情结而是表达一种普遍的哲学建设,不过即使如此,《齐物论释》这部书在一些关键论点上既不能脱离其古文经学的基本立场,也不能脱离他对康有为的学术反驳,康有为依旧是他的隐秘对话者,所谓隐秘对话,是说此书不是如其早期著作那样指名道姓地对康有为(康长素、康南海)进行直接批驳,而是在字里行间隐隐指向康有为。①

---

① 康有为《大同书》定稿、出版虽晚(最早刊行于《不忍》杂志,1913 年),但其"大同世界""人类公理"等哲学思想很早即已提出。根据《南海自编年谱》,他于光绪十年(1884)已经"悟小大齐同之理",并初步形成"大同境界"思想;另据康有为《大同书题辞》:"吾年二十七,当光绪甲申,清兵震羊城,吾避兵居西樵山北银塘乡之七槽园澹如楼,感国难,哀民生,著《大同书》。"光绪甲申即光绪十年,亦即 1884 年。(相关研究参见汤志钧《〈大同书〉手稿及其成书年代》,《文物》1980 年第 7 期)梁启超曾指出:"有为虽著此书,然秘不以示人,亦不以此义教学者,谓方今为据乱之世,只能言小康,不能言大同,言则陷天下于洪水猛兽。其弟子最初得读此书者,惟陈千秋、梁启超,读则大乐,锐意欲宣传其一部分。有为弗善也,而亦不能禁其所为,后此万木草堂学徒多言大同矣。"(梁启超:《清代学术概论》,天津古籍出版社 2004 年版,第 74 页) (转下页)

正如汪荣祖先生所指出："太炎释齐物，景从庄周，以为深旨妙谛胜过康德；然太炎非仅为释庄而释庄，必有时代之反映与寄托之微义。太炎无可回避的思想挑战，一是近代西方文明的弥漫，二是康有为三世进化、大同公理的流行。"①其中，章太炎齐物哲学对西方文明之回应，学界已经多有论及②；而其齐物哲学对康有为的思想回应，学界研究似付之阙如。按照诠释学的相关理论，与康有为的大同思想进行学术对话构成章太炎诠释《庄子·齐物论》的前理解，章太炎在《时务报》任职后期，与康有为学派渐行渐远，曾与热衷宣传康有为大同三世学说的梁启超等康门弟子产生过肢体冲突，自此以后章太炎与康有为形同云泥绝无半点偶合，章太炎《驳康有为论革命书》（光绪二十九年，1903 年）曾指出："长素固言大同公理，非今日即可全行。"③ 章太炎熟知康有为的大同思想却对其绝不认同。《齐物论释》对康有为大同思想的学术回应至少有：其一，对《齐物论》"春秋经世"做出古文经学式之解释，反对公羊学《春秋》"为汉制法"的今文经学观点，对康有为托古改制做釜底抽薪的批判；其二，以"不齐而齐""文野异尚"（类似于哈耶克所言"自发秩序"）的观点反对康有为"齐其不齐""以文化野"（类似于哈耶克所言"建构秩序"，亦可称之为"制作秩序"④）的大同理想；其三，《齐物论释》继承其之前的俱

（接上页）这里指出，康有为之《大同书》虽然早年"秘不示人"，但其思想在万木草堂时代已经为弟子所风闻，康有为弟子陈千秋卒于 1895 年，是则康有为"大同思想"之形成不晚于 1895 年。茅海建根据康有为弟子相关撰述，指出康有为"大同三世三说"形成于戊戌之前。（茅海建：《戊戌时期康有为"大同三世说"思想的再确认——兼论康有为一派在百日维新前后的政治策略》，《社会科学战线》2019 年第 1 期）章太炎与南海弟子或敌或友过从来颇密，因此康有为的大同思想亦为章太炎所熟知。光绪二十九年（1903）章太炎著《驳康有为论革命书》提到"长素固言大同公理，非今日即可全行"[章太炎：《驳康有为论革命书》，《章太炎全集》（四），上海人民出版社 2018 年版，第 177 页]。可见章太炎对康有为的大同思想已经了如指掌。《齐物论释初本》作于 1908 年—1910 年，是则康有为《大同书》与大同思想在前而章太炎《齐物论释》成书于后，而且后者对前者思想颇有所知，因此，章太炎《齐物论释》是对思想宿敌康有为之《大同书》和大同思想做出的学术回应，至少，康有为的大同思想构成章太炎齐物思想的解释学前见。

①　汪荣祖：《康章合论》，中华书局 2008 年版，第 54 页。
②　参见许苏民《为什么说康德黑格尔见识不大——章太炎对德国古典哲学的评价及其中西哲学比较》，《江西社会科学》2015 年第 2 期；蔡志栋《论章太炎对黑格尔式现代性的批判》，《杭州师范大学学报》（社会科学版）2014 年第 5 期。
③　章太炎：《驳康有为论革命书》，《章太炎全集》（四），上海人民出版社 2018 年版，第 177 页。
④　汪荣祖指出康有为的三世进化学说是"圣人的制作"，而且"名义上是孔圣人的制作，事实上是康圣人的制作"（汪荣祖：《康章合论》，中华书局 2008 年版，第 36、37 页）。

分进化思想，指出康有为大同学说基于进化的物质文明并不能给人类带来福祉，高度发达的文明与其说对于人类福祉来说了无益处，而毋宁说是另一场苦难；其四，针对康有为鼓吹建立孔教并以之为国教，将孔子视为大地教主、神圣明王，《齐物论释》借助佛与庄"离言说相，离名字相，离心缘相，毕竟平等"的无神论思想对之回应，对教主、神明、神圣进行消解和否定成为章太炎撰写《齐物论释》的解释学前见，"否定宗教"这一在《齐物论》中隐而不显的主题在章太炎的《齐物论释》中被浓墨重彩地反复强调。理解《齐物论释》不得不理解其思想宿敌康有为，庄子本身思想中很多隐而不显的问题却被章太炎反复强调也许匪夷所思，但如果能知晓他在与康有为主义做隐秘对话则迎刃而解，亦即是说，通过康有为而理解章太炎可能是打开《齐物论释》主旨思想的重要密钥。

第一节　《春秋》为先王史志而非为汉制法

关于《齐物论》"六合之外，圣人存而不论；六合之内，圣人论而不议。春秋经世先王之志，圣人议而不辩"一段文字，这段文字蕴含着今文经学中的诸多思想要素，今文经学的很多重要思想如"性与天道""圣人作《春秋》""经世""法先王""春秋笔法"等都可以通过诠释这段文字而开显出来，这使得庄子在经学史或《春秋》学史上具有极其重要的地位，如康有为解释此文云："《春秋》经世，先王之志，凡《六经》，皆经济书也。""春秋者，万身之法，万国之法也。"① 作为今文经学和康有为主义的反对者，章太炎对庄子这段文字做出与今文经学完全相反的诠释。

古文经学认为"六经皆史"，是先王之政典，"六经"之一的《春秋》当然也是如此。章太炎指出："《春秋》经世先王之志，经世亦见《外物篇》，《律历志》有《世经》，则历谱世纪之书，其短促者，乃是纪年。《春秋》以十二公名篇，亦历谱世纪也。志即史志，慎子云：《诗》，往志也，《书》，往诰也，《春秋》，往事也。"② 章太炎征引《汉书·律历志》之《世经》为旁证，《世经》是一部历谱世纪之书，那么庄子此处言"《春秋》经世"即承认《春秋》是《世经》一样的春秋纪年史书，通过

---

① 康有为：《日本书目志》，《康有为全集》（三），中国人民大学出版社 2007 年版，第 340、357 页。

② 章太炎：《齐物论释定本》，《章太炎全集》（六），上海人民出版社 2018 年版，第 115 页。

《汉书》之《世经》解释庄子之"经世",再以之解《春秋》,辗转相推,《春秋》就是《世经》一般之史书。依此类推,"先王之志"之"志"不是"先王之心志"而是先王之"史志""往事""陈迹"。职是之故,《春秋》就变成一部史书而非制度,孔子就是良史而非为改制立法之圣人。"六经"皆为先王之政典往事,《春秋》当然也是如此,那么孔子作《春秋》的意义在于:"若夫《春秋》者先王之陈迹,详其行事,使民不忘,故常述其典礼,后生依以观变,圣人之意,近乎斯矣。"① 孔子著史的意义在于保存历史,存养种性,培育国本;同时,明其兴废,观其常变,以史鉴今。

《春秋》既然是史就非为汉立法。章太炎指出:"往事,即先王之志,明非为后王制法也。"②《春秋》作为一部史书,只能是对历史之记录,而非为后王制法,未来如何发展,是否会有刘汉本来就不能预知,更遑论为汉制法。因此,"若夫加之王心,为汉制法,斯则曲辩之言,非素王之志矣。详夫物量无穷,天地未足以定至大之域,是固庄生所明"③,时空是一种无限性存在,孔子不可能预知以后之事,所谓素王作《春秋》而为汉立法不过是曲辩之言,强为古人作解,毫无根据。"若欲私徇齿牙,豫规王度,斯未知无方之传,应物不穷,岂以姬周末世,而能妄臆嬴刘之变哉!《老子》曰:'前识者,道之华而愚之始。'明孔父本无是言,《公羊》曲学,成此大愚也"④,春秋末期(姬周末世)的孔子不可能预料到刘汉之兴起,把《春秋》看成对汉法的预言不过是私徇齿牙,豫规王度,相反,只有"无方之传"才能"应物不穷"。"无方之传,应物不穷"取《天运》篇之寓言:"夫水行莫如用舟,而陆行莫如用车。以舟之可行于水也而求推之于陆,则没世不行寻常。古今非水陆与?周鲁非舟车与?今蕲行周于鲁,是犹推舟于陆也,劳而无功,身必有殃。彼未知夫无方之传,应物而不穷者也。"成疏:"言夫子执先王之迹,行衰周之世,徒劳心力,卒不成功。故削迹伐树,身遭殃祸也。夫圣人之智,接济无方,千转万变,随机应物。未知此道,故婴斯祸也。"⑤ 正如舟不能行陆,车不能走水,周制不能行于鲁国,鲁法不能预言汉制,无法之法才能应物无穷,有方之法只能使用一时一地。故章太炎反诘康有为所代表的公羊学:岂以姬周末世,而

---

① 章太炎:《齐物论释定本》,《章太炎全集》(六),上海人民出版社2018年版,第116页。
② 章太炎:《齐物论释定本》,《章太炎全集》(六),上海人民出版社2018年版,第115页。
③ 章太炎:《齐物论释定本》,《章太炎全集》(六),上海人民出版社2018年版,第115页。
④ 章太炎:《齐物论释定本》,《章太炎全集》(六),上海人民出版社2018年版,第116页。
⑤ (清)郭庆藩:《庄子集释》,中华书局2013年版,第458页。

能妄臆嬴刘之变哉！

既然《春秋》为史而非为汉制法，那么所谓春秋笔法、微言大义也就不存在。章太炎指出："《春秋》局在区中，而其时亦逝矣，有所臧否，只随成俗。《左氏》多称君子，是其事类。第一章云：未成乎心而有是非，是今日适越而昔至也。"① 此是说，《春秋》对历史的褒贬笔削，不是圣人有意为之，而是对历史人物的一般臧否，只随成俗，这与《左传》中的"君子""小人"之分别了无二致，是非是一种成心，人皆有之，非圣人所专擅，故亦无所谓微言大义有所寄托。关于《天下》篇之"《春秋》以道名分"，章太炎解释云："名定，故无君帝宁王之殊号，分得，故无漂杵馘磿之盈辞，斯其所以为美。其他惩恶劝善，率由旧章。"② 他将"名分"之"名"解释为"名定"，即对语言文字之统一，将君、帝、宁王等殊号以约定俗成的方式统一命名，不至于在使用时产生混乱；将"名分"之"分"（去声）解释为"分得"，反对名实相离的过度夸耀，《逸周书·世俘》称"（武王）馘磿亿有十万七千七百七十有九"，"馘"为人耳，"磿"为战俘；《书·武成》记载"（武王）受率其旅若林，会于牧野，罔有敌于我师，前徒倒戈，攻于后以北，血流漂杵"。这些古书记载多言过其实，史家应该将类似漂杵、馘磿这种过分夸饰的盈辞去掉，尊重历史实相，还原历史本来面目，名分即名副其实、言不过夸，定名分即反对盈辞漫言、名实相乖，此即庄子所言"《春秋》以道名分"之本意，是作为良史的孔子对历史事实的尊重而不是奢谈制法。应该说，章太炎为反对公羊家的春秋义法，不惜用自己丰富的学识对庄子这两处文字进行曲解。章太炎与康有为一样都是曲解或误解之天才，他们皆学随政变，以学救世或不得不如此。

康有为实则也极度推重庄学，其屡次提到庄子传子贡之学，而子贡之学即孔子的"性与天道"之学，为孔学精义所在。《庄子·齐物论》"六合之外，圣人存而不论"与《论语·公冶长》"夫子之言性与天道，不可得而闻也（子贡语）"似存在着微妙的联系，六合即天道，性即平等自由之性，天道为众生平等、人人自由的形而上学基础，"凡人皆天生，不论男女。人人皆有天与之体，即有自立之权，上隶于天，与人平等"③。这也意味着，天道即张三世通三统的历史演化精神，由野蛮进入文明，由据乱

①　章太炎：《齐物论释定本》，《章太炎全集》（六），上海人民出版社2018年版，第115页。

②　章太炎：《齐物论释定本》，《章太炎全集》（六），上海人民出版社2018年版，第116页。

③　康有为：《大同书》，《康有为全集》（七），中国人民大学出版社2007年版，第57页。

世而到升平世或小康世，再到大同世或太平世，故康有为指出："庄子赞孔子极精，自赞孔子以来，以庄子为第一。"① 庄子的天道观被康有为引入而为其大同哲学张本。章太炎则指出："六合之外，谓大宇之表；六合之内，谓即此员舆。""宇表事状，不可臆知，知其非无，故存之；不可别别陈说，故不论列之也。宇内事亦无限，远古之记，异域之传，有可论列，人情既异，故不平订是非也。"② 章太炎以认识的有限性为知识划界，故对六合之外存而不论；而六合之内则是历史存在，但年代久远，空间亦变，故不能随便评订是非。不过，章太炎又指出："且圣人者，智周万方，形充八极，故能不行而知，不见而名，岂遽不知六合以外哉！犹云存而不论者，持世之道，因乎常识，六合有外，人人可以比量知其总相；其外何状，彼无现量，无由知其别相。存则无损减，不论则无增益，斯为妙契中道。"③ 六合之外非现量，故不可知；但可以通过比量推知（六合之外存在），故又可知（知其存在）；比量所知为总相（即实相），不能言说，现量所知为别相（即色相），依赖言说。圣人之学对总相存而不论，言语道断的仅仅是别相。此处所谓的总相实则是佛教所言的究竟实相或究竟真实（"如实空"），孔子知道其存在，又知道其不能被言说，存而不论即妙契中道。章太炎巧妙地以佛学的实相、中道、空言悖论解释"六合之外，圣人存而不论"，没有给康有为以"性与天道"解释"存而不论"留下任何余地。应该说，康有为以"性与天道"解释庄子"存而不论"固然毫无根据，章太炎以孔子对究竟实相的"存而不论"解之大概也属于过度诠释，并无根据。

第二节　齐物之自发秩序优于大同之建构秩序

章太炎《齐物论释》提倡"文野异尚"，将文明与野蛮等而视之，随顺文野，任文明与野蛮自行其道，互不干预，此类似于哈耶克所言的"自发秩序"；康有为则强调以文明改造野蛮，甚至以人为的手段将野蛮消除而实现大同文明，则类似于哈耶克所言的"建构秩序"。《齐物论释》将

① 康有为:《万木草堂讲义》,《康有为全集》（二），中国人民大学出版社2007年版，第281页。

② 章太炎:《齐物论释定本》,《章太炎全集》（六），上海人民出版社2018年版，第115页。

③ 章太炎:《齐物论释定本》,《章太炎全集》（六），上海人民出版社2018年版，第115—116页。

庄子"文野平等"这一隐题开显为显题正是以"自发秩序""差异秩序"而批评康有为的"建构秩序""大同秩序"。

夷夏之防或华夷之辨为儒家文化的一种重要传统，这种传统的形成至少有基于自然血缘的"远近—亲疏"之别、基于地缘政治的"中国—四夷"之分，以及基于文明程度的"文明—野蛮"之别三种表现形式。比如孔子作《春秋》而"内其国而外诸夏，内诸夏而外夷狄"（《春秋公羊传·成公十五年》）就主要是基于地缘或血亲而讲华夷之辨。"文明—野蛮"之别是儒家基于礼乐诗教的信念而将"后进于礼乐"的文明体视为"夷狄"，如孔子云："夷狄之有君，不如诸夏之亡也。"（《论语·八佾》）"先进于礼乐，野人也；后进于礼乐，君子也。"（《论语·先进》）孟子云："吾闻用夏变夷者，未闻变于夷者也。"（《孟子·滕文公上》）孔孟皆以文明与野蛮之差等来言华夷之辨。孟子曾指出："舜生于诸冯，迁于负夏，卒于鸣条，东夷之人也。文王生于岐周，卒于毕郢，西夷之人也。地之相去也，千有余里；世之相后也，千有余岁。得志行乎中国，若合符节，先圣后圣，其揆一也。"（《孟子·离娄下》）东夷的帝舜与西夷的文王都是以"夷狄"而"得志行乎中国"，若以地缘和血缘而论，舜与文王都是夷狄，但以文明和文化而言，他们都属于中国，如此，华夷之辨实则即转化为文野之辨，韩昌黎《原道》称："孔子之作《春秋》也，诸侯用夷礼，则夷之；进于中国，则中国之。"[1] 华夷之辨实则即文明与野蛮之辨，而不再有地缘或血缘之区分。但在姬周时期，中国作为民族国家的观念还没有形成，彼时部分思想者拒绝以血缘、种族之别来分判华夷之辨，这种分判最终为康有为的保清立宪提供了理论根据和历史渊源。

晚近以来，随着知识人对中国何去何从的不同观照，对儒家华夷之辨这种传统的内涵继承大不一样，其中，革命者章太炎看重的是其中的地缘、血缘之分："《春秋》三传虽异，而内诸夏外夷狄则一。自有《春秋》，吾国民族之精神乃固，虽亡国有屡，而终能光复旧物，还我河山。"[2]他将清廷视为夷狄，清主充其量只是客帝，后来则直接认为清主连做客帝也根本没资格，即清主根本不具历史合法性，故宣言攘逐清廷，光复中华。与之相反，在康有为看来，公羊学的华夷之辨不是地缘与血缘之辨，他继承华夷之辨中之"文明与野蛮"的分判和公羊家"夷狄进全于爵"的

---

① （唐）韩愈著，马其昶校注：《韩昌黎集校注》，上海古籍出版社1986，第17页。

② 章太炎：《论读经有利无弊》，《章太炎全集》（一〇），上海人民出版社2018年版，第567页。

理想，既为其保清立宪辩护，又为其构建大同世界张本。

在为清廷统治进行辩护方面，康有为指出：“夫夷夏之别，出于春秋。然孔子《春秋》之义，中国而为夷狄则夷之，夷而有礼义则中国之。……然则孔子之所谓中国、夷狄之别，犹今所谓文明、野蛮耳。故中国、夷狄无常辞，从变而移。当其有德，则夷狄谓之中国；当其无道，则中国亦谓之夷狄。将为进化计，非为人种计也。……国朝入关二百余年，合为一国，团为一体。除近荣禄、刚毅挑出此义，已相忘久矣。所谓满、汉者，不过如土籍、客籍，籍贯之异耳。其教化文义，皆从周公、孔子；其礼乐典章，皆用汉、唐、宋、明，与元时不用中国之教化文字迥异。盖化为一国，无复有几微之别久矣。”①（此处标点与原文稍异）在康有为看来，清朝用周公孔子之教，用汉唐宋明之礼乐典章，两者之别不过是籍贯之别，清朝在文化上与中国毫无异处，不应以血统而当以文化来判别文明体，加之清朝力行仁政，“此则唐、虞至明之所无，大地各国所未有也。亦可谓古今最仁之政矣”②。如此，中国未来走虚君共和、维新改良之路便理所当然，清朝本来是儒教文化意义上的中国人，其力行“仁政”在道义上也具有统治的合法性。故反清革命则无从谈起。

在为构建大同世界学说张本方面，康有为继承公羊学三世三统的历史演化过程，这种历史演化在某种意义上说就是从野蛮进化为文明的过程。《大同书》称野蛮之苦为人类诸苦之一，因此大同世界要“主乎文明，则事事去野蛮之陋”，他称孔子为“文明进化之王”或“真文明世之教主”。有学者统计，《大同书》出现“进化”达三十九次之多③，康有为对各文化体有严格的“野蛮与文明”之分判，对人种也有“优等与劣等”之区分，其思想中有很多“以文明开化草野”“以文明征服野蛮”“以优等人种取代劣等人种”等进化主张，比如其指出：“国之文明，全视教化。无教之国，即为野蛮。无教之人，近于禽兽。”④ 言外之意，化外之民就是禽兽一般的非人。《孟子微》中还云：

　　草昧初开，为大鸟兽之世，及人类渐繁，犹日与禽兽争。今亚、

---

① 康有为：《答南北美洲诸华商论中国只可行立宪不能行革命书》，《康有为全集》（六），中国人民大学出版社 2007 年版，第 327 页。

② 康有为：《答南北美洲诸华商论中国只可行立宪不能行革命书》，《康有为全集》（六），中国人民大学出版社 2007 年版，第 327 页。

③ 茅海建：《康有为是“进化论”者吗》，《文汇报》2018 年 9 月 14 日“文汇学人·学林”版。

④ 康有为：《孟子微》，《康有为全集》（五），中国人民大学出版社 2007 年版，第 496 页。

非洲中央犹然，且大兽伤人尤多。今印度，岁死于虎狼者数万计，可知人兽相争之剧。中古人与人争地，故以灭国俘虏为大功。上古人与兽争，故以烈山泽、逐禽兽为大功。尧、舜之时，兽蹄鸟迹之道交于中国，至周公时，尚以兼夷狄、驱猛兽为言。今则中原之地，猛兽绝迹，田猎无取，此后人道大强，兽类将灭。盖生存竞争之理，人智则灭兽，文明之国则并野蛮，优胜劣败，出自天然。而所以为功者，亦与时而推移。野蛮既全并于文明，则太平而大同矣。①

在孟子看来，周公在中国文明史曾做过兼夷狄和驱猛兽两大事业。康有为指出，正如人类曾经战胜野兽一样，文明之国兼并野蛮之国也符合优胜劣败的天然法则，野蛮正是在被不断的兼并中走向文明，当野蛮全并于文明之时就是人类大同太平实现之时，这实则承认，为进入大同世界即便有弱肉强食、丛林法则一般的灭国行为也在所不惜。因此，康有为认为人类世界的一切兼并战争都是进入大同世界的先决条件："世界进化，自分而合，乃势之自然。故自黄帝、尧、舜时为万国，至汤三千国，武王一千八百国，春秋则二百余国，战国为七国，秦则一统矣，凡二千年。印度之先亦诸国并立，三千年而统一于阿育大王。欧洲之先亦诸国并立，二千年而统一于罗马。盖分并之势，乃淘汰之自然，其强大之并吞，弱小之灭亡，亦适以为大同之先驱耳。"② 这意味着，为进入大同世界，一切"强大之并吞，弱小之灭亡"都具有合法性，既合乎自然法则，又符合终极目的，弱肉强食是大同之先驱③，就人种而言，大同世界是一个"全地人种，颜色同一，状貌同一，长短同一，灵明同一"④ 的人种大同的世界，因此他呼吁"去种界同人类"。其中，白人是最高贵人种，黑人是最低等人种，其描写黑人云："惟黑种之人，铁面银牙，目光晱晱，上额向后，下颌向前，

① 康有为：《孟子微》，《康有为全集》（五），中国人民大学出版社 2007 年版，第 496 页。
② 康有为：《大同书》，《康有为全集》（七），中国人民大学出版社 2007 年版，第 128—129 页。
③ 值得注意的是，康有为对历史上的兼并战争持正面评价的态度并不意味着康有为鼓吹兼并战争，相反，他在《大同书》中用大量篇幅痛斥古今兼并战争给人类带来的苦难。康有为的三世进化学说也有对野蛮与文明的阶段性安顿，且康有为哲学始终强调"不忍"（曾创办《不忍》杂志），其构建大同世界原本即以孟学"不忍之心"为前提（不忍人类受诸苦）而以让众生离苦得乐为目的，他对帝国主义对东方的觊觎野心也有严厉的批判。但为实现大同世界这理想化的乌托邦，有些手段是不得已之选择，大同世界是一种很强的目的论哲学，恶的过程最终走向善的目的，与黑格尔的历史目的论类似，大国兼并小国（恶）最终是为实现大同这一终极目的（善）。
④ 康有为：《大同书》，《康有为全集》（七），中国人民大学出版社 2007 年版，第 44 页。

至蠢极愚，望之可憎可畏。其与白人、黄人资格之相远也，有若天仙之与地狱之鬼也。"① 因此，他建议通过移民北美或北欧、与白人杂殖等方式将黑人慢慢进化成白人，对于黑人中的劣种，当以沙汰之法断绝其后，"其棕、黑人有德性太恶、状貌太恶或有疾者，医者饮以断嗣之药以绝其传种。当千数百年后，大地患在人满，区区黑人之恶种者，诚不必使乱我美种而致退化"②。"齐其不齐"，消灭差异，为让人种进化，让人类一起进入大同，康有为甚至有些不择手段，大同世本是不忍之心流行的世界，但却会出现以沙汰之法绝黑人之后的残忍手段，此即章太炎在《齐物论释》中所批判者："兼爱酷于仁义，仁义憯于法律。"③

康有为深信存在"普遍的真理（universal truth）"④，大同世界在某种意义上是统一全球风俗习惯、统一各大文明体、统一各类人种、统一人类生活，让一切野蛮趋入他建构的文明之中，此即对人类存在以"齐其不齐"之方式整齐划一，"大同不接受差异，只追求同一的完美"⑤。康有为这种进化思想与19世纪流行的黑格尔主义、达尔文主义、斯宾塞主义等有着内在的一致性。在《齐物论释》里，章太炎对康有为这种"齐其不齐"的思想进行针锋相对的批驳，提出"齐其不齐，下士之鄙执；不齐而齐，上哲之玄谈"⑥ 这种重视"不齐而齐"的平等思想，指出"应物之论，以齐文野为究极"⑦，只有理解康有为"以文化野"的大同主义理想才能理解章太炎为何将"齐文野"视为一部《齐物论释》的主旨。

在人类自然演化的状态下，本来无所谓文野之分。根据庄子哲学，"自其异者视之，肝胆楚越也；自其同者视之，万物皆一也"（《庄子·德充符》），万物之同正是以承认万物之异为前提，"长者不为有余，短者不为不足。是故凫胫虽短，续之则忧；鹤胫虽长，断之则悲"（《庄子·秋水》），一切存在者具有先天的天完具足的自然合法性和理所当然性。章太炎根据庄子哲学指出："世法差违，俗有都野，野者自安其陋，都者得意于娴，两不相伤，乃为平等。"⑧ 文野之间、都野之间只是存在状态、存在方式的差异，而无高下优劣之不同，野者安然于草昧，都者得意于文明，两

---

① 康有为：《大同书》，《康有为全集》（七），中国人民大学出版社2007年版，第43页。
② 康有为：《大同书》，《康有为全集》（七），中国人民大学出版社2007年版，第48页。
③ 章太炎：《齐物论释定本》，《章太炎全集》（六），上海人民出版社2018年版，第73页。
④ 汪荣祖：《康章合论》，中华书局2008年版，第34页。
⑤ 宫志翀：《从"人本院"问题看康有为大同构想的脆弱性》，《人文杂志》2020年第11期。
⑥ 章太炎：《齐物论释定本》，《章太炎全集》（六），上海人民出版社2018年版，第73页。
⑦ 章太炎：《齐物论释定本》，《章太炎全集》（六），上海人民出版社2018年版，第119页。
⑧ 章太炎：《齐物论释定本》，《章太炎全集》（六），上海人民出版社2018年版，第76页。

不相妨，各得其美，野蛮不必接受文明的驯化，文明也无权干涉野蛮的自在。他在解释《齐物论》"尧伐三子"这则寓言时引郭象之注："今欲夺蓬艾之愿而伐使从己，于至道岂弘哉，故不释然神解耳。若乃物畅其性，各安其所安，无有远近幽深，付之自若，皆得其极，则彼无不当而我无不怡也。"①尧国文明，蓬艾草昧，各安其安，尧不能以文明自居而伐使从己，而当各付自若，两不相害。章太炎对郭象这种解释非常认可，指出："子玄斯解，独会庄生之旨。原夫《齐物》之用，将以内存寂照，外利有情，世情不齐，文野异尚，亦各安其贯利，无所慕往。飨海鸟以太牢，乐斥鷃以钟鼓，适令颠连取毙，斯亦众情之所恒知。"②康有为认为周公以文明为名而兼夷狄是走向大同社会的重要步骤，章太炎则认为，世界存在状态是丰富而多元的，文明与野蛮（夷狄）在各自文明体内都是一种具足其性的存在者，"人与飞走，情用或殊，转验之人，蚳醢，古人以为至味，燔鼠，粤人以为上殽，易时异地，对之欲哕，亦不应说彼是野人，我有文化，以本无文野故"③，古人吃蚳醢（蚁卵之酱，《周官》有记载）而且用来进贡，粤人以燔鼠为上肴且来待客，但不能说周人、南人是野蛮人，风俗与习惯只有多样性、多元性而无文明与野蛮的高下之分。可见，所谓文明与野蛮之区分，本来就不存在，原本就没有一个区分野蛮与文明的标准，人为设定的标准（遍计所执自性、自心妄现）都是有限的而不具周延性。

一切执著于文明与野蛮之分的学说都会给人类带来灾难。"如果要消灭一文化的特性，等于此一文化的灭亡"④，更何况古今多少战争是以文明为名而行侵略征服之实，"志存兼并者，外辞蚕食之名，而方寄言高义，若云使彼野人，获与文化，斯则文野不齐之见，为桀、跖之嚆矢明矣"⑤，本来是兼并蚕食他国，却以"使彼野人获与文化"为高义，使得不义之战获得正义之名，杀人有理，灭国有道。以葛伯仇饷而言："孟子以善战当服上刑，及举葛伯仇饷之事，方云非富天下。尚考成汤伊尹之谋，盖籍宗教以夷人国，诚知牛羊御米，非邦君所难供，放而不祀，非比邻所得问，故陈调讽，待其詟言，尔乃遣众往耕，使之疑怖，童子已戮，得以复仇为名。"⑥葛国放而不祀，虽然看似野蛮，但与商汤、伊尹了无关系，故商

---

① 章太炎：《齐物论释定本》，《章太炎全集》（六），上海人民出版社 2018 年版，第 118 页。
② 章太炎：《齐物论释定本》，《章太炎全集》（六），上海人民出版社 2018 年版，第 118 页。
③ 章太炎：《齐物论释定本》，《章太炎全集》（六），上海人民出版社 2018 年版，第 122 页。
④ 汪荣祖：《康章合论》，中华书局 2008 年版，第 122 页。
⑤ 章太炎：《齐物论释定本》，《章太炎全集》（六），上海人民出版社 2018 年版，第 118 页。
⑥ 章太炎：《齐物论释定本》，《章太炎全集》（六），上海人民出版社 2018 年版，第 118 页。

汤、伊尹不应该过问；但商汤、伊尹非要过问，先是送牛羊到葛逼人祭祀，葛伯依然不祀；再是派人到葛帮其耕种，并给老弱送酒食，葛伯便抢夺商人之酒食（商人不请而来，已经构成侵犯），混乱之中一商人童子被杀。于是，商汤以为童子复仇为名，大兵压境，一举灭葛。这场灭国战争是一场典型的文明灭国之战，既灭人之国，又骗取民心，于是天下诸侯纷纷盼商汤来征服，"若大旱之望雨也"（《孟子·滕文公下》）。康有为论成汤灭葛云："此明王政以救民水火为主，虽匹夫匹妇亦为复仇，则天下归之。""为一童子复仇，平世之理也。"①康有为与孟子看法一致，认为复仇是正义之举，但却没有看到成汤发动灭国之战之最初原因只是葛国放而不祀，以康有为《大同书》理想而言，成汤以文明淘汰野蛮是帮助葛国走向礼乐文明并最终走向大同文明的关键一步。正是意识到以文明征服野蛮的危险性，章太炎指出："今之伐国取邑者，所在皆是，以彼大儒，尚复蒙其眩惑，返观庄生，则虽文明灭国之名，犹能破其隐慝也。"②这个被眩惑的大儒是指孟子，当然也是康有为。"向令《齐物》一篇，方行海表，纵无减于攻战，舆人之所不与，必不得籍为口实以收淫名，明矣"③，庄子《齐物论》的意义就在于，将一切本来包藏祸心却以高义为名的侵犯之行暴露于光天化日之下。

第三节　俱分进化而非单线进化才是进化之实相

康有为所构建的大同世界要"事事去野蛮之陋"，大同世界必须以科学的极端进步、物质文明生产的极大提高为基础，只有无数的财富、高效的生产才能为大同世奠定文明基础。章太炎《齐物论释》继承他的"俱分进化论"思想，认为："若以道德言，则善亦进化，恶亦进化；若以生计言，则乐亦进化，苦亦进化。双方并进，如影之随形，如罔两之逐影。"④一方面，文明的进步需要人付出更多的努力，就如夸父逐日，其在拥有光明的同时也在忍受着劳累与饥渴的痛苦；另一方面，文明带来工具的进步，人类用这些利器互相屠杀，比野蛮时代更严重，所谓"曩时之善恶为

---

① 康有为：《孟子微》，《康有为全集》（五），中国人民大学出版社 2007 年版，第 460 页。
② 章太炎：《齐物论释定本》，《章太炎全集》（六），上海人民出版社 2018 年版，第 118 页。
③ 章太炎：《齐物论释定本》，《章太炎全集》（六），上海人民出版社 2018 年版，第 118—119 页。
④ 章太炎：《俱分进化论》，《章太炎全集》（四），上海人民出版社 2018 年版，第 405 页。

小，而今之善恶为大；曩时之苦乐为小，而今之苦乐为大"①。换言之，文明进步给人类带来的痛苦并不比带给人类的福乐稍少，甚至还会更多，职是之故，他提出"进化之实不可非，而进化之用无所取"② 之著名论断。顺此而来，康有为大同世所鼓吹的文明大进步、生产大发达的理想也为章太炎所否定。

在《齐物论释》中，章太炎批判无政府主义者云："如观近世有言无政府者，自谓至平等也，国邑州闾，泯然无间，贞廉诈佞，一切都捐，而犹横著文野之见，必令械器日工，餐服愈美，劳形苦身，以就是业，而谓民职宜然，何其妄欤！"③ 无政府主义的理想是实现至平等的大同世界，那时，国界地界（"国邑州闾，泯然无间"）皆已取消，人类道德文明水平也达到至善之程度（"贞廉诈佞，一切都捐"）。章太炎意识到，无政府主义者无限追求物质生产的极度提高，此实则即追求从野蛮状态到文明状态的进步，也就是说，"文野不齐之见"是无政府主义鼓吹文明进步的先在原因。然则无政府主义者不知，"餐服愈美"之"乐"必然伴随着"劳形苦身，以就是业"之"苦"，乐在进化，苦也在进化，如影随形，苦乐相抵，进化遂成无用之功。章太炎在给张继（字薄泉）译意大利无政府主义者马刺跌士（Malatesta，今译马拉泰斯塔）之《无政府主义》作序时，在肯定无政府主义能"挥斥垢氛，解散维执，悲悯众生"之同时，更批判此派学说"或有执著"，其所执著者即"文野之见"。章太炎指出："庄生有言：'鱼之相濡以沫，不如相忘于江湖'；'吾生有涯，以随知之无涯，殆已！'昔人悲夸父之逐日，近贤悼奔马之追杖，此则营求眇欲，自苦之根，麕集为生，伐性之斧。故知福为美疢，群惟聚痈，计文野者，是华士见，不如归大朴也。求幸福者，是天宫见，不如言苟全也。徒以心如委輆，竞进猰多，持世之言，必以百姓千名为准。然则山林独善，不能制群体之曼延，楢巢见并，松栎为摧，以众暴寡，又可覩矣。若能循齐物之妙义，任夔蚿之各适，一人百族，势不相侵，井上食李之夫，犬儒裸形之学，旷绝人间，老死自得，无宜强相陵逼，引入区中，庶几吹万不同，使其自己，斯犹马氏所未逮乎？"④ 章太炎以庄子"齐文野"哲学批判无政府主义"计文野"的不究竟之处，"循齐物之妙义，任夔蚿之各适"，文明野蛮原

---

① 章太炎：《俱分进化论》，《章太炎全集》（四），上海人民出版社 2018 年版，第 405 页。

② 章太炎：《俱分进化论》，《章太炎全集》（四），上海人民出版社 2018 年版，第 405 页。

③ 章太炎：《齐物论释定本》，《章太炎全集》（六），上海人民出版社 2018 年版，第 119 页。

④ 章太炎：《〈无政府主义〉序》，《章太炎全集》（四），上海人民出版社 2018 年版，第 404 页。

无高下之分，野不必驰骛于文，文不得侵犯于野，"老死自得，无宜强相陵逼"，在这种情况下，或"刀割香涂，爱憎不起，黄尘火齐，等无差别"，或"恬淡寡营，屏人独处，持芋栗为谷食，围木皮作绔襦，大乐不至，劳苦亦绝，愈于交相掎持、待群为活者远矣"①。在文野齐平的社会中，民众浑朴不分、爱憎不起、贵贱不分，虽无大乐，亦无大苦，这是自由平等的究竟之境。

　　章太炎这种批判虽然直接针对的是无政府主义者，但依旧可以看作对康有为大同世界的隐秘回应，一方面，康有为"去九界"而设全球统一政府与无政府主义并无本质不同；另一方面，大同世追求高度发达的物质文明，彼时会有行室、飞室、海舶、飞船等供人类自由出入于诸天、诸星之间，这与无政府主义者之理想也完全一致。后者是康有为尤其强调的，生民之初，以饥为苦，为追求人生之乐，因此人类发展生产，种地放牧，走上进化之路，文明最终给人类带来莫大之福祉。但文明进步所带给人类的福祉和悦乐并不能人人享有，这就导致另一种苦乐并进的现象："益乐者，与人之神魂体魄尤适尤宜，发扬、开解、欢欣、快畅者也。其不得是乐者则以为苦，神结体伤，郁郁不扬者矣。其乐之益进无量，其苦之益觉亦无量，二者交觉而日益思为求乐免苦之计，是为进化。"② 可见，康有为也认为乐在进化的同时苦也在进化，只是这种俱分进化思想与章太炎完全不同，这种苦类似于佛学所言"求不得苦"，所求愈奢，所苦愈大。那么，如何消除这种苦呢？康有为认为，只有靠进化才能消除之，只有靠生产力的大发展才能让人类一起离苦得乐，他指出："圣人者，制器尚象，开物成务，利用前民，裁成天地之道，辅相天地之宜以左右民，竭其耳目心思焉，制为礼乐政教焉。尽诸圣之千方万术，皆以为人谋免苦求乐之具而已矣，无他道矣。能令生人乐益加乐、苦益少苦者，是进化者也，其道善。其于生人乐无所加而苦尤甚者，是退化者也，其道不善。尽诸圣之才智方术，可以二者断之。"③ 圣人的制器尚象、开物成务不过是追求生产的进步而让众生离苦得乐，文明进步是让人类"乐益加乐、苦益少苦"的不二法门，章太炎的俱分进化学说在于对文明和进化的批判和否定，康有为的俱分进化在于对文明和进化的鼓吹和高扬。在《大同书》最后一章，康有为向世人展现了一个"什器精奇，机轮飞动"，"医术神明，不可思议"的

---

①　章太炎：《〈无政府主义〉序》，《章太炎全集》（四），上海人民出版社2018年版，第403—404页。

②　康有为：《大同书》，《康有为全集》（七），中国人民大学出版社2007年版，第184页。

③　康有为：《大同书》，《康有为全集》（七），中国人民大学出版社2007年版，第184页。

唯美极乐世界。

故可以说，章太炎《齐物论释》对"械器日工，餐服愈美"的无政府主义之批判，也是对康有为大同学说的批判，苦乐俱生，形影不离，与其说进化不能给人类带来福祉，而毋宁说会恰恰相反。正是在这个意义上，章太炎于《庄子》全书最重视《齐物论》，而《齐物论》三千余字中最重视"尧伐三子"这六十三字寓言。比如其云："尧问一章，宜在最后，所以越在第三者，精入单微，还以致用，大人利见之致，其在于斯。"① 又云："故应物之论，以齐文野为究极。此章才有六十三字，辞旨渊博，含藏众宜，《马蹄》《胠箧》《盗跖》诸篇，皆依是出也。"② 这则寓言之重要性在于它是对"世情不齐，文野异尚"之隐喻，如果说康有为的大同理想在某种意义上可以化约为从野蛮到文明的进化，其预设着文明高于野蛮的价值评判，正是在此意义上，李泽厚先生指出："'文明国'灭'野蛮国'是文明的进化，将来也将由'文明国'一统世界来实现大同。"③ 以此来检视章太炎的齐物哲学，不难发现，章太炎的"文野异尚"学说隐含着对康有为"齐其不齐"、鼓吹文明、消灭野蛮的大同世进行学术回应的苦心孤诣。

依章太炎之见，文野之见无论就所带来的不义之战而言还是其本身所带来的苦难而言，都是一种负面的消极的存在，与其说进化不能给人类带来福祉，毋宁说文明本身就是一场苦难，故消除文野之见尤其必要。"文野异尚"即将文明与野蛮一视同仁，以不齐而见齐，对他者应予以平等的观照和尊重，在之宥之，付之自若，而不是依此夺彼，强彼合我。如何做到"不齐而齐"，即首先要破除我执，因此一切"文野之见"背后莫不有一个自以为是的所谓文明标准，那么这个文明标准一定是"我"认定的或建构的标准，而"我"认定的或建构的标准原是遍计所执而了无自性，"彼亦一是非，此亦一是非。果且有彼是乎哉？果且无彼是乎哉？彼是莫得其偶，谓之道枢"（《庄子·齐物论》），唯一的是非就是没有是非，唯一的标准就是没有标准，如何做到对文明标准的消解，就首先需要把标准的认定者或建构者消解之，此即《齐物论》所言"吾丧我"。章太炎《齐物论释》开篇即言："齐物者，一往平等之谈，详其实义，非独等视有情，无所优劣，盖离言说相，离名字相，离心缘相，毕竟平等，乃合《齐物》

---

① 章太炎：《齐物论释定本》，《章太炎全集》（六），上海人民出版社 2018 年版，第 77 页。
② 章太炎：《齐物论释定本》，《章太炎全集》（六），上海人民出版社 2018 年版，第 119 页。
③ 李泽厚：《中国近代思想史论》，人民出版社 1979 版，第 145 页。

之义。次即《般若》所云，字平等性，语平等性也。其文既破名家之执，而即泯绝人法，兼空见相，如是乃得荡然无阂。若其情存彼此，智有是非，虽复泛爱兼利，人我毕足，封畛已分，乃奚齐之有哉。"① 此处引《大乘起信论》和《大般若经》等相关理论解释庄子的齐物哲学，齐物哲学的前提就是要做到"泯绝人法，兼空见相"，人我法我俱泯，相分见分兼空，以无我之心平等观照一切存在，章太炎称之为庄子式的内圣外王之道："必令世无工宰，见无文野，人各自主之谓王，智无留碍然后圣"②，工宰是文明标准的制定者，若没有工宰也就没有文野之见，没有文野之见人类也就没苦难。文野之辨不过是遍计所执自性而形成的妄见，只有以智无留碍的圆成实性才能消除文野之见，如此才能实现人各自主，拒绝被文野之见牵引，不再妄想脱离野蛮而奔竞于文明，人类才有福祉之可言。

第四节　"欲使众生平等，不得不先破神教"

《齐物论释序》开篇处即指出："其唯庄生，览圣知之祸，抗浮云之情。"③ 在章太炎看来，批判和解构"圣知"是庄子哲学的主题之一，顺此而来，此亦即《齐物论释》的主题之一。《齐物论释》表现出对有神论宗教的极度敏感性，一切有神论的、目的论的、具有弥赛亚精神或普罗米修斯情结的、具有乌托邦色彩的宗教理论都是平等自由的敌人，故多次申言警惕"宗教"或"圣智"（包括神、教主、神圣、神明、圣人、圣王）的危害性，这种敏感性与康有为提倡建立孔教这种"太平大同之教"不无关系。康有为建议设立孔教，以孔子为大地教主，并幻想建议朝廷将孔教钦定为国教④，《孔子改制考序》云："天既哀大地生人之多艰，黑帝乃降精而救民患，为神明，为圣王，为万世作师，为万民作保，为大地教主。生于乱世，乃据乱而立三世之法，而垂精太平，乃因其所生之国，而立三界之义，而注意于大地远近大小若一之大一统。"⑤ 在《大同书》第一篇

---

①　章太炎：《齐物论释定本》，《章太炎全集》（六），上海人民出版社 2018 年版，第 73 页。

②　章太炎：《齐物论释定本》，《章太炎全集》（六），上海人民出版社 2018 年版，第 141 页。

③　章太炎：《齐物论释序》，《章太炎全集》（六），上海人民出版社 2018 年版，第 3 页。

④　参见康有为《请尊孔圣为国教，立教部教会，以孔子纪年而废淫祀折》。此稿虽然被学界证明为康有为后来撰写之伪稿（印行于宣统三年），不具史料价值，但此书具有思想价值。［参见黄彰健《康有为戊戌真奏议（附康有为伪戊戌奏稿）》，台北："中央研究院"历史语言研究所 1974 年版］

⑤　康有为：《孔子改制考序》，《康有为全集》（三），中国人民大学出版社 2007 年版，第 3 页。

中，康有为把饱含着种种苦难的人世间称为"大杀场，大牢狱"，作为大地教主的孔子正是具有浓厚救世情结的神明圣王："神明圣王孔子早虑之忧之，故立三统三世之法，据乱之后，易以升平、太平，小康之后，进以大同……盖深虑守道者不知变而永从苦道也。"① 正如"地狱不空，誓不成佛"的地藏王菩萨一样，人类一日不入大同世，孔子则永从苦道。总之，康有为立孔子为大地教主，以孔子三世之法为教义，一方面为其虚君共和的政治改良运动寻找理论资源，由据乱世（封建专制）而进化为升平世（君主立宪制）；另一方面又为其构建大同世界进行理论张本，由升平世、小康世（民主制）而进化为太平世、大同世。前者之孔子为"改制教主"（《孔子改制考》），后者之孔子为"大同教主"（《大同书》）。

作为康有为的思想宿敌，章太炎的宗教思想与之针锋相对，"他坚决反对康有为等人'建立孔教'的主张，亦源自平等的内在诉求"②。在破之方面，章太炎撰写《驳建立孔教议》，指出包括儒释道三家在内的中国传统并不是一个宗教式的有神论传统，孔子对于中国的贡献在于"制历史，布文籍、振学术，平阶级"，不过即使如此，孔子依旧不是宗教意义上的教主，"孔子于中国，为保民开化之宗，不为教主。世无孔子，宪章不传，学术不振，则国沦戎狄而不复，民陷卑贱而不升，欲以名号加于宇内通达之国，难矣。今之不坏，繁先圣是赖！是乃其所以高于尧、舜、文、武而无算者也"③。在章太炎笔下，作为一个具有史家自觉、学者气质、理性精神、平民色彩的孔子形象被树立起来，康有为笔下神学色彩（具有救世主精神"神明圣王"）十足的孔子被消解之。在立的方面，章太炎撰写《建立宗教论》《无神论》《人无我论》等文章，宣扬基于唯识学三自性而建无神论宗教④，一切有神论的宗教皆崇奉一尊，"惟神之说，崇奉一尊，则与平等绝远也。欲使众生平等，不得不先破神教"⑤。只有佛学特别是法相一系的宗教才是无神论的宗教，此派"无崇拜鬼神之法"，释迦牟尼佛只是佛学智慧之先师，而非有独立神格（一切皆依他起自性，

---

① 康有为：《大同书》，《康有为全集》（七），中国人民大学出版社 2007 年版，第 6 页。

② 孟琢、陈子昊：《论章太炎的平等思想——齐物哲学与中国现代价值的建立》，《人文杂志》2020 年第 10 期。

③ 章太炎：《驳建立孔教议》，《章太炎全集》（四），上海人民出版社 2018 年版，第 202、203 页。

④ 章太炎多次强调，佛教并不是宗教，其用宗教之名称佛教，只是用随俗之名，而不是以佛教为宗教，佛教是无神论的哲学。参见其《无神论》《建立宗教论》《人无我论》《佛学演讲》《菿汉微言》等相关论著。

⑤ 章太炎：《无神论》，《章太炎全集》（四），上海人民出版社 2018 年版，第 415 页。

释迦牟尼佛亦然），非创生世界之鬼神，非救世之教主，故"其神既非实有，则崇拜为虚文尔"，而且，包括佛教在内的诸种宗教存在的意义仅仅在于化民成俗，养成道德，"则道德普及之世，即宗教消熔之世也"①。章太炎一破一立，对康有为的孔教主义思想进行彻底的解构。在《齐物论释》中，章太炎借助佛与庄"离言说相，离名字相，离心缘相，毕竟平等"的无神论思想再次回应批判一切有神论、崇圣论等宗教思想。康有为建立孔教思想依旧是他的隐秘对话者，对康有为孔教主义的消解和否定成为他撰写《齐物论释》的解释学前见，故对神圣论宗教之批判和否定这一在《齐物论》中隐而不显的主题在章太炎的《齐物论释》中被浓墨重彩地反复强调。章太炎对墨子的天志、老子的教父、儒家的圣王、孟子所赞成的商汤征葛（以宗教之名）等进行逐一驳斥。

以章太炎之见，墨学的不究竟之处有二。一方面，墨学的兼相爱之学建立在交相利的功利主义之上，而交相利则建立在每一个个体的主体性基础之上，"若其情存彼此，智有是非，虽复泛爱兼利，人我毕足，封畛已分，乃奚齐之有哉。然则兼爱为大迂之谈，偃兵则造兵之本，岂虚言邪"②。如果作为利益的主体（"遍计所执自性"）不能被消解，那么人与人在交往的过程中就难免会出现倾轧和剥削等不仁不义之举。另一方面，面对世间种种不堪，墨子不得不请出具有神学色彩的天志来主持世间正义，然而，天志则可能成为统治者以天的名义进行对内攘夺、对外侵犯的工具。章太炎指出："然其绳墨所出，斠然有量，工宰之用，依乎巫师。苟人各有心，拂其条教，虽践尸蹀血，犹曰秉之天讨也。"③ 章太炎辟墨，正是因为在他看来墨子是有神论的宗教家，"惟墨家出于清庙之守，故有《明鬼》三篇，而论道必归于天志，此乃所谓宗教矣"④。一旦宗教与政治相缔结，墨子式的天志就会成为"以众暴寡"的神学依据，"墨子《兼爱》、《天志》诸篇，亦论以众暴寡之非。然既云天志、尚同，设有异天志而殊群众者，不为众之所暴，得乎？物类淘汰，势自然也"⑤。在这个意义上，墨教和包括孔教、耶教在内的一切有神论宗教都可能是平等自由的潜在威胁，"象《墨子·天志》篇所说，可以知其大概。若有一人一国违了

---

① 以上相关检讨和引文参见章太炎《建立宗教论》，《章太炎全集》（四），上海人民出版社2018年版。

② 章太炎：《齐物论释定本》，《章太炎全集》（六），上海人民出版社2018年版，第73页。

③ 章太炎：《齐物论释定本》，《章太炎全集》（六），上海人民出版社2018年版，第73页。

④ 章太炎：《论诸子学》，《章太炎全集》（一〇），上海人民出版社2018年版，第56页。

⑤ 章太炎，《检论》，《章太炎全集》（三），上海人民出版社2018年版，第434页。

天志，这个人就该杀，这个国就该灭，依然不能纯用兼爱。又象那基督教也是以博爱为宗，但从前罗马教皇代天杀人，比政府的法律更要残酷"①。古来政教不分，工宰之用，依乎巫师，俗世的工宰与宗教的巫师互相依傍，内外缘饰，为害人间，古今之祸不胜枚举。值得注意的是，比《齐物论释》晚出的《检论·学隐》也称康有为之教以孔子为巫师，可见，无论是墨教还是耶教，抑或是孔教，形式内涵或有不同，但却都是有神论（一神论）的宗教，而所有宗教难免都会导致教理本身所始料未及的以多暴寡、以同灭异的非正义之行，此所谓"践尸蹀血，犹曰秉之天讨也"。张志强教授指出："'博爱大同'的平等是一种'齐其不齐'的平等，是以一种普遍的平等观念'齐不齐以为齐'的平等，背后总是预设了一种一元论的价值，因此基于一元价值而来的平等在实质上一定是一种彻底的不平等见"②，无论是耶教、墨教还是孔教，一神论背后皆预设一元论价值，故有神论宗教总是不期然而然地为平等自由的宿敌。

前文引《齐物论释》对《孟子》所载葛伯仇饷之评骘，伊尹商汤之举正是"籍宗教以夷人国"之典型案例，祭祀与否，是否有宗教信仰，皆葛国之自主选择（依自不依他），非伊尹商汤所能干涉，但伊尹商汤却以葛伯放而不祀为理由进行种种干涉，并最终夷灭葛伯之国。孟子认为商汤灭葛是正义之行，并为之鼓与呼，却不知商汤以葛伯放而不祀为名去灭葛伯之国，乃以宗教之名行灭国之实，此与墨子宣扬"一同天下之义"的"天志""尚同"思想如出一辙，"墨子虽有禁攻之义，及言《天志》、《明鬼》，违之者则分当夷灭而不辞，斯固景教、天方之所驰骤，亮不足道"③。《菿汉微言》亦指出："独墨子主兼爱、尚同、尊天、明鬼，而一人一义在所必诛。其言非功，亦施于同义者，苟与天志殊者，必伐之，大戡之。……墨子之教实与天方基督同科，而十字军之祸，夙见于禹域矣。"④有神论的宗教与专制的政权向来都是辗转缠绕、内外相资，深知政教不分必然会走向极权专制这一历史实相的章太炎始终保持着对宗教的警惕，其接受佛学的原因正在于此派学说"不事天神""不援鬼神"，其接受庄学的原因在于庄学不灭异己，宽容差异，庄学与佛学才是关于究竟平等的学说。康有为之大同教以孔子为大地教主，虽有"保国、保种、保教"的良

① 章太炎：《佛学演讲》，《章太炎全集》（一〇），上海人民出版社 2018 年版，第 156 页。

② 张志强：《"操齐物以解纷，明天倪以为量"——论章太炎"齐物"哲学的形成及其意趣》，《中国哲学史》2012 年第 3 期。

③ 章太炎：《齐物论释定本》，《章太炎全集》（六），上海人民出版社 2018 年版，第 118 页。

④ 章太炎：《菿汉微言》，《章太炎全集》（一二），上海人民出版社 2018 年版，第 40—41 页。

苦用心，但在那个政教不分、民智未开的晚清时代，设孔教为国教最终可能会走向与大同背道而驰的极端专制主义。① 在具有自我平生思想总结性质的《自述学术次第》一文中，章太炎依旧强调"庄周《天运》，终举巫咸，此即明宗教惑人所自始"，庄子破此"隐慝"实乃"人事之纪，政教所关"②。他深知中西历史上种种政教不分、人神共治之为祸，故一再声张宗教之害，他以庄子的"齐物"（"不齐而齐"）取代墨子的"尚同"（"一同天下之义"），以佛学的无神论取代其他宗教的有神论，以法相学之三自性这一究竟实相解构一切宗教神、创世神、救世神，可谓其来有自。不过，章太炎并不反对学校瞻礼孔子，只是反对将孔教设为国教、将孔子设为教主这种政教不分的孔教主义，"树为宗教，杜智慧之门，乱清宁之纪"③。

　　圣人之祸与宗教之祸有着内在的逻辑一致性，故庄子将圣人比喻为大盗的相关思想为章太炎所格外激赏。章太炎在《齐物论释》中指出："夫能上悟唯识，广利有情，域中故籍，莫善于《齐物论》。《天下》篇云：'内圣外王之道，郁而不发。'尔则庄生著书，非徒南面之术，盖名家出于礼官，而惠施去尊，道家本以宰世，而庄周残法，非与旧术相戾，故是舍局就通耳。老聃但说'民多利器，国家滋昏'，而犹未说圣人经国，复是天下利器，故国多利器，民亦滋昏也。老聃但说'人之所教，我亦教之，强梁者不得其死，吾将以为教父'。唯是政教分离之说，而犹未说'九洛之法，监照下土，此谓上皇'。其说出乎巫咸，乃因天运地处，日月云雨之故，不可猝知，而起大禹、箕子之畴，则以之涂民耳目，而取神器也。夫然，有君为不得已，故其极至于无王，有圣或以利盗，故廓然未尝立圣。（论中言圣人者，但是随俗之名。）"④ 庄学能上证真如实相，下利有情众生，此即庄子式的内圣外王之道，其利益有情的方式之一即"非圣"和"无王"，老子只是反对"民多利器"，庄子则反对"圣人经国"这一"天下利器"，因为圣人和圣法往往成为政权（神器）压制百姓的权威和条教。老子虽然有代表宗教的强梁与世俗政权的神器分庭抗礼的政教分离之说，但却没有像庄子一样看到政教相分并非易事。庄子所言"九洛之

---

① 值得注意的是，康有为并非不知政教不分之害，因此其《孔子改制考》中多次强调"政教分离""信仰自由"。然而，在民智未开、民权不彰的晚清时代，依托皇帝而变法，依托清室而立教，倡导政教相分无异于与虎谋皮，全无可能，此章太炎所深知者，亦为其反对孔教的内在原因。

② 章太炎：《自述学术次第》，《章太炎全集》（一九），上海人民出版社2018年版，第507—508页。

③ 章太炎：《驳建立孔教议》，《章太炎全集》（四），上海人民出版社2018年版，第203页。

④ 章太炎：《齐物论释定本》，《章太炎全集》（六），上海人民出版社2018年版，第76页。

法，监照下土，此谓上皇"云云乃揭露政教不分之害，孟琢注指出："神器，政权。谓禹以九畴五行之道，愚民取国，君持神权，政教不分，为祸尤烈。"① 众所周知，庄子对圣人的批判主要集中在《庄子》外杂篇，《齐物论》本身并没有彰显这一主题，但这一"非圣"主题却在章太炎《齐物论释》中被反复强调。结合公羊学将孔子视为有德无位之素王，康有为一再声称孔子为"神圣明王"（《大同书》）、"圣王"（《孔子改制考》）、"文王"（《孔子改制考》）、"天人"（《春秋笔削微言大义考》）、"大医"（《礼运注》）、"神人"（《礼运注》），并声称"孔子之圣，光并日月；孔子之经，流亘江河"②。故可以说，章太炎对圣人经国的彻底否定可谓隐隐指向康有为的孔教主义，无论是世俗政权所立之"圣"抑或是宗教所立之"神"都会走向平等自由的对立面，章太炎把平等视为一切世间法的最高价值③，其反对康有为的圣人主义自是理所当然。

总之，无论是宗教意义上的"神"还是世间意义上的"圣"，背后都潜含着"齐其不齐""整之齐之"（《庄子·马蹄》）的内在诉求。这与章太炎一生所孜孜以求的平等自由两相抵牾，故其思想最终落脚于依自不依他的佛学和"不齐而齐"的庄学。佛学解构宗教的诸神（"持三性以衡宗教"④），庄学则挺立起齐物这一毕竟平等的人伦秩序。

汪荣祖先生在检讨康、章思想的根本差异时指出："其根本之异何在？一言以蔽之，长素深信文化是'普及的'（universal），所以各种文化都可相通相适，毫无限制，接近西欧的'启蒙时代'（Enlightenment）思潮。而太炎则坚持文化的'特殊性'（uniqueness），认为文化由特殊的历史环境逐渐产生，所以两种不同的文化不能互通互适。……较接近西欧的'历史主义'（Historicism）思潮。"⑤ 如若汪先生对康、章思想差异之评骘不误，那么我们可以看到，康有为崇尚的普遍性哲学与章太炎崇尚的特殊性哲学正好可以表述为"齐其不齐"与"不齐而齐"，前者意味着整齐划一，后者则强调多元差异，"道若无岐，宇宙至今如抟炭，大地至今如熟

---

① 孟琢：《齐物论释疏证》，上海人民出版社 2019 年版，第 24 页。
② 康有为：《请尊孔圣为国教，立教部教会，以孔子纪年而废淫祀折》，《康有为全集》（四），中国人民大学出版社 2007 年版，第 96 页。
③ 章太炎指出："大概世间法中，不过平等二字，庄子就唤作'齐物'。"［章太炎：《佛学演讲》，《章太炎全集》（一〇），上海人民出版社 2018 年版，第 157 页］
④ 章太炎：《建立宗教论》，《章太炎全集》（四），上海人民出版社 2018 年版，第 429 页。
⑤ 汪荣祖：《康章合论》，中华书局 2008 年版，第 3—4 页。

乳已"①，"抟炭"隐喻一片黑暗，"熟乳"隐喻一派洪荒，"歧"原本是道的特质，多样性、差异性、丰富性是世界存在的原初图景，"无歧"的世界并不存在。虽然《齐物论释》对康有为只字未提，但章太炎在笔墨之间总是别有所指，其中的因缘或许正如王船山所言庄周为回应惠施而作内七篇略似。章太炎与康有为早年曾有过短暂的惺惺相惜之交②，但毕竟后来二者渐行渐远，以至于最终形同冰炭，隔绝云泥。章太炎总是在回应康有为，无论是作为解释学前见的无意识抑或是作为思想对手的有意识，章太炎终其一生不能脱离与康有为的思想对话，在这个意义上说，作为思想异己者的康有为主义正是对章太炎主义的玉成。《齐物论释》作为章太炎哲学的集大成者，也许只有在"回应康有为"这一主题的谛视之下，基于佛学和庄学的"毕竟平等"（孟琢称之为"真谛平等"）思想才能豁然朗照。当然，无论是康有为"齐其不齐"的"大同"还是章太炎"不齐而齐"的"异尚"，形式上虽各有偏执，论证上也许有百密一疏，但却都有呼吁平等自由的共同底色，他们的著述皆有"拔一切众生苦"的大悲心，此正是中国早期启蒙主义者的雄浑气象之所在。

---

①　章太炎：《国故论衡先校本》，《章太炎全集》（一四），上海人民出版社 2018 年版，第 122 页。

②　汪荣祖：《康章合论》，中华书局 2008 年版，第 2—3 页。

第十一章　返本开新：章太炎之作为哲学家

在晚清民国所谓三千年未有之大变局时代，中国学术由三教同源的"道出于一"转变为中西差异的"道出于二"（王国维），章太炎、康有为、严几道、梁启超是当时真正在古今中西交汇的意义上进行哲学思考并取得思想建树的有数哲学家之一。即章太炎而言，他的哲学建构是基于庄佛互补互摄而构建起来的，其中最重要的还是庄学，佛学所有者庄学有之，佛学所无者庄学亦有之，在章太炎哲学成熟或定型时期的《国故论衡》《齐物论释》《菿汉微言》《检论》等著作中，百千法门同归庄周，庄学要旨归本齐物，章太炎通过诠释《庄子·齐物论》而构建起一套系统而精深的哲学体系。回顾过去百年的中国哲学史或学术史、思想史发展，章太炎可能是第一位有真正的哲学自觉意识的哲学家而不仅仅是有学问的革命家。以哲学反思和哲学构建为基础，章太炎在最大程度上观照了他的时代，其正法眼藏能同时看到东西哲学的长短利害和古今文明的际会离合，而这一切的一切最终都结穴于庄子的齐物哲学，齐物意味着究竟意义上的平等，也意味着究竟意义上的自由，"消摇任万物之各适，齐物得彼适之环枢"（《庄子解故叙》，前揭），这是比康有为的大同世界和马克思的共产主义更具终极性意义的"自由—平等"世界。

第一节　哲学自觉与体系建构

正如哲学没办法被给出一个严格的定义一样，我们似乎不能在严格的意义上判摄一个学人或思想者是不是哲学家。然而，研习中西哲学史的经验告诉我们，哲学首先是对时代精神的反思，密涅瓦的猫头鹰总是在黄昏起飞，只有在静穆的理性中才能检视到时代的实相；同时，这种反思或沉思必须达到一定的深度而不是吉光片羽、过眼烟云一般地转瞬即逝，后者只是意见而没有上升到普遍理性的深度。究竟达到怎样的深度才能称之为哲学，我们不妨以一种方便法门检视之，即是否有巴门尼德、柏拉图、亚里士多德意义上的哲学本体论或存在论构建（东方哲学家与之类似的有释迦牟尼、老子），或者说是否有对世界存在第一性的追问，或者说是否有康德意义上的系统认识论构建，并以此为基础而构建起一套以严密逻辑论证方式为支撑的哲学体系，至少一个典范意义上哲学家应该具备此种品质。当然，宽泛意义上的哲学或哲学家究竟是什么，我们没办法做出具体说明，只能说哲学或哲学家是家族类似性的存在而没办法给出严格定义。

即便我们不在宽泛的意义上而是在严格的意义上定位哲学家，即便退一万步讲承认西方哲学才是典型的哲学，章太炎也无疑是一位典型的哲学家。1908 年 10 月，针对当时学界把包括周秦诸子、佛学、西学等在内的哲学视为"不合于科学之定理""无用之玉卮"等谬论，章太炎撰写《规〈新世纪〉哲学及语言文字二事》一文对哲学这一学科进行反思："哲学者，一浑沦无坼埒之名，以通言、别言之异，而袤延之度亦殊。上世哲学为通言，治此者亦或闇明算术，推寻物理，乃至政治、社会、道德伦理诸言，亦一二陈其纲纪。此土与印度、希腊皆然。是一切可称哲学者，由其科目未分。欧洲中世，渐有形上、形下二途，而政事、法律，亦不可比于形下。近人或以文学、质学为区，卒之说原理者为一族，治物质者为一族，极人事者为一族。若夫万类散殊，淋离无纪，而为之蹀寻元始，举群丑以归于一，则哲学所以得名，乃如道德伦理之说，特人类所以相齿，而近世往往附着哲学之林，此则失诸糅杂。"① 哲学本无定名，外延与内涵皆不明，无论古代中国或古代希腊，把包括算术、物理乃至政治、社会、道德、伦理等所有学问都归摄于哲学之下。欧洲中世纪以来，学科始有形上与形下之分，哲学逐渐从各种学科中独立出来，"万类散殊，淋离无纪，而为之蹀寻元始，举群丑以归于一，则哲学所以得名"，哲学即"蹀寻元始""归于一"之学。出版于 1910 年的《国故论衡》之《明见》篇，此文依据《荀子·解蔽》篇而将哲学称为"见"学，"九流皆言道。道者彼也，能道者此也。白萝门书谓之陀尔奢那，此则言见，自宋始言道学，（理学、心学皆分别之名。）今又通言哲学矣。道学者，局于一家；哲学者，名不雅故，缙绅先生难言之。孙卿曰：'慎子有见于后，无见于先；老子有见于诎，无见于信；墨子有见于齐，无见于畸；宋子有见于少，无

---

① 章太炎：《规〈新世纪〉哲学及语言文字二事》，《太炎文录补编》，《章太炎全集》（一九），上海人民出版社 2018 年版，第 322 页。

见于多。'（《天论》）故予之名曰见者，是葱岭以南之典言也。见无符验，知一而不通类，谓之蔽。（释氏所谓倒见、见取。）诚有所见，无所凝滞，谓之智。（释氏所谓正见、见谛。）自纵横、阴阳以外，始征藏史，至齐稷下，晚及韩子，莫不思凑单微，斟酌饱满，天道恢恢，所见固殊焉"①。见即见识，是通过经验世界而见于实相世界，见即智慧，哲学流派的不同正在于所见不同，与之类似，在《建立宗教论》中，章太炎认为古今中西所有哲学家莫不有本体论观照并在本体基础上构建哲学体系，只有有本体论自觉的思想家才能被称为哲学家。章太炎可能是中国近代以来最早对哲学这一学科进行自觉而严肃之学术反思的学人。

正因为有高度的哲学自觉，章太炎强调以治史的方式治经，以治哲学的方式治子；其治学特色可以概括为"以朴学立根基，以玄学致广大"（许寿裳语），所谓玄学即哲学（如《菿汉微言》第 13 条称"康德以来治玄学者，以认识论为最要"）。同时，就其本人的学术特色而言，他有着自觉的本体论和认识论建构，其对本体和认识的系统学说通过类似于佛教判教的方式而建构起来。在古今中西所有哲学流派中，他判佛教实相为"究竟实相—世界本相"，《明见》篇所谓"今之所准，以浮屠为天枢，往往可比合"②；在对佛教内部各派的判摄中，他认为"以分析名相始，以排遣名相终"的法相学能经得起理性的祛魅，在科学昌明的时代呼唤弥勒（慈氏）主世；在对庄与佛的对比判摄中，他最终"回真向俗"，贬佛尊庄，以庄学的"真俗并建""妄不离真"来取代"明真废俗""真妄相分"的作为出世间法的佛法。不过，他贬佛崇庄、"回真向俗"不是全部扬弃佛法，而是将佛学之真谛与庄学之俗谛相证相摄，构建起一套真俗并建、世出世法两不相坏的圆融之学，贺麟先生以柏拉图"走出洞穴"而后"回归洞穴"这种哲人造境来比喻太炎之学的超迈圆融之境，可谓差强人意。

截断众流，涵盖乾坤，以阿赖耶识为基础，章太炎系统地构建起他的认识论、人生生存论、政治哲学、伦理学、文明论、价值论、道德哲学等哲学理论。无论从哲学的深刻性、周延性和系统性而言，他都是一个世界性的哲学家，他的哲学言说对象不再是传统中国哲学的三教离合（包含此但不止于此），而是与西方哲学家从苏格拉底、柏拉图、亚里士多德以至于笛卡尔、康德、黑格尔、叔本华直至达尔文、斯宾塞等进行深度对话，

---

① 章太炎：《国故论衡先校本》，《章太炎全集》（一四），上海人民出版社 2018 年版，第 131 页。
② 章太炎：《国故论衡先校本》，《章太炎全集》（一四），上海人民出版社 2018 年版，第 131 页。

并对之做出系统而深刻的批判和回应。他意识到启蒙之可贵，但也意识到启蒙的不究竟，冀图以庄学和佛学对启蒙进行再次启蒙；他承认自由平等是一切哲学的最高价值，不过与西方哲学的有限性、不周延性的自由平等相比，佛学特别是庄学的自由平等才是究竟的自由平等；他意识到世间法是世道人生的常道，不过只有建基于出世间法之上的世间法才能让世间众生得到福祉；他意识到进化本来是世界实相，但进化之功却不能盲目乐观，俱分进化比单线进化更符合历史进化的人类经验，总之，章太炎哲学表现出惊人的深刻性、系统性和圆融性。姜义华先生认为章太炎哲学是一场夭折的哲学革命，因为他的哲学没有改变当时的中国，也没有办法与世界哲学展开真正的对话而改变世界，此论诚然不误。不过，就其哲学本身而言，可谓自洽圆融、论理透彻、深刻周延而能成一家之言，回顾过去百年的中国哲学史发展，鲜有能出其右者①，或许，稍晚于章太炎的熊十力及其弟子牟宗三等少数哲人才可以与之相媲美。即便包括熊十力在内的后世新儒家对章太炎不认可，但我们看到章太炎对熊十力的影响是无所不在且具体而微的，翻检《熊十力全集》，章太炎是少数能入其法眼的学者；甚至说，章太炎在很多关键问题上已经执新儒家之先鞭，比如熊十力的体用不二、种现不二，牟宗三的两层存有论、自由无限心等学说，我们都能在章太炎的哲学中微见端倪。只是，大概章太炎哲学最终走的是庄佛互济之路，这与以赓续宋明道统为自觉的新儒家终究不是一路人，故两派渐行渐远并不难理解。

在今天理性的祛魅时代，以普遍性信念为诉求的哲学不应该再局限于狭隘的道统意识，而应该有更雄浑的哲学气象，牢笼中西古今为我所用。哲学作为对世道人生进行终极观照的学科，其先天地拒绝画地为牢、闭门造车，而应该摄入实相、尊严、平等、自由、正义、意义等原初价值理念而进行深入的哲学反思和思想建设，这些哲学理念原本具有超越古今中西的普遍意义。"荆人有遗弓者，而不肯索，曰：'荆人遗之，荆人得之，又何索焉？'孔子闻之曰：'去其荆而可矣。'老聃闻之曰：'去其人而可矣。'故老聃则至公矣。"（《吕氏春秋·贵公》）无论孔子的"去其荆"还是老子的"去其人"都隐喻哲学对地域、时空甚至家国的超越，正如黑格尔所言，哲学没有祖国，真理之所在即祖国之所在。当然，章太炎不是没有家国，只是他宝爱家国的方式不是对所谓神州慧明、孔孟道统的赓续，而是对中华民族语言文字、图舆版章、历史典章的保

存和维护，他以语言文字和历史文化定义中国而不是以"道统"定义中国。拒绝了道统以后的中国将是一个自由的中国；其通过佛学所发皇的"依自不依他""自尊其心"和通过庄学所发皇的"世情不齐，文野异尚"等理论皆在为中华民族的独立与尊严进行辩护。

章太炎晚年给弟子朱希祖的信中说："经史小学，传者有人，光昌之期，庶几可待。文章各有造诣，无待传薪，惟示之格律，免入歧途可矣。惟诸子哲理，恐将成《广陵散》耳。"① 章太炎此语非常沉痛，这是一代大哲的旷世悲音，他晚年究心于他的诸子学后继无人，可见其俨然将自己定位为一个哲学家，朴学仅能立根基，玄学才能致广大；音韵训诂不过为管籥，周秦诸子乃为其堂奥。章太炎强调追求真理才是学问的本质，他一直恪守着以"求是"为鹄的的治学自觉，这正是一个哲学家之为哲学家的本色所在，钱玄同曾为他不能继承先师的"性与天道"而深表遗憾，②"性与天道"正是对哲学的隐喻。总之，无论章太炎对哲学这一学科的自觉反思还是其强调以治哲学的方式治子，抑或，更难能可贵的是他以理论自觉的方式进行系统的哲学构建，都表现出一个典型的哲学家的特色，章太炎"运用古今中外的学术，糅合而成一家言的哲学体系，在近世他是第一个博学深思的人"③，侯外庐对章太炎这种评骘堪为公允，我们看到，过去百年的中国学界将章太炎定位为革命家、学问家、清学殿军、古文经学家、佛学家、思想家等，这些固然不错，但我们还要注意到，章太炎先生是一位不折不扣的哲学家，而且是典型意义上的哲学家。

第二节 新道家与新子学

自西学东渐以来，中国学术从天下时代进入世界时代，在西学的对照下，中国传统儒释道三教的离合同异几乎可以忽略不计，"它们的相似性与亲缘性，远远大于它们的差别性"④。王国维在考察中国近代学术时指出："自三代至于近世，道出于一而已。泰西通商以后，西学西政之书输

① 章太炎：《语朱希祖》，《章太炎全集》（一九），人民出版社 2018 年版，第 493 页。
② 钱玄同：《致潘景郑·二》，《钱玄同文集》第 6 卷，中国人民大学出版社 2000 年版，第 303 页。
③ 侯外庐：《近代中国思想学说史》，上海生活书店 1947 年版，第 861 页。
④ 陈赟：《自由之思：〈庄子·逍遥游〉的阐释》，浙江大学出版社 2020 年版，第 1—2 页。

入中国，于是修身齐家治国平天下之道乃出于二。光绪中叶新说渐胜，逮辛亥之变，而中国之政治学术几全为新说所统一矣。"① 当"道出于一"的传统学术面对"道出于二"的近代学术时，粗暴地扬弃或盲目地固守都不符合学术思想本身发展的辩证法，也不足以应对时代变局。正如经历周秦之变后的汉初出现大量新学一样，晚清民国的中国知识界也表现出鲜明的新学特色，换言之，在古今中西交汇中，中国传统学术面临着贞后起元、返本开新的思想使命，新儒家、新道家、新子学、新经学、新法家、新墨学、新史学、新文学等应运而生。以此而视章太炎的庄学诠释学，章太炎可谓近代新道家、新子学的集大成者；如果把他的"四圣学""新四书"看成新经学系统，那么他也是一位新经学的大师；就他的荀学诠释学以及他对商鞅、韩非、"五朝律"的推重来说，他又是一位新法家。接下来我们将检讨在何等意义上说章太炎是近代新道家或新子学的集大成者。

所谓新道家，最初是冯友兰《中国哲学简史》以及《中国哲学史》（两卷本）对魏晋玄学家的称呼，魏晋玄学既属于新经学家也属于新道家，他们构建新的经学系统（"三玄"），并进行全新的哲学诠释。20 世纪 80年代，熊铁基等在考察"先秦—秦汉"间道家思想谱系时将《吕氏春秋》《淮南子》《文子》等称为秦汉新道家，以与老子、庄子等春秋战国旧道家相区分。所谓当代新道家，最初由董光璧在《当代新道家兴起的时代背景》（载《自然辩证法通讯》1991 年第 2 期）一文中提出，随后，董光璧又出版《当代新道家》（华夏出版社 1991 年版）一书。董光璧将物理学家、科学史家汤川秀树、李约瑟、卡普拉等称为当代新道家，"此三人的新科学世界观和新文化观的哲学基础早已蕴含在道家思想中，三人自觉不自觉地塑造了当代新道家的形象"②。当下学界，则有许抗生与赖希三出版两部同名著作《当代新道家》③。严灵峰、熊铁基、陈鼓应、刘笑敢、方勇等著名道家研究学者虽未以新道家相标榜，但无疑属于当代新道家的典型性人物。陈鼓应之"道家主干说"对"古"的重新厘定和刘笑敢《老子古今》对"今"的现实关怀都让我们看到道家思想发展到今天却依旧具有历久弥新的生命力；而严灵峰、熊铁基、方勇等对道家丛书的汇编意味着

---

① 王国维：《论政学疏》，载谢维扬、房鑫亮主编《王国维全集》第 14 卷，浙江教育出版社2009 年版，第 212 页。

② 张京华：《说新道家——兼评董光璧〈当代新道家〉》，《阜阳师范学院学报》（社会科学版）1998 年第 2 期。

③ 许抗生：《当代新道家》，中国社会科学文献出版社 2014 年版；赖希三：《当代新道家：多音复调与视域融合》，台北：台湾大学出版中心 2011 年版。

在他们的经典世界中道家可谓首屈一指。刘剑梅《庄子的现代命运》（商务印书馆2012年版）则向我们展现了近代文人学者思想中挥之不去的庄周幽灵。

虽然当下学界对新道家的定义各有所见，但我们依旧需要强调，新道家之所以能称为新道家至少需要满足三个条件。其一，新道家之道。新道家必须持守道家之道，必须以道家经典为研究对象，在他的经典世界或古典视域中，道家经典著作或道家人物应该具有主体性地位，至少应该具有极其重要的位置，这样，新道家才能与新儒家、新法家、新墨家等相区别开来。其二，新道家之新。新道家对道家思想的诠释必须有所创新，新道家应该在古今中西的学术交汇中实现道家式的创造性发展，以道家为主体对西学或现代性之挑战做出接引、回应或批判，实现道家思想的返本开新。其三，新道家之家。中国古典语境中对学而成家（"成一家之言"）原本是一种非常高的期许，如刘勰《文心雕龙·序志》所自道："敷赞圣旨，莫若注经，而马郑诸儒，弘之已精，就有深解，未足立家。"刘勰之所以放弃注经而论说文章就在于在他看来郑马诸儒已经对群经做出深解，自己再去注经则很难成家，故退而求其次。《庄子·秋水》所言"大方之家"是对造诣较深之学者的称呼，《汉书·艺文志》所称"诸子十家，其可观者九家而已"，能成家并能达到可观者之学并不多，达到司马迁"究天人之际，通古今之变，成一家之言"者则更少。故新道家作为一家之言应该对道家研究有突破性建树，只有具有深度哲学诠释者、能有系统论说者、能在最大意义上用道家哲学实现对时代之观照者才能称为新道家。综合此三条，这应该是在非宽泛意义上对新道家内涵的界定，至于宽泛意义上的新道家则非本书所能论及。以此而观中国古代道家学说的发展谱系，先秦道家老子、庄子而下，战国晚期一直到秦汉时期应该是新道家的早期发展，他们突破老庄道家而发展出道法家甚至实现儒道法合流，以《淮南子》为其集大成者，可称为秦汉新道家；汉末一直到魏晋时期，这是新道家发展的一个高峰，以何晏、王弼、阮籍、嵇康、向秀、郭象、葛洪、僧肇、陶潜等为代表，可称为魏晋新道家；隋唐新道家应该以成玄英、李荣等重玄学为主；宋明以来的道家诠释主要是以儒解庄或三教合流，两宋代表人物有王安石、王元泽、吕惠卿、褚伯秀、林希逸，可谓两宋新道家；明末清初的诸大儒在家仇国恨中将以儒解庄达到非常高的水平，释觉浪、方以智、王船山是这个时期新道家的代表，可以称为明清新道家；晚近以来，可以称为近代新道家的则有魏源、严复、章太炎、周树人、刘师培、汤用彤、闻一多、钟钟山等。

其中，章太炎的新道家思想最成系统性，胡适之先生认为，与乾嘉学派相比，太炎之《齐物论释》能"贯通全书"，"太炎精于佛学，先有佛家的因明学、心理学、纯粹哲学，作为比较印证的材料，故能融会贯通，于墨翟、庄周、惠施、荀卿的学说里面寻出一个条理系统"①。胡适之评骘章太炎的《国故论衡》和《检论》云："〔此书〕是古文学的上等作品。这五十年中著书的人没有一个像他那样精心结构的；不但这五十年，其实我们可以说这两千年中只有七八部精心结构，可以称作'著作'的书，如《文心雕龙》《史通》《文史通义》等，其余的只是结集，只是语录，只是稿本，但不是著作。章炳麟的《国故论衡》要算是这七八部之中的一部了。他的古文学工夫很深，他又是很富于思想与组织力的，故他的著作在内容与形式两方面都能成一家言。"② 胡适之注意到章太炎著作远迈前修时贤之处恰恰在于其学说有很强的组织力和结构性，故其书为国史上有数的几部堪称"一家言"的著作一，当然，不仅是《国故论衡》，还有《齐物论释》，且后者之结构性和体系性更远胜前者。另外，康有为对庄子评价非常高，如其声称"庄子赞孔子极精，自赞孔子以来，未有过庄子者"③，"自孔子外，《庄子》为第一书"④，康有为最后把自己的哲学理想归结为"诸天游"，这是大同世界之后的终极自由世界，其论证方式和理想图景与庄子哲学有着惊人的一致性，其"诸天游"在某种程度上可以说是"乘光骑电"版的逍遥游。⑤ 这个意义上说，以"天游化人""游存父"为名号的康有为也是一位新道家，其学兼具新儒家与新道家两性。⑥

如陈少明教授所指出，"不要以为章氏古色古香的观念是思想闭塞的表现，《齐物论释》提及的西学知识，包括逻辑思想方面，均非常准确。可见其以佛释庄，不是眼界的局限，而是自觉的选择。《齐物论释》对西学引述虽然不多，但西学却扮演很重要的角色，即作为章氏陈述自己思想

---

① 胡适：《中国哲学史大纲》，东方出版社1996年版，第23页。
② 胡适：《五十年来中国之文学》，《胡适文存二集》，台北：远东图书公司1979年版，第219页。
③ 康有为：《万木草堂讲义》，《康有为全集》（二），中国人民大学出版社2007年版，第281页。
④ 康有为：《万木草堂口说》，《康有为全集》（二），中国人民大学出版社2007年版，第145页。
⑤ 参见马永康《显微镜、望远镜与康有为的悟道》，《海南大学学报》（人文社会科学版）2019年第1期。
⑥ 康有为的庄子诠释学，参见魏义霞《康有为对庄子的定位与近代哲学视界中的庄子》，《中国哲学史》2009年第3期；邢益海《从康有为看今文经学与庄学》，《经典与解释》2010年第33辑。

的一个潜在的参考系而起作用。其实，没有一个真正的近代思想家能忽视西学的存在"①。诚如斯言，近代新道家的突破之一即在于通过对道家哲学的重新诠释而与西学展开深度的哲学对话，就近世学术而言，严复与章太炎是两种道家诠释学的典型，严复在道家经典中读出进化、自由、平等、民主、契约、不干涉主义等近代启蒙学说；章太炎的庄学诠释学则在揭示自由与平等的同时对启蒙以来的自由、民主、平等、进化等学说进行批判、反思和重建。② 与严复相比，章太炎的道家诠释学更深刻也更周延。章太炎以《齐物论释》为代表的系列道家诠释学著作可谓道家式的旧内圣开出新外王，若以我们前文所言新道家的三个标准衡量此部著作，我们会看到：其一，在章太炎思想最成熟时期的经典世界中，《庄子》处于核心地位，其所言"命世哲人，莫若庄氏"，"经国莫若《齐物论》""（《齐物论》）为内外之鸿宝""域中故籍莫善于《齐物论》"云云，皆可证《庄子》在其经典世界中处于中枢地位。其二，就章太炎庄学诠释学的创新力度而言，他以"求真"与"致用"相结合而切入庄学诠释学，以法相学和自然科学为庄学祛魅是谓"求真"；以庄学的"齐物—逍遥"为近代的"平等—自由"学说进行张本，用究竟平等为世俗平等夯实基础，以庄学的"齐物—平等"精神对近代的"进化—文明"学说进行遮拨，破文明灭国之"隐慝"，以庄学的"世间法—逍遥游"精神对佛学的"出世间法—涅槃道"进行还原，没有走向虚无的出世主义，此即所谓"致用"，可以说章太炎的庄学诠释学是典型的新庄学。其三，就深刻性和体系性而言，《齐物论释》以"阿赖耶识—如来藏自性清净心"为本体，以"原型—经验"关系或"相分—见分"关系为认识论，以理事无碍、种现不二为辩证法，以真俗并建为哲学归宿，以众同分心为观照对象，以无漏善为道德伦理学说，构建了一套自觉与西方哲学家康德、黑格尔、蒲鲁东、斯宾塞等进行思想对话的哲学体系，是真正能成一家之言的新道家学说。就章太炎庄学思想之深刻性、论证之缜密性以及对世道人生的悲悯心而言，章太炎是中国近代新道家之集大成者，《齐物论释》真正地实现了其自我期许的"以古经说为客体，新思想为主观"（《訄书重订本·哀清史》，前揭）这种治学信念，此书"堪称体现太炎治子风格的学术经典"③。

　　道家原本是诸子百家之一，当下学界以方勇教授为代表的新子学研究

---

① 陈少明：《排遣名相之后——章太炎〈齐物论释〉研究》，《哲学研究》2003 年第 5 期。
② 李智福：《近代启蒙语境下两种庄子诠释典型范式之考察》，《广西社会科学》2016 年第 7 期。
③ 陈少明：《排遣名相之后——章太炎〈齐物论释〉研究》，《哲学研究》2003 年第 5 期。

正方兴未艾。方教授提倡新子学的关怀之一是回应西学的挑战，在传统经学结束的现代社会中，诸子学承担着回应西方学术的使命，然而，在中西会通之风的影响下，难免存在"中国性的要求是隐退的，我们在别人的理论和语言中讨论自己，学术常常成了凌空的浮辞"，职是之故，"'新子学'的主要构想是以返归自身为方向，借助厘清古代资源，追寻古人智慧，化解学术研究中的内在冲突。所谓返归自身，就是要平心静气面对古人，回到古代复合多元的语境中，把眼光收回到对原始典籍的精深研究上，追寻中国学术的基本特质。这是'新子学'研究的目的"①。新子学的研究注重"对原始典籍的精深研究"固然没有错，但我们依旧需要强调，即便是前现代性的"道出于一（三教合一）"变成近现代性的"道出于二（中西异道）"，我们依然能看到更高层面的"道出于一"，即古今中西学术之间在元伦理学、元政治哲学、元道德哲学、元认识论方面可能存在着更高层级的一致性，故王国维指出"学无新旧也，无中西也，无有用无用也"②。《庄子·天下》篇"古之道术"与"今之方术"之间的区分可能也适合中西之间的统一性和差异性，即中西之间在道术的层面可能具有一致性的诉求，比如对实相、仁义、自由、平等、正义、和平等基本人伦社会的元价值的诉求存在着一致性，而在方术层面又有着种种殊相，比如本体论方面或重形而上学或重经验人事（实用理性），认识论方面或重先验或重经验，哲学论证方面或重形式论证或重体证和直观，哲学叙事方面或重抽象（逻辑）或重具象（隐喻），政治哲学方面或重个人（个体正义）或重整体（社会正义），终极实体方面或重神体或重道体，等等，中西学术皆是作为"古之道术"之一端的"方术"。故新子学的研究任务即在充分理解古代子学经典的前提下与西方学术展开深度对话，互相遮拨，同异交发，旧内圣开出新外王，让前现代的诸子学在现代社会中真正地发用流行，或许舍此而别无他路。

在这个意义上说，章太炎的庄学诠释学则是新子学研究的典范（当然还有其荀子学），他一方面以法相学解庄，回归经典本身，让庄学变成像法相学一样经得起科学理论论证的哲学，这是在近代科学昌明之世的不二选择；另一方面他以庄学观照现代社会，为西方启蒙以来的文明再次启蒙，实现旧内圣开出新外王。章太炎庄学诠释学既有回归经典、宝爱传统的文化守成主义信念，又有直面现代、回应西方的现代性思想

① 方勇：《再论"新子学"》，《光明日报》2013年9月9日版。
② 王国维：《国学丛刊序》，《观堂集林》（下），河北教育出版社2001年版，第875页。

使命，其庄学对二者进行了唯美的绾结，这种研究应该成为新子学研究的典型范式。如陈寅恪所指出："真能于思想上自成系统，有所创获者，必须一方面吸收输入外来之学说，一方面不忘本民族之地位。此二种相反而适相成之态度，乃道教之真精神，新儒家之旧途径，而二千年吾民族与他民族思想接触史之所昭示者也。"① 王国维亦指出："中西二学，盛则俱盛，衰则俱衰。风气既开，互相推助。且居今日之世，讲今日之学，未有西学不兴而中学能兴者；亦未有中学不兴而西学能兴者。"② 严复亦有类似的见识："果为国粹，固将长存。西学不兴，其为存也隐；西学大兴，其为存也章。盖中学之真之发现，与西学之新之输入，有比例为消长者焉。"③ 在现代社会中研究前现代的诸子学应该具备这种中西学术之间"兴则俱兴""比例消长"之见识和眼光，新儒家牟宗三强调治中国哲学应该重视"旧内圣开出新外王""返本开新"，冯友兰强调"贞下起元""照着讲与接着讲并重"等治学意识至少应该成为未来新子学研究的方向。

当然，前现代的诸子学之于现代性的西学可能是接应性的求同，也可能是批评性的存异；可以是以诸子学补偿西学之不足，也可以是以现代西学反哺诸子学的未竟之处。凡此种种都应该是新子学研究的任务，新子学绝非故步自封而回到乾嘉考据的矩矱或回到程朱陆王的窠臼，当然也不是像"五四"新文化运动那样彻底反传统而把儒墨道法看成封建社会的"四大家臣"（闻一多），这是一种荒谬的文化虚无主义。晚周诸子学是周秦之变前夜的哲学思想，他们"越世高谈，自开户牖"（《文心雕龙·诸子》），他们固然首先在于回应他们时代所面临的王纲解纽、礼崩乐坏之变局，但只有将时代变局放在普遍性和周延性的哲学思考中，才能对暂时性和特殊性的时代问题做出更好的观照。亦即是说，时代性和普遍性的辩证统一是晚周诸子学甚至是所有哲学的特质，刘勰论诸子云："身与时舛，志共道申；标心于万古之上，而送怀于千载之下。金石靡矣，声其销乎！"（《文心雕龙·诸子》）这里强调的正是诸子学是时代性与永恒性的统一，当代新子学的研究之所以有意义正是以承认诸子学具有普遍性和永恒性为前提的。"常念周秦哲理，至吾辈发挥始尽，

---

① 陈寅恪：《冯友兰〈中国哲学史〉上册审查报告》，转引自冯友兰《中国哲学史》，华东师范大学出版社 2000 年版，第 1 页。
② 王国维：《国学丛刊序》，《观堂集林》（下），河北教育出版社 2001 年版，第 875 页。
③ 严复：《〈英文汉诂〉卮言》，《严复集》，中华书局 1986 年版，第 1 册，第 156 页。

乃一大快"①，章太炎的诸子学研究正是以子学中的普遍性问题一方面为西学进行张本，一方面对西学进行批判而弥补其不足。

章太炎自况其学云："一于周孔，而放弃老庄释迦深美之言，则蔽而不通也。……大抵六艺诸子，当别其流，毋相纷糅，以侵官局。朴学稽之于古，而玄理验之于心。事虽繁赜，必寻其原，然后有会归也；理虽幽渺，必征诸实，然后无遁辞也。以是为则，或上无戾于古先民，而下可以解末世之狂醒乎？"② 章太炎为诸子学之复兴鼓与呼，既要稽之于古又要验之于心，既要无乖戾于古之先民又要觉悟末世之狂醒，无论治子方式还是现实关怀来说，章太炎的诸子学都应该成为新子学研究的典型范式，就其对包括庄子和荀子在内的整体诸子学研究来说，亦可谓近代新子学研究之集大成者。

---

① 章太炎：《与吴承仕四》，《章太炎全集》（一五），上海人民出版社 2018 年版，第 400 页。
② 章太炎：《与吴承仕一》，《章太炎全集》（一五），上海人民出版社 2018 年版，第 398 页。

第十二章　章太炎之思想使命与哲学遗产

作为一位哲学家的章太炎，作为一位中国近代从前现代到现代过渡中的哲学家章太炎，其对于今日中国哲学研究的意义是不言而喻的，无论是作为哲学普遍性的汉语哲学研究还是作为哲学特殊性的中国哲学研究，章太炎都在他的时代做到了极致，正如他自称其学"提要钩玄，妙达神旨；而非略举大纲，为抄疏之业"①，此洵非自我矜夸之语，其中蕴含着一种自觉的思想使命，就其特殊性而言他在关照时代，就其普遍性来说他在观照人类的整体命运。然而，过去百年的中国学术史发展的一大事实是，章太炎哲学被时代"夭折"（姜义华）或在"思想史上被排遣"（陈少明），其实，如我们前文所征引，章太炎生前已经意识到其诸子学和哲学可能会成《广陵散》之绝响，无论是"读不断，当然也看不懂"《訄书》的周树人，还是对"夫子之言性与天道，皆懵无所知"的钱玄同，章太炎哲学被学界的拒绝或许从他的弟子辈既已开始，更遑论其余。如章太炎之夫子自道："曲高则今人寡和，义精则古人寡倡。"② 一个伟大的哲学家被时代湮没，不仅是一个哲学家的悲剧，更是时代的悲剧，"吾亦能高咏，斯人不可闻"，前者为小悲剧，后者为大悲剧，但哲学史的经验告诉我们，百年以来影响之微而无碍千年之后的影响之大，"百龄影徂，千载心在，岂不痛哉"（引自《文心雕龙》，见《自述学术次第》），章太炎之著作原本就是写给更久远的历史，藏诸名山而传之其人。如果深入研读以《太炎文录初编》、《太炎文录续编》、《太炎文录补编》、《訄书》（包括初刻本和重订本）、《齐物论释》、《国故论衡》、《检论》《菿汉微言》等为代表的章太炎哲学著作，可谓天梯石栈，示我周行，其哲学见识会令大部分20世纪后半期的中国哲学黯然失色，即便与三代新儒家相比，其见识也毫不逊

---

① 章太炎：《自述学术次第》，《章太炎全集》（一九），上海人民出版社2018年版，第495页。

② 章太炎：《与吴承仕十六》，《章太炎全集》（一五），上海人民出版社2018年版，第407页。

色。当然，任何对哲学水准的高下相比毫无意义，我们只是通过这种方式呼吁应该重视章太炎哲学在 20 世纪中国哲学发展史上的重要意义。章太炎学问遍及四部，博大精深，古今中西，兵医法政、三教九流，莫不论及。以下，我们只能从哲学方面择要总结一下章太炎的哲学遗产。

第一，章太炎哲学渗透着自觉的理性精神和祛魅意识。年长章太炎五岁的德国哲学家马克斯·韦伯（1864—1920）将世界的现代性定性为世界的祛魅，与前现代的诸神魅惑相比，一切人类经验只有在科学、理性、实证的检验后才能获得现代意义。与之类似，章太炎称近代社会为科学昌明之世，在近代知识论、理性精神兴起的时代，前现代的哲学必须经过理性的祛魅才能真正对这个时代有所观照。章太炎治学首先强调求是，甚至认为求是比致用更重要，致用只有以求是为前提才能真正地实现致用。佛教诸派中，法相学是最重视逻辑推理、名相（概念）分析、有认识论自觉的学派，现代文明应该是一个"弥勒主世（慈氏）"的时代，故以法相学为庄子圆理（陈少明教授）可能是章太炎以佛解庄的第一义谛。《齐物论释》至少在形式上是将庄学变成一种"语必征实，言必尽理"的理论科学。

第二，章太炎哲学具有缜密的理论周延性。《齐物论释》以佛解庄，真正地实现了其自诩的"使庄生五千言，字字可解"（《自述学术次第》）的治庄抱负。在佛与庄的互相格义中，他言不虚发，以朴学为根基，以玄学致广大，使得华梵之间的格义建立在坚实的基础之上。其学真俗并建，以世间法与出世间法两不相坏实现庄佛会通，实现对庄学与佛学的真正平章，比如强调庄子既通俗又明真，俗是真正的俗，故庄子以百姓心为心；但庄子丝毫没有放弃真，故《齐物论释》结尾强调"豪分有对，即翳垢犹在，而法身未彰也"（《齐物论释定本》）；庄学的究竟义还是要涅槃，轮回只是方便法门，然而又强调方便法门也很重要，甚至可以与究竟涅槃等量齐观。又比如，在《国家论》中，他一面强调国家如粪水一样可恶，不必爱国，另一方面则又强调正如庄稼端赖粪水才能丰收一样，爱国又具有必要性。为实现学术论证的周延性，章太炎治学有着很强的自我批评精神，比如《齐物论释》对《明见》篇否定庄子的自我批评，《菿汉微言》对自己论学而不守汉学家法的批评，《检论》对《訄书》时代思想的批判，晚年以孔孟对自己之前崇尚庄佛的批评，反身批判、自我检讨是章太炎治学的一大特色。

第三，章太炎哲学的一大特色是融会贯通。如《齐物论释》可谓对庄学、佛学、西学的互相格义，他将庄子的真宰、佛学的阿赖耶识、康德的原型观念进行内在的会通，将庄子论梦、佛陀论梦、康德论梦、孔子论梦等进行内在的比较会通；《检论》对释迦、老子、孔子、颜回、庄子进行会通，将他们的一以贯之之道会归为无我，无我实为忠恕之道的前提；《菿汉微言》对"域中四圣"进行哲学会通，他判摄中国四圣为大乘菩萨，其共同特质是断所知障而不断烦恼障。就其整体哲学而言，其问题意识处处彰显着东方前现代时期哲学与西方现代性哲学之间的会通，值得注意的是，章太炎重视融会贯通而不废缜密论证，大处着眼，小处着手，兵器一车，寸铁杀人，这使得他的会通建立在坚实的文献和义理之基础上，其学说具有极强的说服力。

第四，章太炎哲学关心人类社会从本以来的最核心价值即"平等—自由"问题。章太炎认为一切世间法出世间法不过是平等问题，与平等相伴的孪生子则是自由，整部章太炎哲学特别是庄学诠释学的最后归宿为"平等—自由"问题。其平等观包括民与民之间的平等、统治者与被统治者之间的平等（取消阶级）、文明与野蛮之间的平等、民族国家或各文明体之间的平等、各宗教之间的平等、各种职业之间的平等……其自由则包括各文明体或民族国家的独立自主、每个生命个体不被压迫不被束缚的自由、每个个体运用自由意志的自由、每个生命个体勘破生死之关从而自主生死的自由、作为义务伦理的道德自由……他的平等自由观建基于佛学与庄学的基础之上，与世俗的平等自由相比，"体非形器，故自在而无对；理绝名言，故平等而咸适"，建立在究竟实相意义上的平等自由是究竟平等和究竟自由。

第五，章太炎哲学始终透显着一种上学而下达的平民意识。章太炎哲学有一种类似"无知之幕"（罗尔斯）的前提预设，进入幕布之前每个人可能都是颠连无告的一介平民。他提倡民主而反对代议，因为代议者可能只是达官贵人的代议者；他提倡佛学而反对涅槃，因为对于广大百姓来说涅槃就如黄河变清、高岸为谷一样几乎不可能；他呼吁商韩之治而反对严刑苛法，地狱的铁床铜柱成为他的梦魇；他提倡学术独立而又不得不建议学者首先要学会谋生，因为只有自食其力才不至于成为百姓的剥削者，即便这在今天几乎是不可能的，但其论断却令人警醒。章太炎哲学在宏大的理论叙事背后是平民主义的立场，《自述学术次第》将其一生治学风会归摄于斯。

今天这个时代，按照李泽厚先生的说法，这是一个"思想家淡出，学问家凸显"的时代，没有思想的学术正如乾嘉时代一样苍白。在这种苍白的学术语境中回顾百年前的晚清民国，我们看到，东方元气会注于康章两脉，淋漓酣畅，跌宕起伏，思想之脉搏与时代之危局相磨相荡，冷风热血，优游风议，所谓"国家不幸诗家幸，赋到沧桑句便工"（赵翼），诗人如此，哲人亦然。门人刘文典回忆章太炎在日本最后一次讲庄子的情景："记得有一天下午，章先生正拿佛学印证《庄子》，忽然听见巷子里卖号外。有一位同学买来一看，正是武昌起义的消息，大家喜欢得直跳起来。从那天起，先生学生天天聚会，但是不再谈《说文》《庄子》，只谈怎样革命了。"① 刘文典此处所谓"章先生正拿佛学印证《庄子》"之底稿或腹稿正是《齐物论释》，我们看到，章太炎在佛学和庄学中既没有逃佛也没有逃庄，《齐物论释》在周匝的学术论证中隐藏着他对家国天下之深沉忧患。至此，我们不妨摘录章太炎先生《玉山吟社席上即事》（1899）一诗，以告此书之终结云尔：

> 唾壶击破转心惊，弹指苍茫景物更。
> 满地江湖吾尚在，棋枰声里俟河清。

---

① 刘文典：《回忆章太炎先生》，《刘文典全集补编》，黄山书社 2008 年版，第 95 页。

附录 《齐物论释》初本定本刊刻
源流与内容勘异

  章太炎先生一生带着"不忘经国，寻求政术"①（《自述学术次第》）的襟抱从事读书治学，学随政变，道与世降，"自揣平生学术，始则转俗成真，终乃回真向俗，世固有见谛转胜者邪"②（《菿汉微言》），因此，其学术专著多有几个版本传世，如《訄书初刻本》《訄书重订本》《检论》等《訄书》系列③，《国故论衡》也分"初校本"和"重校本"。与之类似，章太炎《齐物论释》也有初本、定本两个版本传世，两本皆为作者手订且并行于世。就目前看来，学界对《齐物论释》之两种版本的出版源流及其内容差异之考察付之阙如。④ 章太炎自况其《齐物论释》一字千金，且其自诩此书能使庄生五千言，字字可解（详《自述学术次第》），故考察并比较勘定本与初本之差别尤其显得必要。

  不过，《齐物论释》是一部纯粹的哲学思辨之作，与《訄书初刻本》到《訄书重订本》再到修订为《检论》之表现出的前后思想差异有很大不同，《齐物论释》之思想表现出相对独立性和普遍性，初本与定本虽有微妙的差异却并无实质的思想不同。当然，对于章太炎这样宝爱汉字、颇具匠心的为文者，一字须防作者心，职是之故，笔者以全举而不是枚举地方式比勘两个版本，以此而给出定本比初本优越性之充足理由。本文冀图对二者之差异做一详赡之考察，让同者归其同，让异者显其异，以为未来之研究者提供参考。章太炎在《庄子解故序》中云："命世哲人，莫若庄氏。"所谓"命世""莫若"云云，章太炎对庄子哲学之推重达到无以复

---

  ① 章太炎：《菿汉微言》，《章太炎全集》（一二），上海人民出版社2018年版，第69页。
  ② 章太炎：《菿汉微言》，《章太炎全集》（一二），上海人民出版社2018年版，第70—71页。
  ③ 朱维铮：《〈訄书〉〈检论〉三种结集过程考实》，《复旦学报》（社会科学版）1983年第1期。
  ④ 章太炎及门弟子周树人云："浙江所刻的《章氏丛书》，是出于手订的。"《章氏丛书》两个《齐物论释》版本皆收（鲁迅《关于太炎先生二三事》，转引自章念驰编《章太炎生平与学术》，上海人民出版社2018年版，第10页）。

加之高度，其对庄子哲学之诠释集中于《齐物论释》一书中，且学界公认，此书也是章太炎思想之集大成者。因此，研究章太炎思想绝不可绕过《齐物论释》一书。目前学界对章太炎《齐物论释》之研究，或以初本为基础文献，或以定本为基础文献，而鲜有考察二者之差别者①，如果不见二者之差别而直接研究章太炎庄学思想，这种研究难免会有以偏概全之嫌。同时，如章学诚所言治学之基础工作是"辨章学术，考镜源流"，考察二者之微妙差异，本是学术研究之题中之意，也是考察章太炎治学心路历程之不二法门。

据笔者统计，就《齐物论释初本》②来说，序文字数合计446字（包括题目"齐物论释序"5字以及文末"章炳麟序"4字，据浙江图书馆校刊本）；序文夹注合计81字；整部释文合计约26300字③；释文夹注合计约3530字④；《齐物论释初本》包括序文合计共有约30340字。《齐物论释定本》序文不变（没有重写序），释文约30570字；释文夹注约3250字；《齐物论释定本》包括序文合计约34510字。由此可见，定本比初本多出约4170字，以下，笔者将从两书之撰写及出版、内容修正、内容补充、内容删削四方面对二者进行比勘。

一　《齐物论释》初本定本之版本源流考

光绪三十四年（1908）戊申初，由于《民报》鼓吹革命甚烈，清廷派唐绍仪（1862—1938）照会日本政府将之查禁。《民报》解散后，章太炎开始为留日学生讲学，据当时及门弟子钱玄同（1987—1939）、朱希祖（1879—

① 如姚奠中、董国炎所著《章太炎学术年谱》中对此二书之差别评价仅云"二书大同小异"，一笔带过。中国台湾学者苏美文《章太炎〈齐物论释〉之研究》虽注意到二者之差别，但仅枚举部分差异，言之不详；王攸欣则仅认为定本比初本"有所扩展"，亦一笔带过（分别参见姚奠中、董国炎《章太炎学术年谱》，山西古籍出版社1996年版；苏美文《章太炎〈齐物论释〉之研究》，新北：花木兰文化出版社2007年版；王攸欣《章太炎〈齐物论释〉定本论要》，《浙江学刊》2014年第4期）。

② 王仲荦先生指出："章太炎《齐物论释》定本两种，不分卷，前一种是初写本，后一种是重定本，都收入浙江图书馆所刻的《章氏丛书》中。"［王仲荦：《〈齐物论释〉、定本校点后记》，转引自《章太炎全集》（六），上海人民出版社2018年版，第144页］可见，就浙江版《章氏丛书》来说，《齐物论释初本》直接写作《齐物论释》，而定本则写作《齐物论释定本》，2018年上海人民出版社版全集本亦如此。本文为行文方便，分别写作《齐物论释初本》和《齐物论释定本》。

③ 笔者据浙江图书馆校刊《章氏丛书》对《齐物论释》（初本）释文逐一细检，得字26306个，或有疏漏，故取其约数26300字。

④ 同样，笔者对"释文夹注"逐一细检，得字3536字，难免疏漏，亦取其约数3540字。

1944)、刘文典（1889—1958）、周作人（1885—1967）等人"日记"或"回忆"，此次讲课之内容不仅有小学，还有《楚辞》《庄子》等，其中讲《庄子》最多。1908 年 7 月，章太炎《庄子解故》完成①，此书是在其早年《膏兰室札记》（完成于光绪十八年，1892）中之《庄子札记》基础上删润而成的，旧说有一半被删去，可见其对《庄子》用力极深。②

　　章太炎在《庄子解故序》中云："消摇任万物之各适，齐物得彼是之环枢，以视孔墨，犹尘垢也；又况九渊、守仁之流，牵一理以宰万类者哉。微言幽渺，别为述义，非《解故》所具也。章炳麟记。"③ 作为一篇小学类著作之序，章太炎言在此而意在彼，并没有守汉学家法。经过多年之佛学熏染，当他再次与诸生细绎《庄子》时，所获俨然与当年单纯从训诂之角度著《膏兰室札记·庄子札记》（二十五岁时完成）大为不同。这篇序中，作者明言不仅儒、墨、陆、王不能与庄子相颉颃，且暗指佛学以及西学亦已在庄子之下。章太炎这篇为《庄子解故》作序之短文，除略论及庄学史上几位训诂名家（名著）外，并没有就解故论解故，而是越过小学之师法而大讲玄学（这在汉学家看来很不可思议），其提出庄子思想之核心为："消摇任万物之各适，齐物得彼是之环枢。"可见，章太炎在撰写这部以训诂名世之著作时，心境已然不在小学，而是驰骛于对庄生玄言哲理之追寻，然受体例影响，此书未能发明其玄理，但似已成竹在胸，所谓"微言幽渺，别为述义，非《解故》所具也"，章太炎为随后之庄学研究伏下一笔。

　　此中所谓"别为述义"之作，当即后来完成之《齐物论释初本》。如果以《庄子解故》定稿之时间为《齐物论释初本》开始撰写之时间，那么《齐物论释初本》开始写作之时间即 1908 年 7—8 月；至于《齐物论释初本》之完成时间，据姜义华先生考证，日本东京秀光书社曾于 1910 年出版此书④，此书并未如姚奠中等先生所言当时未出版。就国内而言，《齐物论释序》最早见于《国粹学报》辛亥第七号，同年十月，其挚友高僧乌目山僧黄宗仰为其作后序，此序有"付之雕镂，庶有益于方来"之语，落款时间为"辛亥十月"即 1911 年旧历十月。可见，章太炎《齐物论释初本》作于宣统元年（1909）7—8 月至宣统二年（1910）。此书在国内最初在《国粹学报》刊登，而非以专著形式付梓。

　① 参见胡道静《庄子解故附记》，转引自《章太炎全集》（六），上海人民出版社 2018 年版。
　② 参见朱季海《庄子解故点后记》，转引自《章太炎全集》（六），上海人民出版社 2018 年版。
　③ 章太炎：《庄子解故序》，《章太炎全集》（六），上海人民出版社 2018 年版，第 149 页。
　④ 参见姜义华《中国近代思想家文库·章太炎卷》，中国人民大学出版社 2015 年版，"导言"。

章太炎辛亥年（1911）回国之后，频伽精舍于第二年即中华民国元年（1912）三月铅印出版单行本①，是为频伽精舍本，这是《齐物论释初本》第一次在国内出版。② 继日本东京秀光书社版（1910）、《国粹学报》版（1911）、频伽精舍版（1912）之后，相继又有旃蒙单阏木刻本③（1915年季春）、上海右文社铅印本（1915）、浙江图书馆校刊本（1917—1919）、上海古书流通处本（1924年影印浙图本）等版本相继问世。

关于《齐物论释定本》。中华民国元年正月十八（1912年2月6日），章太炎致函弟子吴承仕云："《齐物论释》第五章尚有未尽义，昨者读《法苑·义林章》，乃悟《人间世》篇'耳目内通，虚室生白'之说，即内典所谓三轮清净神变教诫世人。但以禅那三昧视之，虽因果相依，究与教诫卫君何与耶？思得此义，甚自快也。足下可携《齐物论释》改定本来，当为补入。杨仁山曾注内篇，未审其曾悟此否？此上检斋足下。"④ 以此则文献观之，吴承仕手里应该有一部"《齐物论释》改定本"（本文径称《齐物论释改定本》），亦即是说，中华民国元年前后应该有《齐物论释改定本》流布，但不知是刻本、印本还是太炎手稿本抑或弟子辈手抄本，目前未有知见。今本《齐物论释定本》有"三轮清净""教诫神变"等内容，而《齐物论释初本》不见此内容，定本第五章比初本第五章增补内容很多，应该说，吴承仕手里的《齐物论释改定本》应该是初本和定本之间的过渡版本。如果将《齐物论释初本》在日本东京秀光书社出版时间（1910）算《齐物论释改定本》撰写（改定工作）之开始，那么《齐物论释改定本》之完成时间应该在宣统三年（包括宣统三年，1911年）之前，因为前文所引文献落款为"一九一二年一月十八日"（中华民国元年正月十八）。

康心如主持之上海右文社曾于1915年铅印《章氏丛书》，据康心如回

---

① 频伽精舍铅印本《齐物论释》单行本封底版权页有"中华民国元年三月出版""著作者章炳麟""印刷者中国图书公司"等字样。

② 汤志钧先生《章太炎年谱长编》卷三"宣统三年"条之"著作系年"列入《齐物论释》，其云："收入《章氏丛书》初编，1912年另有频伽精舍校刊本《齐物论释重定本》一卷。"（汤志钧：《章太炎年谱长编》，中华书局1979年版，第348页）姚奠中、董国炎先生也认为："大约这个时候，（指中华民国元年前后——笔者）章太炎修改此书，成《齐物论》定本一卷，民国元年由频伽精舍校刊单行。"（姚奠中、董国炎：《章太炎学术年谱》，山西古籍出版社1996年版，第175页）按，汤、姚、董等说皆非也。据笔者考察，1912年频伽精舍本《齐物论释》非重定本，而是初本第一次在国内出版。

③ 按，就笔者所考察，此本传世本未标明出版商。扉页有及门弟子钱玄同先生题篆书"齐物论释"，并署"弟子吴兴钱夏署"字样；封底则标明牌记"旃蒙单阏季春栞成"字样。"旃蒙单阏"为太岁纪年法之纪年，"旃蒙单阏"为农历乙卯年，即1915年。

④ 章太炎：《与吴承仕五》，《章太炎全集》（一五），上海人民出版社2018年版，第400页。

忆，这是《章氏丛书》第一次结集出版，这套丛书含章先生著作十一种，其中有《齐物论释》（即初本），而未见《齐物论释定本》。① 中华民国六年（1917）开始，浙江图书馆重新校刊出版《章氏丛书》，直至中华民国八年（1919）② 完成全套书十四种出版，其中除有《齐物论释初本》外，还有《齐物论释定本》，之前文献不见有《齐物论释定本》出版。可见《齐物论释定本》当完成于中华民国六年（1917）之前。另外，章太炎《齐物论释定本》有一段解释"逍遥"③ 之文字云："若乃所以遍度群伦，偕诣极地者，《消摇游》已陈其说，离于大年小年，无有大知小知，一切无待，体自消摇，斯即常乐我净之谓。"④ 按：此段文字不见《齐物论释初本》（吴承仕本是否有此段文字，不得而知），而类似文字最早见于《菿汉微言》："《消摇》一篇，纯是发挥常乐我净一语。"⑤《菿汉微言》撰写于中华民国三年至五年（1914—1916），《齐物论释定本》以"常乐我净"解释"逍遥"，当是在《菿汉微言》之基础上删润而来，或者章太炎一边撰写《菿汉微言》，一边重订《齐物论释》，两种工作互相发明。可见，章太炎对《齐物论释初本》之修改应该在宣统三年一直持续到《章氏丛书》《菿汉微言》成书前后，即中华民国四年（1915）年前后。若以浙江图书馆版《齐物论释定本》出版为完成时间，则章太炎修订《齐物论释》并形成《齐物论释定本》持续于宣统三年（1911）至中华民国六年（1917）。《齐物论释定本》出版后，有其弟子厦门大学教授缪篆（1877—1939）注本《齐物论释注》，此书版权页注明："全书二十六册，一九四零页，一百二十万字。"此书为油印本，版权页显示印刷时间为1929年，且出版于日本东京法日书院。（该书版权页显示：maison France-japonaic，TÔkyÔ，出版地；1929，出版年）⑥

综合以上所考，《齐物论释初本》撰写于光绪三十四年（1908）七月

---

① 参见康心如《〈章氏丛书〉（外一篇）》，《中国书画》2004年第4期。
② 浙江图书馆校刊《章氏丛书》第1册封面背面有"民国六年开雕，八年告成"字样。
③ 《齐物论释初本》并无以"常乐我净"来解释"逍遥"之文字，《齐物论释定本》则有，可见是后来修缮中补释。
④ 章太炎：《齐物论释定本》，《章太炎全集》（六），上海人民出版社2018年版，第143页。
⑤ 章太炎：《菿汉微言》，《章太炎全集》（一二），上海人民出版社2018年版，第37页。
⑥ 缪篆《齐物论释注》油印本，中山大学图书馆、厦门大学图书馆、上海图书馆有藏。按，此书以一百二十万字之规模注太炎《齐物论释》三万多字，应该是研究章太炎庄学思想极为可贵之资料，惜其当前学者对此书关注并不多。（参见姚彬彬《"章门弟子"缪篆著述与交游考略》，《史学月刊》2015年第9期。另见姚彬彬《"章门弟子"缪篆与其〈齐物论释注〉》；缪篆《齐物论释注》，上海人民出版社2018年版，序言。另外，感谢中山大学哲学系法籍博士温德识别此处法文，特此致谢）

至八月间至宣统二年（1910）年，并于 1910 年首先在日本东京秀光书社出版；国内于宣统三年（1911 年，辛亥光复革命之年）在《国学丛报》首次刊行；中华民国元年即 1912 年旧历三月由频伽精舍出版单行本。《齐物论释定本》修订始于宣统三年（1911），直至中华民国七年即 1918 年①由浙江图书馆校刊初版。

笔者上文已经指出，定本比初本多出四千余字，接下来笔者将从三方面检讨二者之差异，分别是（1）定本对初本部分诠释内容做出修正，包括遣词造句之修改、征引文献替换、解释内容之修正或推进；（2）定本对初本之内容补充，包括夹注之增加、释文之增加以及征引文献之增加；（3）定本对初本内容之删削，包括夹注删除、释文删除以及引文删除，但删除内容并不多。

二　定本对初本部分释文之修正

此部分，笔者将钩稽并比勘定本对初本内容之修正，这种修正不是指大刀阔斧之删削，也不是指增加大量篇幅，而是对初本原有内容或表达方式之修改、补充或适当删减。我们将对定本和初本所相异之内容进行钩稽，将分别列出初本原文、定本修正文，并撰写按语对二者进行比勘。我们以全举之方法列出 23 条两个版本相异之内容，且以按语指出二者之差异，这样会使得定本与初本之差异一目了然。

1. 《齐物论释初本·释第一章》②："其文皆破名家之执，而亦兼空见相。"（第 5 页）③《齐物论释定本》："其文既破名家之执，而即泯绝人法，兼空见相。"（第 73 页）按：定本补"而即泯绝人法"一语，论述更全面，且与下文"兼空见相"相偶对。

2. 《齐物论释初本·释第一章》："夫以论破论，即论非齐。所以者何？有立破故。方谓之齐，已与齐反，所以者何？遮不齐故。"（第 7 页）《齐物论释定本》："夫以论摄论，即论非齐。所以者何？能总摄故。方谓

① 如前文所言，浙江图书馆出版《章氏丛书》持续于中华民国六年（1917）至中华民国八年（1919），而《齐物论释定本》目次位于十四种书之第十种，因此，具体出版时间可能是中华民国七年，即 1918 年。

② 章太炎先生将《齐物论》分为七章，开篇"南郭子綦隐几而坐"至"无适焉，因适已"为第一章；"夫道未始有封"至"此之谓葆光"为第二章；"尧伐三子"章为"第三章"；"啮缺问乎王倪"章为"第四章"；"瞿鹊子问乎长梧子"章为"第五章"；"罔两问影"章为"第六章"；"庄周梦蝶"为"第七章"。

③ 此文所引《齐物论释初本》《齐物论释定本》皆引自《章太炎全集》（六），上海人民出版社 2018 年版。页码以夹注方式注明。

之齐，已与齐反，所以者何？遣不齐故。"（第 75 页）按：定本将初本之
"有立破故"改为"能总摄故"，将初本之"遮不齐故"改为"遣不齐
故"。据段玉裁《说文解字注》，摄有"整饬"之义，整饬即齐，齐物之
境不能以一切言说齐之，一切以齐之方式对物进行整饬皆是对齐之否定。
"遮不齐"之遮有遮诠、排遣诸义，易生误解，庄学不是对"不齐"之遮
诠，而是对"不齐"之排遣，修改后，论述更严密。

3.《齐物论释初本·释第一章》："故以地籁发端，风喻意想分别，万
窍怒号，各不相似，喻世界名言各异，乃至家鸡野鹊，各有殊音，自抒其
意。天籁喻藏识中种子，晚世或名原型观念。"（第 9 页）《齐物论释定
本》："云何我可自丧，故说地籁天籁明之。地籁则能吹所吹有别，天籁则
能吹所吹不殊，斯其喻旨，地籁中风喻不觉念动，万窍怒号，各不相似，
喻相名分别各异，乃至游尘野马，各有殊形腾跃而起。天籁中吹万者，喻
藏识，万喻藏识中一切种子，晚世或名原型观念。"（第 78 页）按：此处
之差别有二：其一，内容上，后者比前者论证更缜密，指出地籁能所有
别，天籁则能所不殊，说理更透彻，诠释更细致；其二，语言更雅致，如
将"家鸡野鹊"改为"游尘野马"，后者典出《逍遥游》。

4.《齐物论释初本·释第一章》："既无外界，则无作者，故曰怒者其
谁。怒，即今努力字。郭云'谁主怒之'，犹言孰主张是尔。"（第 10 页）
《齐物论释定本》："既无外界，则万窍怒号，别无本体。故曰怒者其谁。"
（第 79 页）按：前用郭注解释"怒者其谁"，以并以反诘之方式消解怒者，
后者则直接称别无本体，言语道断而删除郭注。

5.《齐物论释初本·释第一章》："真心既为众生公有，何缘彼我隔
别，故曰不见其朕。详此所说，真宰即佛法中如来藏藏识。所谓朕者，彼
我分际，见此分际者，即佛法中意根恒审思量执藏识以为我者也。"（第
14 页）《齐物论释定本》："心体既为众生依止，何缘形相朕兆不可窥寻，
如梵土诸师，或执我如稗子，或如米粒，或如拇指，皆由妄情计度，实无
见此形埒者，故曰不得其朕。详此所说，真宰即佛法中阿罗耶识，惟有意
根恒审思量执阿罗耶识以为自我，而意识分别所不能见也。"（第 84 页）
按：其一，将一般语词"公有"改为佛学术语"依止"，不仅表达更严
格，形式也更典雅；其二，后者解释更加详赡清晰。

6.《齐物论释初本·释第一章》："若云身无脑髓，其余诸体不足相治
者，见现丘蚓，即且横斫成三，三皆复活，蛇及水蛭，断亦两行，其无脑
位，足得相治。"（第 14 页）《齐物论释定本》："若云身无神经，其余诸
体不足相治者，现见单细胞物，具有识知，纵无神经，足得相治。"（第

84 页）按：此解是对众人以我执为真我之否定，但众人不悟我实无自性，《齐物论释初本》举蚯蚓、蛇、水蛭等断体后依然能活，否认脑髓对身体的控制，依此而否认我执，但这个比喻似乎并不能证明脑髓无自性，因为断体之蚯蚓、蛇、水蛭等虽依然成活，这种无脑髓之成活与之前有脑髓之成活实不一样，而且不久就会死去，恰恰证明脑髓有大用，这些例证似不太恰当。故《齐物论释定本》不再以蚯蚓、蛇、水蛭等举例，而以无神经之单细胞动物为例。

7.《齐物论释初本·释第一章》："次言其形化其心与之然者，斥如来藏中生灭相。"（第 15 页）《齐物论释定本》："次言其形化其心与之然者，斥如来藏中随缘用，既随缘生灭，即此如来藏，转名阿罗耶。"（第 86 页）按：后者解释更周详，与"生灭相"相比，"随缘用"强调众生不悟实相，随缘牵引。

8.《齐物论释初本·释第一章》："其他支分变复，悉由此六种子生。成心即是种子，眼耳鼻舌身意六识未动，潜处意根之中，六时既动，应时显现，不待告教，所谓随其成心而师之也。"（第 17 页）《齐物论释定本》："其他有无是非，自共合散成坏等相，悉由此七种子支分观待而生。成心即是种子，心之碍相，一切障碍即究竟觉，故转此成心则成智，顺此成心则解纷。成心之为物也，眼耳鼻舌身意六识未动，潜处藏识意根之中，六识既动，应时显现，不待告教，所谓随其成心而师之也。"（第 88 页）按：其一，将一般意义上之"生"改为佛学术语"观待"，更契合佛学义理，亦更雅正；其二，以"转此成心则成智，顺此成心则解纷"解"随其成心而师之"，会通庄佛，突出"真"与"俗"之回转辩证关系，一切障碍即究竟觉，俗真并建，真妄一如。

9.《齐物论释初本·释第一章》："他人之我，但依计度推知。"（第 20 页）《齐物论释定本》："他人之我，恒依计度推知。"（第 91 页）按：将"但"改为"恒"，程度增强。

10.《齐物论释初本·释第一章》："此破名守之拘，亦空缘生诸相。道行之而成，指缘生。"（第 23 页）《齐物论释定本》："此破名守之拘，亦解作用道理，证成道理之滞，并空缘生。道行之而成，指作用证成二理。"（第 94 页）按：此处解"道行之而成，物谓之而然"，《齐物论释初本》前者仅指"空缘生诸相"，实则只解"道行之而成"；后者加入"作用道理"是"佛学四道理"之第二道理，又称因果道理，譬如眼等诸根为眼识等之所依而有作用，色等诸境为眼识等之所缘而有作用，此即"物谓之而然"。

11.《齐物论释初本·释第一章》："圣人内知其违，而外还顺世。《老子》云：'常无（谓无名），欲以观其妙，常有（谓有名），欲以观其徼'，此之谓两行也。"（第27页）《齐物论释定本》："圣人内了无言，而外还顺世。顺世故和之以是非，无言故休乎天钧。《寓言》篇云：'卮言日出，和以天倪。''万物皆种也，以不同形相禅，始卒若环，莫得其伦，是谓天均。天均者，天倪也。'和以是非者，则假天钧为用，所谓随顺言说。休乎天钧者，则观天钧自相，所谓性离言说。一语一默，无非至教，此之谓两行也。"（第98页）按：其一，前者是指圣人意识到世俗有违大道（"内知其违，而外还顺世"），但还是顺世随俗，这种表达隐含着某种冲突，既然圣人意识到"世俗违背大道"，为何还能随顺世俗，故《齐物论释定本》将"内知其违，而外还顺世"改为"内了无言而外还顺世"，以与后文解"庄周梦蝶"时所言"以见内证圣智与随世示现之相，本自不同"（第141页）相一致；其二，前者引《老》证《庄》，后者引《庄》证《庄》，后者是文本内部的循环解释故更具说服力。

12.《齐物论释初本·释第一章》："安妙高于豪端，摄劫波于一念。"（第36页）《齐物论释定本》："能见独者，安妙高于豪端；体朝彻者，摄劫波于一念。"（第107页）按：其一，加入"见独"和"朝彻"，会通庄佛；其二，六字对句改为四六骈句，师法六朝，文更典雅。

13.《齐物论释初本·释第一章》："故业识即作意，转识即触，现识即受。"（第39页）《齐物论释定本》："故业识即当作意，转识当触，现识当受。"（第110页）按：以"五尘"之"三尘"（意、触、受）比附"三识"（业识、转识、现识），"即"为"完全是"，"当"为"大体是"，后者表达更严密。

14.《齐物论释初本·释第五章》："此乃近神我说，亦得通如来藏说，未审本意何属。"（第53页）《齐物论释定本》："斯所谓我即如来藏不变随缘者也。"（第125页）按：此段释文引《田子方》"弃隶者，如弃泥土"一段解释《齐物论》"以隶相尊"一段文字。前者，章太炎批判将"万化而未始有极"视为"神我说"，认为这些解释"未审本意何属"；后者直接正面立论，以"如来藏不变随缘者"解释"万化而未始有极"。

15.《齐物论释初本·释第五章》："愚非诚愚。《人间世篇》云：'闻以有翼飞者矣，未闻以无翼飞者也；闻以有知知者矣，未闻以无知知者也。瞻彼阕者，虚室生白，（司马云：阕，空也。室比喻心，心能空虚，则纯白独生也。）吉祥止止。夫且不止，是之谓坐驰。'以无知知，即愚苊义，不止坐驰，即役役义。"（第53页）《齐物论释定本》："愚非诚愚。

《天地》篇云：黄帝'遗其玄珠，使知索之而不得，使离朱索之而不得，使喫诟索之而不得，乃使象罔，象罔得之'。《知北游篇》云：'弗知乃知乎！知乃不知乎！'并是此意。"（第125页）按：征引文献更换。应该说，此三篇文献似都可证"愚非诚愚"，然《天地》篇"象罔索玄珠"之寓言于义更胜，天下之愚莫过于象罔，而天下之智亦莫过于象罔；《知北游》篇"弗知乃知"亦与"愚非诚愚"暗合，大道无言，般若无知。

16. 《齐物论释初本·释第五章》："终说和之以天倪者，以大圣亦不能证成生空，故惟有自证也。天倪者，郭云：'自然之分。'云何可知，谓离绝拟议，自内证知，斯为知自然之分。"（第54页）《齐物论释定本》："终说和之以天倪者，以待大圣证成生空，则不如自证也。天倪者，郭云：'自然之分。'诸有情数，始以寻思，终以引生，如实智悉依此量，可以自内证知。"（第125页）按：此处是对"和之以天倪，因之以是非"之解，章太炎解释为人之解脱不能靠"大圣"来帮助"证成生空"，唯有靠"自证"。《齐物论释初本》之"以大圣亦不能证成生空，故惟有自证也"与《齐物论释定本》之"以待大圣证成生空，则不如自证也"并无大异。但接下来释文中，前者只是强调"离绝拟议，自内证知，斯为知自然之分"；后者则云："诸有情数，始以寻思，终以引生，如实智悉依此量，可以自内证知。"有情众生在寻思计度中陷入种种无明之中，如孟子所言"物交物，引之而已"，只有以"如实智"才能内证圣智。

17. 《齐物论释初本·释第五章》："然则是异不是，然异不然，造次而决，岂劳唇舌而烦乎订哉。"（第54页）《齐物论释定本》："然则是异不是，然异不然，造次而决，岂劳唇舌而烦乎定哉。"（第125页）按：将"平订"改为"平定"，一字之改，见其匠心。

18. 《齐物论释初本·释第五章》："忘年谓齐生死，忘义谓遣是非，是非死生，荡而为一，至理畅乎无极，故寄之者不得有穷。本郭意。"（第55页）《齐物论释定本》："忘年谓前后际断，仲尼所谓'无古无今，无始无终'，乃超乎穷年矣。忘义谓所知障断，老聃所谓'涤除玄览'，乃超乎和以天倪矣。忘年为体，穷年为用，比其应化，则死生修短惟所卷舒，故能止于常转，不受漂荡，寄于三世，不住寂光。"（第126页）按：前者以"齐生死""遣是非"解"忘年忘义"，没有脱离郭象义；后者以"前后际断""所知障断"等佛学术语解之，更胜一筹。同时，后者以"忘年为体，穷年为用"解之，实则即"以佛为体，以庄为用"，随顺生死，常转而不漂荡，寄命三世，不必执著于涅槃。《齐物论释定本》之解更突出庄子之任运轮回与佛学之寂静涅槃之辩证关系。

19.《齐物论释初本·释第六章》："今案彼言无者谓质，彼言一者谓心，是皆说物质本无，而不说心量本无，正契唯心胜义，宁同断灭之见乎！"（第62页）《齐物论释定本》："今案彼言无者谓质，彼言一者谓心，亦即一真法界。彼言未形者有分，且然无间谓之命，有分即是藏识。《成唯识论》谓上座部经分别论者密意说此藏识名有分识也。能引诸界趣生异熟果，故说为且然。无始时来，一类相续无间断，故说为无间。是皆说物质本无，而不说心量本无，正契唯心胜义，宁同断灭之见乎！"（第136页）按：后文解释可谓"字字皆有来历"，比前文论述详赡很多。且后文引《成唯识论》"藏识名有分识"，可见以"藏识"解"有分"其来有自，物质本无，四大皆空，心为实相，不为断灭。

20.《齐物论释初本·释第六章》："《天地篇》云：'其心之出，有物采之。'（《说文》无採，旧作採，误，郭说为采撷义，亦非）此谓心既见起，即有种种似物似色，为其绮饰，愚夫分别而作物想，则为妄计，如是依他遍计等义，本是庄生所有，但无其名。"（第62页）《齐物论释定本》作："《达生篇》云：'凡有貌象声色者，皆物也，物何以相远？夫奚足以至乎先？是色而已。''通乎物之所造'，'物奚自入焉'。此明本无造色种子，造色者心也，证见心造，其物自空，如是依他遍计等义，本是庄生所有，但无其名。"（第136—137页）按：一方面，更换文献，《达生》篇以色称物，与佛学暗合，比《天地》篇说服力更强；另一方面，前文仅云"心既见起"，后者则明说"造色者心也，证见心造，其物自空"，说理更通透。

21.《齐物论释初本·释第七章》："如说老聃不知其尽，仲尼以是日徂，斯皆变化生死之类，而庄生亦无异文别择，皆以事在难征，不容苟且建立，斯其所以为实谈欤。"（第64页）《齐物论释定本》："如说老聃不知其尽，仲尼以是日徂，斯皆变易生死之类，而庄生亦无异文别择，皆以众所不征，不容苟且建立，斯其所以为卮言欤。"（第139页）按：其一，以"众所不征"换"事在难征"，更强调庄生著文之面向，即"齐物以百姓心为心"；其二，改"变化生死"为"变易生死"；其三，改"实谈"为"卮言"，以庄解庄。

22.《齐物论释初本·释第七章》："噬肤灭鼻者，就死如饴。故老子曰：'民不畏死，奈何以死惧之。'又况形身变化，情之所隔，虽复当遭炮烙，其何惮哉！"（第65页）《齐物论释定本》："噬肤灭鼻者，就死如饴，是故铤而走险，虽大威在前，犹不时避，又况形身变化，情之所隔，虽复当遭炮烙，其何惮哉！"（第139页）按：章太炎此处本意是说，善恶业报的因果律为庄生所知，只是庄生没有明文"因果业报"；为何庄生没有以"因果业报"来劝人从善弃恶，乃是庄生意识到这种劝勉毫无意义，众生往往贪图一时快乐而不惜遭报应，因为享乐为眼前事，报应是日后事。后者删除老子所言"民不畏死，奈何以死惧之"，而加入"是故铤而走险，虽大威在前，犹不时避"一语。章太炎似乎意识到，老子之语本身并非言业报故删之，而加入"铤而走险"云云，以隐喻世人不惮因果。这里需要指出，《齐物论释》在意识到"庄佛玄同"之时更强调"庄佛之异"，在轮回说上，佛陀要超越轮回，庄子则随顺生死。

23.《齐物论释初本·释第七章》："则佛法所谓远行地之大士也，然能不见生死者，虽复出入生死，而亲证其本不生。"（第65页）《齐物论释定本》："则佛法所谓远行地后之大士也，不死不生，义与涅槃无异。然能不见生死者，虽复出入生死，而亲证其本不生。"（第140页）按：其一，将"远行地之大士"改为"远行地后之大士"，按：根据世亲《十地论》"远行地大士"仅为第七地菩萨，"远行地后"则包括第八、九、十地等菩萨，七地后之菩萨虽善修空、无相、无愿三昧，而慈悲不舍众生；其二，后者明确指出"不死不生"与"涅槃"不异，即世而涅槃。

综合以上所列23条，是笔者所检讨《齐物论释定本》与《齐物论释初本》内容有差别者。这些差别或为内容材料之增删，或为遣词造句之修正，或为思想内涵之重新厘定。虽解庄大旨并没有明显变化，但《齐物论释定本》比《齐物论释初本》明显具有优越性：其一，论证更加缜密，说理更加透彻，名相格义更加精致；其二，行文更老到，文辞更雅正，可读性更强。

三　定本对初本内容之补充

章太炎《齐物论释》定本比初本多出四千余字，这意味着定本比初本内容有所增加。上一节论述二者文本之内容差异，固然也涉及内容之增加，但这种增加是细节性之增加，增加量并不大。然定本比初本多出这四千余字更是篇幅性、文献性、容量性之增加，即后者篇幅更大，文献更丰赡，思想容量更大。以下笔者分三类检讨《齐物论释》定本比初本内容增加之情况。

（一）释文正文补充

章太炎《齐物论释》定本与初本相比，理论性、深刻性、周延性皆有所增强，定本是在初本基础上进一步之纵深拓展，初本未尽未周之处，定本皆一一补足。以下笔者将钩稽定本比初本多出之诠释部分。

1. 《齐物论释定本·释第一章》"南郭子綦隐几而坐"一段释文"齐物本以观察名相，会之一心"后增加释文："名相所依，则人我法我为其大地，是故先说丧我，而后名相可空。子綦坐忘，自言丧我，若依定境，则《毗婆沙论》八十四云：瑜伽师初解脱地名空无边处，从此定出，必起相似空想现前，手觅自身，最极为灭尽定，意根中断，我执不行，若依真证，则双断人我法我。"（第78页）按：此处首先明确指出，人我法我二执是名相分别之前提，因此《齐物论》开篇即说"丧我"，只有"丧我"，才能空名相；之后补注瑜伽师在"空无边处"解脱时之情境与南郭子綦"吾丧我"相互发明，以证庄佛在"双断人我法我"上之相通性。

2. 《齐物论释定本·释第一章》"南郭子綦隐几而坐"一段释文"是皆自取无谁之义"后加释文："夫以己自己取者，即己我若是，一不应自取我若是，二云何有我？则丧我不足怪矣。此上总义，略破人法大相，次复别明心量。"（第80页）按：此语《齐物论释初本》所无。这段补注总领上文，一方面强调我不应自取，另一方面强调我实无我；一方面消解人我、法我之二执，另一方面阐明一切不过是自心现影、心量作祟。

3. 《齐物论释定本·释第一章》"南郭子綦隐几而坐"一段释文最后加释文："心不起灭，意识不续，中间恒审思量，亦悉伏断，则时分销亡，而流注相续之我自丧矣。"（第83页）按：存在之标志之一即时间（佛所谓"寿"），而时由心造，若心不起灭，意识不续，时分销亡，我即自丧。这条补注言简意赅，以时间规定存在，以时间之消亡规定存在之自丧，此注"吾丧我"，别具法眼。

4. 《齐物论释初本·释第一章》在解释"如求其情与不得，无益损乎其真"时作："以是五义，展转推度，明必有真我在此，即阿陀那识任持身根，亦曰藏识含藏种子，亦通名如来藏，此土既无诸号，故独命以真君。知非意识者，以熟眠位意识已断，而异于死，故以比量，知非意识。若在现量，寂静自证，无不可觉，唯欲断诸杂染，证得最清净心，斯为难尔。而此最清净心，本来自尔，非可修相，非可作相，毕竟无得，故曰求得其情与不得，无益损乎其真。"（第15页）《齐物论释定本》则作："以是五义，展转推度，则谓有真我在。盖灵台者，任持根觉，梵名阿陀那，亦以含藏种子，名曰灵府，梵名阿罗耶。其体不生灭而随缘生灭者，佛典称如来藏，正言不生灭体，亦云菴摩罗识。《德充符》说：'以其知得其心，以其心得其常心。'心即阿陀那识，常心即菴摩罗识。彼言常心，此乃谓之真君。心与常心，业有相别，自体无异，此中真宰真君，亦彼别说，冢宰更代无常，喻阿陀那恒转者。大君不可废置，喻菴摩罗不变者。……（此与上文同）意根恒缘阿陀那以为自我，虽难分别，但以行住坐卧，作止语默，虽不念我，而一向未曾疑为非我，故据现量，知非意识。由是寂静观察，灵台即现，执此恒转如瀑流者，以为自我，犹是幻妄。唯证得菴摩罗识，斯为真君，斯无我而显我耳。是故幻我本无而可丧，真我常遍而自存，而此菴摩罗识本来自尔，非可修相，非可作相，毕竟无得，故曰求得其情与不得，无益损乎其真。"（第85页）按：《齐物论释初本》此处注文仅一百六十余字，《齐物论释定本》扩展为三百八十余字，初本直接以"真君"格义"如来藏"，定本则以"灵台"格义"阿陀那"、以"灵府"格义"阿罗耶"、以"心"格义"阿陀那识"、以"常心"格义"菴摩罗识"，并以"幻我本无而可丧，真我常遍而自存"来暗中与"吾丧我"相合，可见定本比初本说理愈密，章太炎自况《齐物论释》能使《齐物论》字字可解，非为虚说也。

5. 《齐物论释初本·释第一章》释"可乎可，不可乎不可"一段文字，释文最后作："复次，空缘生者，谓种种成就，皆依于动，（动即行义。）"（第28页）《齐物论释定本》则作："复次，空缘生者，缘生则观待道理、作用道理也。说此者亦是证成道理，云何空之谓？种种成就，皆依于动，（动即行义。）"（第99页）另，定本此段最后加释文："《大乘入楞伽经》云：'外道群聚，此（按："此"当作"共"）兴恶见，言从有无生一切法，非自执著分别为缘。''我说诸法，非有无生，故名无生。'此学人所当知。"（第99页）按：后者以佛学"观待道理、作用道路"解释缘生，再以之破《齐物论》"名实未亏而喜怒为用"，这种解释无疑更为深刻；加之补充《大乘入楞伽经》之言，强调万法既非生于有，也非生于无，而是自心执著分别而影现，故万法无生。既破有，亦破无，有无双破，万法归心，故不可执有，亦不可执无，以此解释庄子"圣人和之以是非而休乎天钧，是之谓两行"。

6. 《齐物论释定本·释第一章》"今且有言于此，不知其与是类乎"一段释文加注一段"万法唯心"之论证："问曰：若尔云何说地水火风唯心变现？以彼既由自心变现，即不得由他心变现故。答曰：此中正因由彼自心变现，色相亦由各各他心变现，为其助缘，宁独金石，乃至人畜根身亦尔。若他心无变现力，即不能互相见触故，死后不得尚现尸骸故。是故地水火风，各有他心变现，而亦由彼自心变现，两俱无碍。若尔何故旧分情界器界？应答彼言但依智慧高下，假为分别，如珊瑚明珠等物，是情是器，本难质定，而可随世说为器界。是故虽说金为器界，不碍有生。"（第111—112页）按：此段补注是说，地水火风因为有识，所以最终变现为地水火风，此识相当于物质之间或吸或斥甚至是化学反应之自然力，自心识最终成为他心识之助缘，自心识与他心识一起形成世界，所谓万法唯识既是自识，也是他识，这实则是对《齐物论》"天地与我并生"之一种唯识学解释。

7. 《齐物论释定本·释第一章》"今且有言于此，不知其与是类乎"一段释文加注一段"识随境转"之论证："若尔生人躯体，唯是四大集成，四大有识转作细胞识具，细胞何地更容人之自识，此亦无碍，如彼白金，体自含电，而非于此白金缕上不可传聚余电，是故失命以后，本识不灭，更转他趣。"（第 113 页）按：此段补注对万法唯识进行进一步论证，人之心识必有其来，而人由四大集成，故四大亦具识，四大之识转作细胞之识，一如白金本身含电，其电必须通过白金传导，盖因白金有电识也。如此万法唯识不仅是人之识，也是万法本有之识，万法变迁，识随境转。

8. 《齐物论释定本·释第五章》引《大宗师》"有真人而后有真知"，初本但云："此为离绝相见对待之境，乃是真自证尔。"（第 54 页）定本补充云："而此真自证者，初依天倪为量，终后乃至离念境界所证得者，即亦最胜天倪也。"（第 126 页）按：此处引"有真人而后有真知"来证《齐物论》"和之以天倪"，初本将万法看作"天倪"而不横生是非差别视为"离境自证"，定本则认为仅仅"依天倪为量"还不究竟，只是"真自证"之第一步，只有不断修持，才能达致"离念境界所证"而超越"天倪"，所谓"最胜天倪"。"天倪"尚有境在，"最胜天倪"则当体即空。定本之解释无疑比初本更为深入。

9. 《齐物论释定本·释第五章》最后加注两段问答文字，合计约千五百字，文字稍长，此处不具援引。（第 127—130 页）此两段文字中，前一段论证庄子之"天倪"与佛学之"缘生"之关系，"天倪"之义即为"自然之分"，以存在论言之，万物存在没有根本界限，物与物之界限被取消实则即物本身被取消，此相当于佛学之真空；同时，万物却如其所是地按照自然原则呈现着自身（"天倪"），此近乎佛学所谓假有，假有不碍真空，真空不碍假有。"天倪"与"缘生"都是空有一如，此为庄佛之共法，亦即《华严》之事理无碍，此实则在为后文开出庄学是内圣外王之道而非出世哲学进行铺垫论证。由此，章太炎引出下一段补释文字。这段注文引入《人间世》篇孔颜"心斋"之说和《瑜伽师地论》《十地论》相关文献，以孔子导化诸弟、佛陀普度众生来隐喻庄子哲学为自悟悟他之学，这种自悟悟他之学就是"和以天倪，因以曼衍"，即随顺自然，既不驰骛于涅槃寂静，亦不执著于俗世生死。章太炎这种对庄子哲学之定位，《齐物论释初本》已言之甚详，但意犹未尽，《齐物论释定本》又拈出"天倪"进行反复论证，将释理进一步推进。

10.《齐物论释定本·释第七章》释文文末（也是全书文末）补加一段长文（第142—143页），此段补注文字至关重要，既有对第七章释文之补充，又有对全部释文之总摄，由于文字稍长，兹不具引，我们需要从四个方面指出这段补注之意义。其一，章太炎曾在早年所作《明见》篇中揶揄庄子，说他任运流转，耽于轮回，不悟涅槃，此庄子之短。① 现在，章太炎意识到早年批评庄子洵非公允，故反躬自省，自我否定而为庄子申白，此亦可见其严谨之治学态度与勇于自我批判之学术品格。其二，章太炎认为庄子是以菩萨一阐提证法身，但章太炎却警惕地意识到，庄子不求涅槃而随顺生死，会不会导致佛学所批评之"任病"？"任病"详见《圆觉经》，是指不以生死为念，但亦不求涅槃，任彼生死流转，随诸法性，此种观念实是无明，随顺生死而不悟涅槃"有殊大乘轨物"之教。不过，在章太炎看来，庄子哲学不会有"任病"，因为东土与梵土文化传统和人生态度不同，所以庄子与释迦之发药亦大不同。中国人安于此世优渥生活，不企慕彼岸解脱，而印度则多灾多难，故求彼岸超度。中国人唯惧速死，乐生患死，所以庄子以"万化无极，乐不胜计"开示众生，将众生从对死之惧怕中拯救出来。但庄子也同时意识到，这种"以辗转受生为乐"的开示容易导致虚无主义，因此又以"哀莫大于心死"说法。如果心随境转，逐物不反，不可自拔，就会导致心死。心死之结果是，在生死流转中，"聪明或复废为聋盲，睿博亦且易为顽鄙"，亦即是说，心死会付出代价，因为世间法并非究竟之法。庄子先以"死亦是乐"开示世人，复以心死之危险来警醒世人，前者犹如以杂华珍膳给予初断母乳之幼儿，后者乃是对风痹麻木者注艾下针，让他清醒过来，深知痛痒。章太炎这种解释虽然有些迂回，但应该说是契合了庄子的深意，庄子齐生死的确不是涅槃寂静，其任运生死也绝不意味着心灵的麻木不仁。可见，定本这种补注实则是为庄子哲学所可能面临的质疑进行辩护，这种辩护使得庄子哲学虽不求无上正觉，但别有法眼所在。事实上，庄子已亲证正觉，但不能以此来苛求一切众生特别是东土众生，而是让他们随顺生死，不过这只是方便法门而非究竟法门。章太炎这种自设论敌，再破其敌的论证方式犹如晋人（王弼和嵇康为典型）论说的自我往复，自相辩难。其三，章太炎补充一段文字："若乃所以遍度群伦，偕诣极地者，《逍遥游》已陈其说，离于大年小

---

① 参见章太炎《国故论衡先校本》，《章太炎全集》（一四），上海人民出版社2018年版。

年，无有大知小知，一切无待，体自消摇，斯即常乐我净之谓。苟豪分有对，即翳垢犹在，而法身未彰也。若斯诸论，累级而上，渐至转依，寻其梯阶，历然可知，斯岂以分段生死，苟相尉荐而已。"（第 143 页）章太炎一方面承认庄子"以百姓心为心"，故随顺生死，但另一方面认为庄子的究竟造境并不是让众生任运轮回，而是最终会导众生走向涅槃、亲证法身。这点补充非常重要，初本最后仅止于"随顺生死"，定本则强调究竟法门不是随顺生死而是涅槃成佛，在最高的造境上庄与佛可等量齐观，在方便法门的意义上庄佛有异，补充此处注文，使得《齐物论释定本》在对真俗不二、真俗圆融的论证上比《齐物论释初本》更胜一筹，有拔本塞源之功。其四，章太炎在最后写道："庄生所著三十三篇，自昔未曾科判，轻材之士，见其一隅。党伐之言，依以弹射。今者寻绎微旨，阡陌始通，宝藏无尽，以诒后生也。"（第 143 页）按：此段补注相当于章太炎为整部《齐物论释》所写之后序，阐明其撰写《齐物论释》之意义，并号召后学继续抉发《齐物论》这方宝藏。

以上所列十条关于定本对初本的补充，其中第十条最重要，这是两个版本最重要的不同，定本比初本的优越性和胜义性在这一条得以彰显，当引起学者关注。

（二）释文征引文献补充

文献补充，主要是指《齐物论释定本》在《齐物论释初本》征引文献论证之基础上又补充部分文献，这些文献包括《庄子》其他篇章文献、相关佛籍文献以及其他文献，如《老子》《吕览》《淮南子》等。这些文献之补充使得诠释的说服力和论证力更强，特别是定本补充大量《庄子》其他篇章文献以构成对《齐物论》强力内证，在以佛证庄的同时以庄证庄，文本的循环和解释的循环互相发明，定本比初本表现出更为丰赡的文献性以及因之而增强的说理性。以下笔者将钩稽定本比初本所多出之文献。

1. 《齐物论释定本·释第一章》"南郭子綦隐几而坐"一段释文，《齐物论释初本》仅作："使其自己者，谓依止藏识，乃有意根，自执藏识而我之也。"（第 9 页）《齐物论释定本》则作："使其自己者，谓依止藏识，乃有意根自执藏识而我之也。详佛典说第八识为心体，名阿罗邪识，译义为藏，亦名阿陀那识，译义为持。《庄子》书《德充符》言灵府，即阿罗邪（《说文》：'府，文书藏也。'府藏同义），《庚桑楚》言灵台，即阿陀那。（台本训持，见《淮南》注及《释名》。此灵台者，许叔重、郭子玄皆说为心，《释文》：'灵台，谓心有灵智，能任持者也。'）《庚桑楚》云：'灵台者有持，而不知其所持，而不可持者也。不见其诚己而发，每

发而不当，业入而不舍，每更为失。'夫灵台有持，阿陀那识持一切种子
也。……今此《齐物论》中，言使其自己，以意根执藏识为我，义与《庚
桑楚篇》参伍相成矣。"（第78—79页）按：《齐物论释初本》仅认为
"使其自己"为"依止藏识"；《齐物论释定本》则引入《德充符》《庚桑
楚》《淮南子》《说文》《释文》《庄子注》等文献从各种角度力证以"依
止藏识"解释"咸其自己"之不容置疑性。

2.《齐物论释定本·释第一章》关于"南郭子綦隐几而坐"释文在证
明"时非实有"时，补入五则相关文献："《知北游》说，'无古无今，无
始无终。'《则阳篇》说，'与物无终无始，无几无时'。又说：'除日无
岁。'《大乘入楞伽经》说：'如来藏名藏识，有生灭四种习气之所迷覆，
而诸凡愚分别熏心，不能了知，起刹那见。'皆此成证。但以众同分心，
悉有此相，世遂执著为实，是故《秋水篇》说时无止。《庚桑楚篇》说：
'有长而无本剽者，宙也。'皆顺众同分心为言。"（第82页）按：此处补
注五则文献，无论是以庄证庄，还是以佛证庄，力绝孤证，使得说服力大
为加强。

3. 同样，此章在证明"时由心变"时，定本复引入《德充符》相关
文献："然惟证无刹那者，始能晓了刹那。《德充符篇》说才全之人，云
'使日夜无隙，而与物为春，是接而生时于心者也'。此明众生所历日夜，
达者处之无有间隙分际，是谓三世断绝，不现刹那，而以众生缘力交接而
起，即自心上有似时分相现，故得与物为春。"（第82页）按：如上文所
言，以庄证庄，文本循环，增强说服力。

4.《齐物论释定本·释第一章》关于"非彼无我，非我无所取"一段
释文，《齐物论释初本》仅一句："此论真心生灭心也。绝待无对，则不得
自知有我，故曰非彼无我。"（第14页）《齐物论释定本》扩展为："此因
丧我之说，而论真我幻我也。庄生子綦之道，以无我为户牖，此说丧我，
《消摇游》云：'至人无己。'《在宥》云：'颂论形躯，合乎大同，大同而
无己。无己，恶乎得有有！'《天地》云：'忘乎物，忘乎天，其名为忘
己。'皆说无我也。我苟素有，虽欲无之，固不可得。我若定无，证无我
己，将如槁木枯腊邪？为是征求我相名色，六处我不可得，无我所显，真
如可指，言我乃与人我法我异矣。其辩曰，绝待无对，则不得自知有我，
故曰非彼无我。"（第83—84页）按：如上文所言，以庄证庄，文本循环，
增强说服力。

5.《齐物论释定本·释第七章》关于"庄周梦蝶"之释文，定本在证
明"六趣升沉之说，善恶酬业之言"时，补入《吕览·情欲》《庄子·达

生》两则文献："《吕氏·情欲篇》且说大贵之生速尽，'胸巾大扰，妄言想见，临死之上，颠倒惊惧，不知所为'。惩戒之切，乃至于是，顾世人从者几何！……《达生篇》但说：'人之所取畏者，衽席之上，饮食之间，而不知为之戒者过也。'智者推例足以明之。"（第139页）按：此段补注主要是说"善恶酬业"是一种必然律，不仅佛经这么认为，《达生》《吕览》也这么认为，这种非形式之论证能增强说服力。

6. 《齐物论释定本·释第七章》在证明庄子"亲证佛果而不言涅槃"时，补入《德充符》篇王骀事、《田子方》篇老孔对话、《大宗师》篇卜梁倚入定事、《大乘起信论》"摄化众生，不住涅槃"、《德充符》"人故无情"等文献。（第140页）按：这些文献皆为《齐物论释初本》所无，此六则文献之补入，如上文所言一样，极大地强化了论证效果，使得庄子作为"本来涅槃而不住涅槃"之大士形象跃然纸上。

（三）释文夹注补充

章太炎《齐物论释》初本和定本注文正文皆有不少夹注，包括文献出处之注明、字词之训释、细节之说明。定本比初本相比，夹注内容增加颇多。

1. 《齐物论释定本·释篇题》开篇"齐物者"下加夹注："齐物属读，旧训皆同，王安石，吕惠卿始以物论属读。不悟是篇先说丧我，终明物化，泯绝彼此，排遣是非，非专为统一异论而作也。应从旧读。因物付物，所以为齐，故与许行齐物不同。"（第73页）按：《齐物论释初本》无此夹注，此处夹注说明"齐物论"读为"齐物—论"而不当读"齐—物论"，并给出理由，此篇"先说丧我，终明物化"，这种补注显然非常必要，对于理解章太炎整部《齐物论释》之思想非常重要。

2. 《齐物论释定本·释篇题》引《寓言》篇"终身言，未尝言"下加夹注："宋椠成玄英疏本及纂图互注本，明世德堂本，皆作未尝不言。王夫之解本作未尝言。寻征文义，旧本皆误，今从王本。"（第75—76页）按：初本无此夹注。章太炎以理校之方式采王船山之说。

3. 《齐物论释定本·释第一章》"夫吹万不同，而使其自已也"加夹注："司马彪注：已，止也。郭注：自己而然，则谓之天然，非役物使从己也。是司马作已，郭作己，今从郭。"（第77页）按：初本无此夹注，定本引入司马彪、郭象两种说法比较，并取郭说。

4. 《齐物论释定本·释第一章》"既随缘生灭，即此如来藏，转名阿罗耶"下加夹注："子綦本言丧我，庄生他篇皆言无己，独此说有真君，犹佛典悉言无我，《涅槃经》独言有我。盖双泯二我，则自性清净始现，斯所以异于断无也。"（第 86 页）按：此夹注初本所无，以佛学"无我"和"有我"之并存消解庄子"无己"与"真君"之形式矛盾，并以此警惕不要将庄学理解为"断无"或"恶取空"。

5.《齐物论释定本·释第一章》"非彼无我，非我无所取"释文引郭象《大宗师注》"人之生也，形虽七尺，乃举天地以奉之"下加夹注："佛法或言无我，或言有我。言无我者，斥意根妄执阿陀那为我，言有我者，见于《涅槃经》，即指佛性，则清净如来藏也。藏识既起，如来藏亦在生灭中，故名有通别矣。"（第 86 页）按：此处加夹注解释佛学"无我"与"有我"之关系，其理同上一条。

6.《齐物论释定本·释第一章》"夫随其成心而师之"一段注文引佛学"八识"中加夹注"作用谓有为"。（第 87 页）按：初本夹注对其中之"七识"一一注释，而独缺"作用识"，"定本"补其所缺。

7.《齐物论释定本·释第一章》"今且有言于此"一段释文引《大乘起信论》因"三相"（无名业相、能见相、境界相）而生"三识"（业识、转识、现识），此三识"与心不相应者，明兼无情之物"下加夹注："依《胜鬘经》烦恼有二，谓住地烦恼及起烦恼。起烦恼者刹那，刹那与心相应。明无住地，无始时来，心不相应。此与《起信论》足相证明。"（第110 页）按：此处补注引入《胜鬘经》"住地烦恼"与"起烦恼"二说以与《大乘起信论》"三识"相互证明，"住地烦恼"是欲望等牵引之潜在烦恼，"起烦恼"是当下之刹那烦恼，前者与心不相应，后者与心相应。此暗中回应《齐物论》"天下莫大于秋毫之末，而大山为小；莫寿乎殇子，而彭祖为夭"，大小寿夭，皆无名业识，识不转智，故生烦恼；爱寿恶夭是"住地烦恼"，因寿夭而生烦恼为"起烦恼"。

8.《齐物论释定本·释第一章》"今且有言于此"一段释文所言"往昔唯识宗义，不许四大名为生物"加夹注："佛法诸宗皆尔。分析言之，四大可说无命根，不可说无生。佛与说寿暖识三合为命根，寿即呼吸，四大无呼吸，是故无命根。四大有业识，是故有生。然诸单细胞物，呼吸不行，而不可说无命根。则知以寿煖识和合称命者，但据多数言耳；下劣微虫，已不可概论矣。"（第 111 页）按：此处所加夹注是对佛学之所谓命根与生物之解释，唯识学认为四大不能名为生物，只有具备寿、暖、识三者且缺一不可者才能有命根，四大有业识（近乎所谓万有引力），虽无命根但不能说无生，单细胞动物无呼吸但不能说无命根，因此也有生，天地万物一切存在都有生，此即《齐物论》所言"天地与我并生"。

四　定本对初本部分内容之删削

《齐物论释定本》在对《齐物论释初本》进行修正、增补之同时，也删除部分释文。如学界所公认，章太炎著文向来谨慎，遣词造句，言不虚发，因此定本对初本删除之文字并不太多。以下笔者钩稽《齐物论释》初本所有而定本所无之释文。

1. 《齐物论释初本·释第一章》征引《知北游》篇"物物者与物无际"时注云："物谓物色，（春官保章氏注：物，色也。）即是相分。物物者，谓物色此物色者，（上物字读如夏官校人物马而颁之《春秋传》物土方之物，即视义。）即是见分。世或谓物物者为造物者，大缪。"（第10页）定本删除"物谓物色"，并将相关夹注删除。按：将"物"解释为"物色"，再引《春官》《夏官》证之，多少有些迂曲，且物不必解释为物色，物物者为见分，物为相分，"物物者与物无际"即相分与见分之合一，并不难理解。

2. 《齐物论释初本·释第六章》解释"罔两问影"时有言："《德充符》所言灵府，即是阿罗耶识，《庚桑楚》所言灵台，即是阿陀那识。阿罗耶译言藏，阿陀那译言持，义皆密合。"（第58页）定本将此语删之。按：章太炎之所以删除此段文字，乃是因为前文已经言之，此处不必重复赘述。

3. 《齐物论释初本·释第七章》在论证世俗之人因不悟果报终因鲁莽灭裂而导致就刑赴死时，征引《老子》"民不畏死，奈何以死惧之"（第65页）一语，定本将此语删除。按：盖老子所言乃对"民不畏死"之肯定，这与章太炎此处用意并不相符，因为章太炎此处是对盲目赴死者取否定之态度，老子"民不畏死"重点在"不畏"而不在"死"，故删之。

4. 《齐物论释初本·释第七章》关于证明庄学与大乘佛法一样不是出世之法时引《大乘入楞伽经》："菩萨一阐提，云知一切法，本来涅槃，毕竟不入，非捨善根"（第65页），定本将"非捨善根"四字删除。按：盖此四字与论证之主题无太大关系，故删，章太炎行文谨慎、用心颇密亦可见一斑。

以上四例是笔者钩稽之《齐物论释定本》对《齐物论释初本》所删削之文字。值得注意的是，前文所言定本对初本部分内容之修正或增加之文字，亦间或有删除，但这些删除主要是以更换内容为主，此处不再一一列举。定本删除冗繁或欠妥之初本文字，乃是章太炎精益求精、商量愈密之治学用心使然。

余论　一字须防作者心

　　综合以上对《齐物论释初本》与《齐物论释定本》之比勘，吾人发现，定本并没有对初本进行大刀阔斧般删削，而多是细节性修正、内涵性拓展和提供更多佐证文献，这些文献主要是《庄子》其他篇章或佛学经典。应该说，《齐物论释定本》与《齐物论释初本》相比，章太炎思想的实质并无根本变化，这与其《訄书》"重刻本"与"重定本"以至于删修为《检论》所表现出之"学随政变"迥然不同。原因在于，与《訄书》表现出强烈的时代观照、用世精神不同，《齐物论释》则表达一种普遍哲学，这种哲学构建与时代世道表现出一种相对独立性，这是一部以唯识的内圣学与庄学的外王学联袂而构建起来的哲学体系，这部哲学体系既有本体追问，又有以此为基础的政治哲学、人生哲学、文明多元论等多种哲学观照，作为成熟的哲学体系，其在辛亥光复前后并无根本改观。当然并不是说《齐物论释》不关注时代，而是说《齐物论释》关注时代的方式与《訄书》很不一样，《訄书初刻本》直接回应晚清时期的时代问题与政治时局，《齐物论释》则更关注抽象的哲学问题并以普遍的哲学建设回应时代问题。

　　不过，即使如此，章太炎还是在辛亥前后重新修订《齐物论释初本》并成《齐物论释定本》。章太炎为何在初本完成后又历数年之功进行重订，其原因至少有三方面。其一，章太炎作为一个有抱负之学问家和思想者，他对自己之著作有司马迁一般"藏诸名山，传之其人"的著书抱负，《齐物论释》是其名山事业之一，他在多处对此书进行自我表彰，比如："轻材之士，见其一隅，党伐之言，依以弹射。今者寻绎微旨，阡陌始通"（《齐物论释定本》）；"今始探其妙，千载之秘，睹于一曙"（《菿汉微言》第 167 条）；"千六百年来未有等匹"（《与龚未生》）；"若《齐物论释》《文始》诸书，可谓一字千金"，"使庄生五千言，字字可解"，"积年讨论以补前人所未举"（《自述学术次第》）。章太炎撰写此书，如庖丁解牛般踌躇满志，斯文在兹，慧命在我，所谓"一字须防作者心"（唐诗人齐己《送吴先辈赴京》），承载着自己读书治学之抱负的著作绝不给后人留下一处败笔。其二，章太炎宝爱汉字，"国故民纪，绝于余手，是余之罪也"①，他重视对华夏"四千年文物""土宇版章"之传承，著文坚持形式与思想之统一，其自况"为文奥衍不驯，非为慕古，亦欲使雅言故训，复用于常

---

① 章太炎：《癸卯狱中自记》，《章太炎全集》（八），上海人民出版社 2018 年版，第 145 页。

文耳"①。章太炎希望将古人之典文故字用于之常文，《齐物论释》和他其他著作一样，师法魏晋，文风高古，章法雅正，骈散结合，虽喜用《说文》旧字，而义皆中其肯綮，定本对初本多有遣词造句之修正或重润，在注重思想完善之同时追求文字形式之优美，如定本将初本所言"安妙高于豪端，摄劫波于一念"改为"能见独者，安妙高于豪端；体朝彻者，摄劫波于一念"，将一对六字对文改为四六骈文，增色不少，此书四六之句，随处可见，其坚持将古语古字用之于寻常之文②，可见其文人匠心稍不弱其哲人匠心，胡适之因此认为章太炎的述学性文章本身也是"古文学里上品的文章"，其人是"五十年来的第一作家"③。其三，所谓"百尺竿头更进一步"，章太炎治学精益求精，勇于自我否定，定本与初本相比并无思想之变革，而多是知识性、文献性、文辞性、字词性、论证性之改订或补充。朱批满卷，有照千载之后；铁砚常磨，不落一字之空。这种修正和补充正证明着章太炎之学者本色，所谓名山事业，岂虚言哉！

考察《齐物论释》定本与初本之同异，让同者存其同，让异者显其异，使得研究章太炎《齐物论释》思想者不再是可想而知般地选其初本以窥其思想原貌，也不是理所当然地选其定本为善本作文献依据。对于这部作者自诩"使庄生五千言，字字可解"之著作，笔者以全举而不是枚举之方式考察其定本与初本之异，给出定本比初本优越性之充足理由，此乃撰写本文之初衷也。至此，吾人现在可以毫无疑问地说，章太炎《齐物论释》定本比初本无论是内容还是形式，都表现出很强的优越性和完善性，前本未密，后出转精。因此，研究章太炎先生之思想当以《齐物论释定本》为依据。也许这是学界常识，而本文则给出这个常识之成立之文献和学理证据。

---

① 章太炎：《自述学术次第》，《章太炎全集》（一九），上海人民出版社 2018 年版，第 500 页。
② 关于章太炎著文坚持用古文古字之情形，可参见陈学然《再造中华：章太炎与"五四"一代》，上海人民出版社 2018 年版。
③ 胡适：《五十年来中国之文学》，《胡适文存二集》，台北：远东图书公司 1979 年版，第 219 页。

参考文献

一　古籍文献类

（魏）王弼著，楼宇烈校释：《王弼集校释》，中华书局 1980 年版。

（唐）法藏著，方立天校释：《华严金师子章校释》，中华书局 1989 年版。

（唐）玄奘著，韩廷杰校点：《成唯识论校释》，中华书局 1998 年版。

（梁）真谛译，高振农校释：《大乘起信论校释》，中华书局 1983 年版。

（清）段玉裁：《说文解字注》，上海古籍出版社 1981 年版。

（清）龚自珍：《龚自珍全集》，上海人民出版社 1975 年版。

（清）郭庆藩：《庄子集释》，中华书局 2014 年版。

（清）焦循：《孟子正义》，中华书局 1987 年版。

（清）刘宝楠：《论语正义》，中华书局 1990 年版。

（清）孙诒让：《墨子间诂》，中华书局 2001 年版。

（清）谭嗣同著，蔡尚思编：《谭嗣同全集》，中华书局 1984 年版。

（清）王先谦：《荀子集释》，中华书局 1988 年版。

王叔岷：《庄子校诠》，中华书局 2007 年版。

章太炎著，梁涛注：《訄书评注》，陕西人民出版社 2003 年版。

章太炎著，孟琢疏证：《齐物论释疏证》，上海人民出版社 2019 年版。

章太炎著，缪篆注：《齐物论释注》，上海大学出版社 2018 年版（影印）。

章太炎著，庞俊、郭诚永疏证：《国故论衡疏证》，中华书局 2008 年版。

章太炎著，徐复注：《訄书详注》，上海古籍出版社 2000 年版。

钟泰：《庄子发微》，上海古籍出版社 1988 年版。

二　专著、文集、文献汇编类

蔡志栋：《先秦诸子与中国现代政治自由的诞生》，上海三联书店 2018 年版。

蔡志栋：《章太炎后期哲学思想研究》，上海社会科学出版社 2013 年版。

曹聚仁：《文坛五十年》，东方出版中心，2006 年版。

陈壁生：《经学的瓦解》，华东师范大学出版社 2014 年版。

陈兵：《佛教生死学》，中央编译出版社 2012 年版。

陈兵：《佛教心理学》，陕西师范大学出版总社 2015 年版。

陈鼓应：《道家的人文精神》，中华书局 2012 年版。

陈鼓应：《老庄新论》，上海古籍出版社 1992 年版。

陈鼓应：《庄子的开放心灵与价值重估：庄子新论》，中华书局 2016 年版。

陈鼓应等：《老庄论集》，齐鲁书社 1990 年版。

陈平原：《中国现代学术之建立：以章太炎、胡适之为中心》，北京大学出版社 2010 年版。

陈平原等编：《追忆章太炎》，生活·读书·新知三联书店 2009 年版。

陈少明：《〈齐物论〉及其影响》，北京大学出版社 2004 年版。

陈少明：《做中国哲学》，生活·读书·新知三联书店 2015 年版。

陈学然：《再造中华：章太炎与"五四"一代》，上海人民出版社 2019 年版。

陈赟：《庄子哲学的精神》，上海人民出版社 2016 年版。

陈赟：《自由之思：〈庄子·逍遥游〉的阐释》，浙大学出版社 2020 年版。

崔大华：《庄学研究》，人民出版社 2005 年版。

丁福保：《佛学大辞典》，上海书店出版社 2015 年版。

方勇：《庄子学史》，人民出版社 2008 年版。

方勇：《庄子纂要》，学苑出版社 2012 年版。

冯契：《中国近代哲学史》，生活·读书·新知三联书店 2014 年版。

傅伟勋：《从创造的诠释学到大乘佛学》，台北：东大图书公司 1990 年版。

傅伟勋：《从西方哲学到禅佛教》，生活·读书·新知三联书店 1989 年版。

干春松：《保教立国：康有为的现代方略》，生活·读书·新知三联书店 2015 年版。

高俊林：《现代文人与"魏晋风度"——以章太炎与周氏兄弟为个案之研究》，河南人民出版社 2007 年版。

高瑞泉：《天命的没落：中国近代唯意志论思潮研究》，上海人民出版社 2007 年版。

高瑞泉：《中国近代社会思潮》，上海人民出版社 2007 年版。

何成轩：《章太炎的哲学思想》，湖北人民出版社 1987 年版。

贺麟：《五十年来的中国哲学》，上海人民出版社 2019 年版。

洪汉鼎：《理解的真理：解读伽达默尔〈真理与方法〉》，山东人民出版社

2001 年版。

洪汉鼎：《诠释学——它的历史和当代的发展》，人民出版社 2001 年版。

洪汉鼎编译：《理解与解释：诠释学经典文选》，东方出版社 2001 年版。

侯外庐：《中国近代启蒙思想史》，人民出版社 1993 年版。

侯外庐：《中国思想通史》第 5 卷，人民出版社 1955 年版。

胡道静编：《十家论庄》，上海人民出版社 2014 年版。

胡适：《胡适文存二集》，台北：远东图书公司 1979 年版。

黄侃：《黄侃日记》，中华书局 2007 年版。

江湄：《创造"传统"：梁启超、章太炎、胡适与中国学术思想史典范的确
　　立》，社会科学文献出版社 2013 年版。

姜义华：《章炳麟评传》，南京大学出版社 2002 年版。

姜义华：《章太炎思想研究》，上海人民出版社 1985 年版。

姜义华等编校：《康有为全集》，中国人民大学出版社 1991 年版。

金观涛：《中国现代思想的起源》，法律出版社 2011 年版。

景海峰等：《诠释学与儒家思想》，东方出版中心 2015 年版。

李泽厚：《中国古代思想史论》，天津社会科学出版社 2003 年版。

李泽厚：《中国现代思想史论》，天津社会科学出版社 2003 年版。

梁启超：《饮冰室合集》，中华书局 1989 年版。

林庆彰、蒋秋华主编：《李源澄著作集》，台北："中央研究院"中国文哲
　　研究所 2008 年版。

林少阳：《鼎革以文——清季革命与章太炎"复古"的新文化运动》，上海
　　人民出版社 2018 年版。

刘师培：《刘申叔遗书》，江苏古籍出版社 1994 年版。

刘巍：《中国学术之近代命运》，北京师范大学出版社 2013 年版。

刘笑敢：《诠释与定向：中国哲学研究方法之探究》，商务印书馆 2009
　　年版。

刘笑敢：《庄子哲学及其演变》，中国社会科学出版社 1989 年版。

罗志田：《国家与学术：清季民初关于"国学"的思想论争》，生活·读
　　书·新知三联书店 2003 年版。

罗志田：《裂变中的传承：20 世纪前期的中国文化与学术》，中华书局
　　2009 年版。

吕澂：《吕澂佛学论著选集》，齐鲁书社 1991 年版。

马勇编：《章太炎演讲集》，上海人民出版社 2011 年版。

茅海建：《从甲午到戊戌：康有为〈我史〉鉴注》，生活·读书·新知三

联书店 2009 年版。

茅海建：《天朝的崩溃：鸦片战争再研究》，生活·读书·新知三联书店
　　1995 年版。

茅海建：《戊戌变法史事考》，生活·读书·新知三联书店 2005 年版。

蒙默等编：《中国近代思想家文库·廖平卷》，中国人民大学出版社 2015
　　年版。

潘德荣：《西方诠释学史》，北京大学出版社 2013 年版。

彭春凌：《儒学转型与文化新命——以康有为章太炎为中心》，北京大学出
　　版社 2014 年版。

彭春凌：《章太炎译〈斯宾塞尔文集〉研究、重译及校注》，上海人民出
　　版社 2021 年版。

钱穆：《钱宾四先生全集》，台北：联经出版事业股份有限公司 1998 年版，
　　第 22 册。

钱穆：《中国近三百年学术史》，九州出版社 2011 年版。

钱玄同：《钱玄同文集》（六），中国人民大学出版社 1999 年版。

桑兵：《晚清民国的学人与学术》，中华书局 2008 年版。

桑兵等编：《近代中国学术批评》，中华书局 2008 年版。

上海人民出版社编：《章太炎全集》（全 20 册），上海人民出版社 2018
　　年版。

石峻等编：《中国佛教思想资料选编》，中华书局 1983 年版。

释太虚：《法相唯识学》，商务印书馆 2011 年版。

孙德鹏：《满地江湖吾尚在：章太炎与近代中国（1895—1916）》，广西师
　　范大学出版社 2014 年版。

汤志钧：《章太炎年谱长编》，中华书局 1979 年版。

汪晖：《现代中国思想的兴起》，生活·读书·新知三联书店 2004 年版。

汪荣祖：《康章合论》，中华书局 2008 年版。

汪荣祖：《章太炎散论》，中华书局 2008 年版。

王汎森：《章太炎的思想（一八六八——一九一九）——及其对儒学传统的
　　冲击》，时报文化出版事业有限公司 1985 年版。

王汎森：《中国近代思想与学术的系谱》，吉林出版集团 2010 年版。

王锐：《新旧之辨：章太炎学行论》，广西师范大学出版社 2017 年版。

王锐：《章太炎晚年学术思想研究》，商务印书馆 2014 年版。

王锐：《自国自心：章太炎与中国传统思想的更生》，商务印书馆 2019 年版。

王栻主编：《严复集》，中华书局 1986 年版。

王玉华：《多元视野与传统的合理化——章太炎思想的阐释》，人民出版社 2018 年版。

王中江：《进化主义在中国》，首都师范大学出版社 2002 年版。

王中江：《自然和人：近代中国两个观念的谱系探微》，商务印书馆 2018 年版。

吴晓华：《章太炎道家思想研究》，浙江大学出版社 2018 年版。

萧公权：《中国政治思想史》，商务印书馆 2011 年版。

谢樱宁：《章太炎年谱摭遗》，中国社会科学出版社 1987 年版。

熊十力：《新唯识论》，商务印书馆 2010 年版。

熊铁基等：《中国庄学史》，湖南人民出版社 2003 年版。

许寿裳：《章炳麟传》，东方出版社 2009 年版。

姚彬彬：《"章门弟子"缪篆哲学思想研究》，高等教育出版社 2021 年版。

姚奠中等：《章太炎学术年谱》，山西古籍出版社 1996 年版。

叶舒宪：《庄子的文化解析——前古典与后现代的视界融合》，湖北人民出版社 1997 年版。

张春香：《章太炎主体性道德哲学研究》，中国社会科学出版社 2007 年版。

张钰翰编注：《章太炎先生家书》，上海人民出版社 2020 年版。

张昭军：《儒学近代之境——章太炎儒学思想研究》，北京师范大学出版社 2011 年版。

章念驰：《我所知道的祖父章太炎》，上海人民出版社 2016 年版。

章念驰：《章太炎生平与学术》，上海人民出版社 2016 年版。

周东华编：《章太炎和他的时代》，上海人民出版社 2020 年版。

朱维铮、姜义华：《章太炎选集（注释本）》，上海人民出版社 1981 年版。

朱维铮：《求索真文明——晚清学术史论》，上海古籍出版社 1996 年版。

朱维铮：《重读近代史》，中西书局 2010 年版。

朱维铮：《走出中世纪》，上海人民出版社 1987 年版。

朱希祖：《朱希祖文存》，上海古籍出版社 2007 年版。

三 译著或外国人专著类

〔德〕黑格尔：《哲学史讲演录》，贺麟译，商务印书馆 1981 年版。

〔德〕黑格尔：《法哲学原理》，范扬、张企泰译，商务印书馆 1982 年版。

〔德〕伽达默尔：《诠释学 I—II·真理与方法》，洪汉鼎译，商务印书馆 2007 年版。

〔日〕坂元弘子：《中国近代思想的"连锁"——以章太炎为中心》，郭驰洋译，上海人民出版社 2019 年版。

〔日〕石井刚：《齐物的哲学：章太炎与中国近代的东亚经验》，华东师范
　　大学出版社 2016 年版。

〔英〕哈耶克：《自由秩序原理》，邓正来译，生活·读书·新知三联书店
　　2000 年版。

〔英〕霍布斯：《利维坦》，黎思复、黎廷弼译，杨昌裕校，商务印书馆
　　1985 年版。

〔日〕小林武：《章太炎与明治思潮》，白雨田译，上海人民出版社 2019 年版。

四　学术论文类

蔡岳璋：《学问家的革命与传统的发明——以章太炎〈齐物论释〉为例》，
　　《清华中文学报》2013 年第 9 期。

陈壁生：《从〈訄书〉到〈检论〉——章太炎先生〈检论手稿〉的价值》，
　　《人文杂志》2019 年第 11 期。

陈壁生：《孔子形象的现代转折——章太炎的孔子观》，《中国人民大学学
　　报》2015 年第 3 期。

陈浩：《画空作丝　织为罗毂——由章太炎〈齐物论释〉释读庄子之
　　"道"》，《江西社会科学》2006 年第 2 期。

陈少明：《排遣名相之后——章太炎〈齐物论释〉研究》，《哲学研究》
　　2003 年第 5 期。

陈少明：《启蒙视野中的庄子》，《中山大学学报》（社会科学版）2016 年
　　第 2 期。

陈少明：《什么是思想史事件》，《江苏社会科学》2007 年第 1 期。

陈少明：《由训诂通义理——以戴震、章太炎等人为线索论清代汉学的哲
　　学方法》，《中国社会科学》2018 年第 7 期。

崔庆贺：《微言大义与以佛代儒——论清末钱玄同、章太炎孔子观之异同
　　（1906—1911）》，《鲁迅文化研究月刊》2020 年第 5 期。

丁徐清：《章太炎〈齐物论释〉看现代中国平等观念之转向》，《河北学
　　刊》2020 年第 4 期。

方映灵：《论近代应用佛学思潮——从梁启超与章太炎佛学救世思想之比
　　较视角》，《深圳社会科学》2020 年第 2 期。

干春松：《康有为：现代儒学的开端》，《社会科学文摘》2016 年第 1 期。

干春松：《康有为政治哲学的人性论基础——以〈孟子微〉为中心》，《人
　　文杂志》2017 年第 4 期。

干春松：《民族主义与现代中国的政治秩序——章太炎与严复围绕〈社会通诠〉的争论》，《开放时代》2014 年第 6 期。

黄燕强：《"四玄"：章太炎的"新经学"构想》，《文史哲》2018 年第 2 期。

黄燕强：《由朴学转向义理——章太炎诸子学思想演变的考察》，《诸子学刊》2018 年第 15 辑。

黄燕强：《章太炎论经子关系》，《光明日报》2015 年 7 月 20 日第 16 版。

贾泉林：《"新四书"：章太炎晚年对礼学的重建》，《国际儒学论丛》2019 年第 2 期。

贾泉林：《语言哲学视阈中的章太炎》，《中国石油大学学报》（社会科学版）2018 年第 3 期。

贾泉林：《章太炎：学术与政治互动形成的孔子观》，《孔子研究》2016 年第 4 期。

江湄：《"齐物"世界中的学术、道德、风俗与政治：论章太炎独特的"学术"观念及其对中国学术思想的重释》，《史学月刊》2011 年 12 期。

江湄：《超越"虚无"——辛亥士风与章太炎儒学观念的转变》，《开放时代》2017 年第 4 期。

江湄：《从〈春秋〉学看章太炎"六经皆史"说的本意》，《国学学刊》2011 年第 4 期。

江湄：《历史的无意义与意义——论章太炎〈易〉学、〈春秋〉学中的历史观》，《史学理论研究》2016 年第 4 期。

江湄：《走出"拆散时代"：论章太炎辛亥后儒学观念的转变》，《清华中文学报》2013 年第 9 期。

李耀南：《"游无穷"：有限人生的无限自由——庄子的逍遥观》，《华中科技大学学报》（社会科学版），2014 年第 1 期。

李耀南：《从"心"看〈齐物论〉》，《哲学研究》2007 年第 9 期。

李耀南：《庄子"知"论析义》，《哲学研究》2011 年第 3 期。

李耀南：《庄子的"无用"与"逍遥"》，《哲学研究》2009 严第 8 期。

李昱：《〈齐物论释〉与章太炎的"内圣外王"之道》，《南京大学学报》（哲学·人文科学·社会科学版）2005 年第 6 期。

李昱：《论章太炎评孔子》，《孔子研究》2012 年第 4 期。

李昱：《章太炎〈訄书〉（重订本）诸子学六篇解读》，《江苏师范大学学报》（哲学社会科学版）2010 年第 2 期。

刘巍：《从援今文义说古文经到铸古文经学为史学——对章太炎早期经学

思想发展轨迹的探讨》，《近代史研究》2004 年第 3 期。

孟琢：《论章太炎的正名思想——从语文规范到语言哲学》，《杭州师范大学学报》（社会科学版）2018 年第 5 期。

孟琢：《清代学术的历史总结与思想突破——章太炎〈清儒〉的四重解读》，《北京师范大学学报》（社会科学版）2017 年第 1 期。

孟琢等：《论章太炎的平等思想——齐物哲学与中国现代价值的建立》，《人文杂志》2020 年第 10 期。

彭春凌：《从岸本能武太到章太炎：自由与秩序之思的跨洋交流》，《日本研究》2021 年第 1 期。

彭春凌：《何为进步——章太炎译介斯宾塞的主旨变焦及其投影》，《近代史研究》2019 年第 1 期。

彭春凌：《近代思想全球流衍视野中的章太炎与五四》，《中国文化研究》2019 年第 2 期。

彭春凌：《斯宾塞用进废退理念与清末多重翻译渠道的种群竞争论述——以严复、章太炎为例》，《广东社会科学》2021 年第 6 期。

齐国华：《从〈客帝〉》到〈客帝匡谬〉——章太炎民族革命思想探源》，《史林》1993 年第 3 期。

桑兵：《晚清民国的学人与学风》，《学术研究》2017 年第 1 期。

桑兵：《章太炎晚年北游讲学的文化象征》，《历史研究》2002 年第 4 期。

桑兵：《章太炎学问的境界与限度》，《杭州师范大学学报》（社会科学版）2020 年第 4 期。

王锐：《历史国情与制度设计——章太炎〈代议然否论〉再解读》，《华东师范大学学报》（哲学社会科学版）2018 年第 2 期。

王锐：《清末民初章太炎对王学评析之再检视》，《天津社会科学》2020 年第 1 期。

王锐：《辛亥革命前后章太炎对道法政论之阐释》，《华中师范大学学报》（人文社会科学版）2018 年第 1 期。

王锐：《语言文字之学与章太炎对中国政教的论述》，《诗书画》2016 年第 2 期。

王锐：《章太炎晚年之"求是"与"致用"论》，《社会科学家》2013 年第 11 期。

王晓洁：《从文本到思想——章太炎〈齐物论释〉中的诠释方法》，《现代哲学》2020 年第 5 期。

王晓洁：《近代危机与知识分子的以佛救世意识——以章太炎为中心的考

察》，《山西大学学报》（哲学社会科学版）2017 第 5 期。

王晓洁：《无尽缘起：万物与我为一——论章太炎万物一体观的诠释特色》，《中国哲学史》2018 年第 2 期。

王晓洁：《章太炎〈齐物论释〉文本成因及其价值考论》，《人文杂志》2016 年第 8 期。

王攸欣：《章太炎〈齐物论释〉定本论要》，《浙江学刊》2014 年第 4 期。

王中江：《"自然"观念在近代中国诞生的交互历程》，《南国学术》2016 年第 1 期。

王中江：《章太炎的近代祛魅与价值理性——从"自然""人性"到人的道德"自立"》，《中山大学学报》（社会科学版）2013 年第 4 期。

魏义霞：《独·群：中国近代哲学内在矛盾浅析》，《中国哲学史》1994 年第 2 期。

魏义霞：《康有为对庄子的定位与近代哲学视界中的庄子》，《中国哲学史》2009 年第 3 期。

吴光兴：《论章太炎的庄子学》，《道家文化研究》2003 年第 12 辑。

邢益海：《从康有为看今文经学与庄学》，《经典与解释》2010 年第 33 辑。

徐复：《〈訄书详注〉补遗》，《南京师范大学文学院学报》2005 年第 3 期。

徐复等：《章太炎先生〈清儒〉绎义》，《南京师范大学文学院学报》2002 年第 1 期。

严寿澂：《"新子学"典范——章太炎思想论纲》，《诸子学刊》2013 年第九辑。

杨海文：《"庄生传颜氏之儒"：章太炎与"庄子即儒家"议题》，《文史哲》2017 年第 2 期。

杨海文：《汤武放伐与王霸之辨——〈荀子·议兵〉的孟荀相似度问题》，《哲学研究》2014 年第 10 期。

杨海文：《庄子本颜氏之儒——郭沫若"自注"的思想史真相》，《江苏行政学院学报》2016 年第 3 期。

姚彬彬：《"章门弟子"缪篆的平生交游与著述》，《中国文化》2019 年第 2 期。

姚彬彬：《1921—1922 年章太炎、吕澂、黎锦熙论学书简考释》，《近代史学刊》2014 年第 2 期。

姚彬彬：《章太炎的〈齐物论释〉与华严哲学》，《社会科学论坛》2014 年第 12 期。

张天杰：《晚年章太炎的"儒学"观——以儒学、理学与经史之学等概念

辨析为中心的考察》,《杭州师范大学学报》(社会科学版)2018 年第
2 期。

张天杰:《章太炎"新四书"的建构及其晚年的国学观》,《湖南大学学
报》(社会科学版)2018 年第 4 期。

张天杰:《章太炎晚年对阳明学的评判与辨析》,《湖北大学学报》(哲学
社会科学版)2018 年第 1 期。

张志强:《"操齐物以解纷,明天倪以为量"——论章太炎"齐物"哲学
的形成及其意趣》,《中国哲学史》2012 年第 3 期。

张志强:《一种伦理民族主义是否可能——论章太炎的民族主义》,《哲学
动态》2015 年第 3 期。

周展安:《"齐物哲学"与华严宗之离合——以章太炎在〈齐物论释〉中
对法藏的辩难为中心》,《杭州师范大学学报》(社会科学版)2021 年第
2 期。

周展安:《"以百姓心为心":章太炎〈齐物论释〉阐微》,《中国哲学史》
2021 年第 2 期。

周展安:《探求中国现代思想的基底》,《读书》2020 年第 6 期。

朱浩:《论章太炎评孔子》,《当代儒学》2016 年第 16 辑。

朱浩:《再论章太炎评孔子》,《暨南史学》2015 年第 1 期。

朱维铮:《〈国故论衡〉校本引言》,《复旦学报》(社会科学版)1997 年
第 1 期。

朱维铮:《〈民报〉时期章太炎的政治思想》,《复旦学报》(社会科学版)
1979 年第 5 期。

朱维铮:《〈訄书〉〈检论〉三种结集过程考实》,《复旦学报》(社会科学
版)1983 年第 1 期。

朱维铮:《关于晚年章太炎》,《复旦学报》(社会科学版)1986 年第 5 期。

〔日〕石井刚:《敢问"天籁":关于章太炎和刘师培哲学的比较研究》,
《开放时代》2011 年第 6 期。

后　记

著名哲学家黑格尔在《哲学史演讲录·导论》中说："哲学史所昭示给我们的，是一系列的高尚的心灵，是许多理性思维的英雄们的展览，他们凭借理性的力量深入事物、自然和心灵的本质——深入上帝的本质，并且为我们赢得最高的珍宝，理性知识的珍宝。因此，哲学史上的事实和活动有这样的特点，即：人格和个人的性格并不十分渗入它的内容和实质。与此相反，在政治的历史中，个人凭借他的性情、才能、情感的特点，性格的坚强或软弱，概括点说，凭借他个人之所以为个人的条件，就成为行为和事件的主体。在哲学史里，它归给特殊个人的优点和功绩愈少，而归功于自由的思想或人之所以为人的普遍性格愈多，这种没有特异性的思想本身愈是创造的主体。"（贺麟、王太庆译：《哲学史讲演录·导言》）在这篇关于"何为哲学"的著名演讲中，黑格尔认为哲学家是理性思维的英雄，哲学史是高尚心灵的展示，这种理性思维和高尚心灵的英雄天然地拒绝将个人的性情、才能、情感带入他的哲学研究中，只有如此才能保证哲学之作为自由的思想和具有普遍的性格。应该说，从希腊哲学的"广场沉思""逍遥学派""花园学派"到德国哲学的"书斋里的绝对精神""钟摆一样的哲学散步者"，西方哲学传统在一定程度上保持了精神的相对独立性，与之相反，中国传统哲学从一开始就是与这个世道"相刃相靡""行尽如驰"者，不是出于"好奇"而是出于"忧患"、不是出于"形而上学的冲动"而是出于"仁以为己任"的信念构成中国哲学的一大特色。

章太炎先生正是这样一位具有典型中国哲学品质的伟大哲学家，他带着他九转回肠般的郁怒深情，带着他拯救家国天下的执念，开始时进入荀卿的后王世界，稍后进入佛陀的真如世界，最终则进入庄周的齐物世界。正因为他不是广场的沉思者，不是花园的散步者，因此他创造了新的荀卿、新的佛陀、新的庄周。"其生色也，睟然见于面，盎于背，施于四体"，在太炎先生的笔墨之间，我们分明能看见章太炎先生之睟面盎背的血气本色，"断感情、汰华辞"（《太炎文录初编·说林下》）是太炎先生治学的自我期许，但不得不说，章先生著述的一大特色就是不能遮断其感情而将全副深情付之笔墨，自国自心，力透纸背。他在《菿汉微言》中将《大乘起信论》"拔一切众生苦"视为古今东西一切哲人的总愿，太炎先生的深情首先就是拔一切众生苦的大悲心，以思想和哲学的剑锋与那个"人吃人"之世道相抗争。

当然，正因为有"断感情"的治学自觉，章太炎先生恪守古文家的家法，我们看到他以冷峻的理性只手推倒以康有为为代表的尚有神道设教色彩的魅惑主义；也正因为他带着忧心和深情进入古今思想的世界，使得他始终以"自尊其心""依自不依他"的我执精神涅槃于形而上学的彼岸，成为截断众流、涵盖乾坤、随波逐浪的哲学家。一切障碍即究竟觉，大制不割，情理无间，走出洞穴看到真理凭借的是理性，返回洞穴拯救捆绑中的奴隶则需要深情，也许，深情与理性原本是任何哲学家终究难以摆脱的生活世界，就中的矛盾大概正是对所有哲学家的玉成，而章太炎先生不过是其中的极致者。就理性而言，太炎先生通过名相思辨而将庄学安置于一真法界这个究竟世界中，就深情而言，太炎先生之学遍历层层境界而直接与人间世相照面，故其庄学阐释学又具有浓厚的经验色彩或曰世间法特色。既具理性色彩又有深情蕴藉，这使得太炎先生之著作虽然古奥生涩却具有很强的可读性，属于既"可信"又"可爱"的那种哲学著作中的上品。某平生读书，雅好古今，然尤好能让某动心或者说能打动某之一类，这种偏好也许天生地不能念好哲学书，但却能让我这个书生的世界别开生面。若好书在案，明月在天，则每有与古人取诸怀抱、披巾对谈之感，吾读章太炎先生，正可作如是观，似懂非懂之间，先生音容笑貌、高情远意，隐隐如在目前。

当年在华中科技大学哲学系随李耀南师读《齐物论》，李师以章太炎"世情不齐，文野异尚"解释庄子的齐物哲学，懵懵懂懂之间并未去深究其中之学理关系；后来在中山大学哲学系随从陈少明师攻读博士学位，陈师相关章学研究的论文对我有发蒙之功，开启我的太炎学研究之路。陈、李两师之教，何一谢字了得。约于2015年秋冬之际，少明师推荐我加入刘笑敢先生主持的"中国道家诠释学史"的课题项目，我在刘先生的指导下撰写章太炎与严复部分，在此特别感谢刘先生。从此以后，被姜义华先生称之为进行"一场夭折了哲学革命"的哲学家章太炎先生开始进入余之精神世界。当然，师友的加持只能说是我读章太炎哲学的增上缘，如前文所言，选择章太炎最重要的原因是章先生的著作包含炽诚深情而每与我心有戚戚焉。读其书而想见其为人，去年书稿初成之时，适逢辛亥革命、中华光复110周年之际，特此向为走向共和、肇造民国而"七被追捕，三入牢狱"的太炎先生致以崇高的敬意。

当然，选择并接受章太炎与我之前的学术兴趣在庄子有关，庄学成为我接受章太炎的解释学前见（前理解）。大学时我读陈鼓应先生、刘笑敢先生的相关庄学著作，在一知半解之中，神往于庄子"天地与我并生，而万物与我为一"的精神世界，后来发现庄学的精神逍遥游的背后渗透着深刻的伦理关怀和救世襟抱。如果说郭象、船山的庄学诠释学以庄学的内圣外王之道回应了他们的时代，那么面对19—20世纪的晚近、近代、现代的中国与天下之危机，面对尚未被文明驯化的野蛮权力，面对依旧盛行之弱肉强食的丛林法则，如此等等，庄学何以完成他的哲学使命？是章太炎真正地将庄学的齐物境界、逍遥精神落实为直面现代世界的世间法，庄学的潜隐思想在章太炎笔下得以发明为显白思想，庄学的齐物哲学成为章太炎的解牛之刀，无论是"解"经验世界的时代变局还是"解"思想世界的理论困境，齐物在手，片铁杀牛，所谓"技经肯綮之未尝为碍"或"恢恢乎其于游刃必有余地矣"。我们看到，庄学通过现代性的坎陷而成为章太炎反思和检讨现代性并声张公正、和平、正义、自由、平等、民约的不二法门，庄学这一前现代性的中国传统学术在章太炎先生笔下获得现代性的突破。无庄周则太炎之学无以返本，无太炎则庄周之学不能开新，古今之间的思想回还、贞下起元需要旗鼓相当的大手笔，庄周之于章太炎或章太炎之于庄周可谓古今大手笔之间的互相成全者。

挚谢多年来良师益友的切磋与提携。在道家诠释学工作会议（刘笑敢教授组织），中国古典学年会（李长春老师邀约），尼山国际儒学论坛（罗安宪教授邀约），中华老子学年会（王中江教授、曹峰教授发起，蒋丽梅教授、邓联合教授、陈大明教授等邀约），中国诸子学博士论坛（方勇教授发起），中国哲学史年会（田宝祥博士邀约，陈鹏教授主持小组会议），北京论坛庄子论坛（王博教授发起，王玉彬教授邀请），国际中国哲学大会（陈赟教授、郭美华教授邀约）等系列学术会议中，不揣冒昧，有机会宣读章太炎研究相关论文，得到与会师友的赐教与指正。在北京邮电大学的诸子学论坛（王威威教授邀约）中，陈鼓应先生当面表示愿意把某的论文推荐到他主编的《道家文化研究》发表，后来，在我给孟琢兄《齐物论释疏证》所撰写的书评由于过长而遭到很多杂志拒绝时，陈先生再次向我投出橄榄枝，从先生身上我看到先生提携后学、大成若缺的古风师道。在孟琢兄和谢琰兄发起并组织的第四期"经典与时代：青年学者工作坊（《国故论衡》与中国学术的自主之路）"，我第一次参加以章太炎先生为主题的学术会议，在此次学术会议上与新旧师友张志强教授、江湄教授、陈壁生教授、蔡志栋教授，以及周展安博士、王锐博士、姚彬彬博士、彭春凌博士、丁徐清博士、陈慧博士等（恕不能一一记起）一座章学之友切磋论道，悱启愤发，多有会意。孟琢兄大作《齐物论释疏证》可谓近年来章学研究的大成之作，目之为章黄后镇，洵非虚言。章先生之书并非易读之书，余在撰写此书的过程中每遇困惑之处则以孟琢兄为杀手锏，某次我留言孟琢兄请教关于《检论·道本》一处文献疑难，多日不见回复，正要催问之，蓦然间收到千里片鸿，原来是孟兄笔墨尺牍，师法二王，字迹娟秀，高古风流，才情学问，君可两堪！

挚谢学界期刊、编辑师友的抬爱不弃、金针相度。此书部分文章发表于《齐鲁学刊》、《杭州师范大学学报》、《商丘师范学院学报》、《诸子学刊》、《哲学研究》、《哲学动态》、《现代哲学》、《道家文化研究》、《哲学与文化》、人大复印报刊资料《中国哲学》等海内外期刊，挚谢审稿专家的切磋问难，挚谢期刊主编的慨然允诺，挚谢责任编辑的悉心校勘。

挚谢西北政法大学哲学与社会发展学院 2019 级中国哲学专业部分硕士研究生助我校对初稿，他们是王静同学、武韦同学、王国豪同学、邓宸哲同学、车欢同学。挚谢国家社科基金后期资助项目对此书之撰写和出版的资助。挚谢西北政法大学哲学与社会发展学院科研基金对本书出版的部分资助。挚谢中国社会科学出版社郝玉明编辑对本书出版付出的大量心血。

由于种种原因，书稿删除四章约十万字篇幅，好在现在看来尚是完璧，删除部分留待来日修缮，再向师友就教。如果从 2015 年算起，前后沉潜章学已八年有几。研读先生著作，可谓如陆士衡所言"或因枝以振叶，或沿波而讨源，或本隐以之显，或求易而得难"。现拙书面世，难免惶恐，铅华尚在，乏善可陈，唯愿师友不弃，有以教我！

河北井陉汪里村　李智福

壬寅夏于西安